dtv

Sherlock Holmes und Miss Marple wollen es endlich wissen: Ist der Mann an sich intelligenter als die Frau? Ist die Frau dagegen einfühlsamer als er? Denkt er mehr mit seiner linken, sie aber mehr mit ihrer rechten Gehirnhälfte? Die beiden Topagenten in Sachen Geheimnis begeben sich gemeinsam auf eine Entdeckungsreise durch das Gehirn. Nur drei Pfund wiegt es im Durchschnitt und ist doch alles andere als mittelmäßig. Es spricht, denkt, fühlt und sieht – nicht der beste und größte Computer der Welt kann es auch nur annähernd mit dem Gehirn aufnehmen. Wie funktioniert das komplizierte Universum im Kopf? Und welche Unterschiede gibt es tatsächlich zwischen Frauen und Männern? Entsteht Homosexualität im Kopf? Gibt es geschlechtsspezifische Gehirnerkrankungen? Der Leser wird spannende Entdeckungen machen: Hormone machen Männer schlauer (zumindest auf einigen Gebieten), das Gehirn ist das größte Sexualorgan des Menschen und viele weitere verblüffende Erkenntnisse darüber, was wir so im Kopf haben – ein mitreißendes Buch für sie und ihn.

Jeanne Rubner, geboren am 16. November 1961, arbeitet seit 1988 als Wissenschaftsjournalistin. Nach dem Studium der Physik promovierte 1989 an der Technischen Universität München über ein Thema der theoretischen Gehirnforschung. Seit 1990 ist sie Wissenschaftsredakteurin bei der ›Süddeutschen Zeitung‹ und widmet sich vor allem Themen aus Grundlagenforschung und Technik.

Jeanne Rubner:

Was Frauen und Männer
so im Kopf haben

Mit 7 Abbildungen

Deutscher Taschenbuch Verlag

Die Abbildungen auf den Seiten 19, 33, 39, 93, 145 und 195 wurden erstellt von David Jenning.

Originalausgabe
März 1996
3. Auflage März 1999
© Deutscher Taschenbuch Verlag GmbH & Co. KG,
München
Umschlagkonzept: Balk & Brumshagen
Umschlagfotos: MAURITIUS
Gesamtherstellung: C. H. Beck'sche Buchdruckerei,
Nördlingen
Gedruckt auf säurefreiem, chlorfrei gebleichtem Papier
Printed in Germany · ISBN 3-423-33031-7

Inhalt

Meinen Eltern

Einleitung

Die Faszination des anderen Geschlechts

In den warmen Gewässern, welche die Korallenriffe der Karibik umspülen, lebt der Blaukopf. Er gehört zu der Familie der Lippfische – barschähnliche Tiere mit einem kleinen Mund, dicken, schwülstigen Lippen und kräftigen Zähnen. Viele kleine graue Blauköpfe tummeln sich um das Riff, sowie ein paar große bunte Exemplare, die durch ihre schillernden Farben auffallen. Weibchen und Männchen? Diese Vermutung liegt nah, sind doch bekanntermaßen die besonders großen, auffallenden Tiere in der Regel männlich, die unscheinbaren dagegen weiblich.

Doch bei den Blauköpfen ist die Geschlechtsverteilung ein wenig anders. Die kleinen Fische sind nämlich entweder männlich oder weiblich. Die großen bunten dagegen sind immer Männchen, doch sie waren zuvor auch schon einmal Weibchen. Das Geschlecht der Tiere ist, anders als bei Menschen, nicht bei der Geburt festgelegt. Sie wählen es vielmehr danach, welche Aussichten am günstigsten sind. Ist das Riff klein, so werden alle Individuen als Weibchen geboren. Das stärkste unter ihnen stattet sich mit besonders auffälligen Farben aus und wird zu einem Männchen. Von nun an wird es mit den restlichen Weibchen einen Harem führen.

Ist das Riff dagegen so groß, daß ein einzelnes Männchen Schwierigkeiten hat, sein Revier zu verteidigen, dann gibt es in der Gruppe neben den Weibchen noch andere Männchen: besagte kleinere, weniger auffallende Blauköpfe. Sie machen sich nicht die Mühe, um die Eier der Weibchen mit Körpergröße und schillernden Farben zu werben. Nicht zuletzt wegen ihrer, verglichen mit denen der bunten Männchen, größeren Keimdrüsen kommen auch sie auf ihre Kosten. Anders ausgedrückt: Auch die kleinen grauen Exemplare geben ihr Erbgut weiter.

Wie fühlt sich ein Blaukopf-Weibchen, das zu einem Männchen wird? Wie schafft es, sein Verhalten von weiblich auf männlich umzustellen – vom Laichen zum Befruchten der Eier? Für einen Menschen, der als Mann oder Frau zur Welt kommt, ist es schwer sich vorzustellen, wie man einfach so das Geschlecht wechseln kann. Zu festgefahren scheinen dazu die Rollen, die wir mit unserer Geburt angenommen haben. Gerade deshalb geht vom anderen Geschlecht eine gewisse Faszination aus: Wer hätte es sich nicht schon einmal gewünscht, in eben die andere Rolle hineinzuschlüpfen – mal für ein paar Tage das andere Geschlecht zu haben?

Das andere Geschlecht: Es gehört zu den Dingen im Leben, die uns am meisten interessieren. Und doch wissen wir im Grunde genommen so wenig darüber, über die Unterschiede, aber auch über die Gemeinsamkeiten. Als ich in einer amerikanischen Buchhandlung nach Büchern zum Thema Geschlechtsunterschiede stöberte, stieß ich auf den Titel: ›Was Männer über Frauen wissen‹. Das wollte ich auch schon immer wissen, weshalb ich es neugierig öffnete. Das Buch enthielt nur leere Seiten ... Frauen bilden sich ein, die Psychologie der Männer etwas besser zu verstehen, als es andersherum der Fall ist. Und doch kommen auch ihnen die Vertreter des anderen Geschlechts manchmal so vor, als stammten sie von einem fremden Planeten.

Was verbindet die Geschlechter, was trennt sie? Welches sind die Unterschiede zwischen Mann und Frau, einmal abgesehen von Geschlechtsorganen, Körpergröße, Muskelmasse oder Behaarung? Fest steht, daß, obschon sie sich gewandelt haben und immer noch wandeln, die Rollen der Geschlechter unterschiedliche sind. Mann verläßt das Haus und sorgt dafür, daß die Familie zu essen hat, während Frau daheim die Kinder aufzieht. Gibt es Geschlechtsunterschiede, die diese Rollen bedingen? Ich meine nicht die körperlichen. Klar, daß in früheren Zeiten, als die meiste Arbeit noch darin bestand, Steine aufeinanderzuschichten oder Bäume zu fällen, Männer allein wegen ihrer Körperkraft dazu prädestiniert waren. Auch logisch, daß Frauen, die nun einmal die biologische Voraussetzung zum Kinderkriegen und Stillen haben, dies auch tun und die Kleinen zumindest eine Zeitlang großziehen.

Gemeint sind vielmehr die geistigen Unterschiede: Gibt es etwas in den Gehirnen, das beweist, daß Frauen weniger intelligent sind als Männer und sie deshalb kaum Nobelpreise ernten? Daß sie keine Landkarten lesen können und sich deshalb schneller verfahren? Daß Mädchen lieber mit Puppen spielen als mit Bauklötzen und sie deshalb schlechter in Mathematik sind als Jungen? Kann man es den grauen Zellen ansehen, daß Frauen zu emotional sind, um als knallharte Managerin wichtige Entscheidungen zu treffen? Daß sie viel häufiger unter Depressionen leiden als Männer?

Wenn man Antworten auf diese Fragen finden will – ehrliche Antworten, die nicht von vornherein alle Unterschiede ausschließlich auf die Erziehung schieben –, dann empfiehlt es sich zunächst, das Gehirn ziemlich genau zu studieren. Jahrhundertelang galt es als eine »black box«, eine schwarze Kiste. Man konnte sie – zumindest im lebenden Zustand – nur untersuchen, indem man beobachtete, was in die Kiste an Signalen gelangte und was wieder herauskam. Mittlerweile aber existiert eine Reihe von kleinen und größeren Gucklöchern, die Teile des Inneren offenbaren. Und was ist spannender – einmal abgesehen von den Geschlechtsunterschieden – als das Gehirn zu studieren? Was ist aufregender als etwas zu verstehen, das sich selbst versteht – mit Hilfe der kleinen grauen Zellen in unserem Kopf darüber nachzudenken, wie eben genau diese Zellen denken?

Es wäre allerdings naiv anzunehmen, daß nach einem genauen Studium des Gehirns im allgemeinen und seinen geschlechtsspezifischen Aspekten im besonderen, es den Wissenschaftlern plötzlich wie Schuppen von den Augen fiele und sie sagten: Jetzt wissen wir, warum Mann und Frau verschieden sind. Erstens ist das Denkorgan zu kompliziert, als daß man es in absehbarer Zeit in allen seinen Details verstehen wird. Zweitens ist der Mensch nicht nur ein Produkt seiner Gene, welche seine Entwicklung und die seines Gehirns steuern. Vielmehr werden er und sein Gehirn sehr wohl durch die Umwelt geformt. Wenn die Mutter sagt »Meine Tochter haßt Mathematik, genau wie ich«, beziehungsweise »Mein Sohn tut sich schwer mit dem Rechnen, ich weiß gar nicht, von wem er das hat – mein Mann kann das doch so gut«, dann braucht sie sich nicht zu wundern, wenn ihre weiblichen Nachkommen tatsächlich keine Leuchten im Rechnen sind. Und wenn die männlichen aus dem bißchen Begabung, das sie haben, doch noch etwas herausholen.

Weder gibt es Natur pur, noch kommt ein Kind als unbeschriebenes Blatt auf die Welt. Darin liegt die Krux für jene Wissenschaftler, die nach den Ursachen für Geschlechtsunterschiede im Verhalten fahnden. »Nature and Nurture«, wie die Angelsachsen so treffend sagen, Natur und Erziehung also, beide prägen und formen einen Menschen. Und das Schwierige ist, daß Gene und Kinderstube sich nicht ohne weiteres trennen lassen. Was beweist dem Forscher, daß Frauen sprachlich fitter als Männer sind? Weil sie ein anderes Gehirn haben oder weil ihre Mütter mit ihnen als Babys mehr gesprochen haben? Schwer zu sagen, denn Unterschiede lassen sich meistens so oder so auslegen. Zum Beispiel: Natürlich, so könnte man sagen, ist Sprache genetisch festgelegt: Wenn man einer Ratte und einem Menschen sprechen beibringt, dann wird nur der Mensch es lernen. Freilich, wird man darauf erwidern, lernen wir Sprache durch unsere Umwelt: Ein japanisches Baby, das nur Deutsch hört, wird später Deutsch und nicht Japanisch plappern.

Nicht daß die Kontroverse um Gene und Kinderstube besonders neu wäre. Seit der Antike sinnieren Philosophen und Wissenschaftler darüber, wieviel von unserem Verhalten und unseren Fähigkeiten vererbt ist und wieviel anerzogen. Dabei schlägt das Pendel mal in die eine, mal die andere Richtung aus. Ein amerikanischer Cartoon von 1985 zeigt einen Bettler, der ein Schild in der Hand hält. Darauf steht: 30 Prozent Gene, 70 Prozent Umwelt. Heute, über zehn Jahre später, würde dieser Bettler wohl eher eine Tafel zeigen mit »70 Prozent Gene und 30 Prozent Umwelt«. Vor zehn, zwanzig Jahren konnte es sich kein Forscher leisten, zuviel von Vererbung zu reden, ohne angegriffen zu werden – heute sind Gene und Geschlechtshormone als Erklärung für Unterschiede wieder salonfähig.

Dabei gibt es Eiferer auf beiden Seiten des vermeintlichen Grabens zwischen Angeboren und Anerzogen. Es gibt sie unter Wissenschaftlern, unter Buchautoren und auch sonst. Naturwissenschaftler sehen zwangsläufig gerne biologische Wurzeln für Verhalten, Soziologen und Psychologen tendieren ebenso zwangsläufig dazu, die gesellschaftlichen Einflüsse hervorzuheben. Konservative, die keinen Anlaß für eine Veränderung der Geschlechterrollen sehen, glauben eher an die Macht der Gene. Eingefleischte Feministinnen dagegen sehen die Umwelt als das prägende Element. Sie wollen keine Unterschiede wahrhaben, aus Angst, man könne sie den Frauen zum Nachteil auslegen. In der Tat haben die Herren, die zu Beginn des Jahrhunderts vor allem in Deutschland Gehirne vermaßen, die Frauen als dumm abgetan, weil diese unter dem Schädel weniger Masse haben. Und den Nazis kamen biologische Unterschiede im Gehirn auch sehr gelegen, um Homosexuelle und alle anderen, die sie für minderwertig hielten, einzusperren oder umzubringen. Nicht zuletzt ist das ein Grund dafür, daß Forscher hierzulande das Thema »Geschlechtsunterschiede im Gehirn« gemieden haben. Von ein paar Ausnahmen abgesehen, gibt es keine deutschen Wissenschaftler, die sich in diese Richtung wagen. Fast die gesamten Forschungsergebnisse kommen aus Nordamerika.

Aber muß es deshalb so weitergehen? Darf man deshalb Geschlechtsunterschiede nicht studieren? »Politisch korrekt« ist es natürlich nicht. Aber wissenschaftlich korrekt wäre es auch nicht, Unterschiede, soweit sie tatsächlich existieren, zu verschweigen. Menschen sind – im Gegensatz zu Blauköpfen – durch ihre Gene auf ein Geschlecht festgelegt. Das spricht zumindest aus Sicht der Evolution dafür, daß Männer und Frauen sich auf entsprechende Rollen spezialisiert haben. Es ist nicht abwegig, daß diese Spezialisierung auch im Gehirn festgeschrieben ist. Ob Männer und Frauen deshalb sich an diese Rollen halten müssen, steht auf einem ganz anderen Blatt.

Dieses Buch ist als Streifzug durch das Gehirn gedacht. Es soll vor allem Scheinwerfer auf jene Bereiche werfen, die etwas mit dem Geschlecht zu tun haben – in mehr oder weniger subtiler Weise. Wie entsteht Geschlecht überhaupt? Sind die linke und die rechte Gehirnhälfte die »männliche« und die »weibliche«? Wie sehen und hören Männer und Frauen? Wo entsteht Sprache, wo Gefühle? Sind Männer von Natur aus aggressiver? Warum fühlen sich die Geschlechter zueinander hingezogen? Und schließlich: Was passiert in männlichen und weiblichen Gehirnen, wenn Geist und Emotionen gestört sind?

Das Buch ist gleichzeitig ein Streifzug der Detektive Miss Marple und Sherlock Holmes, die den Geheimnissen des Gehirns auf die Spur kommen wollen. Miss Marple, die nette weißhaarige, etwas altmodische Dame aus einem englischen Dorf, verhält sich »typisch weiblich«. Nicht, daß es ihr an Verstand und Beobachtungsgabe fehlen würde, doch sie geht ihre Mordfälle immer mit einer gehörigen Portion Intuition an. Miss Marple ist sich dessen bewußt und hält den »siebten Sinn«, mit dem sie Geheimnisse löst, für etwas typisch Weibliches.

Sherlock Holmes dagegen gilt als der Meister von Logik und Verstand. »Er ist die perfektionierteste Denkund Beobachtungsmaschine, die die Welt gesehen hat«, glaubt zumindest sein Freund Watson. Holmes ist auch ganz Mann: Gefühle verabscheut sein kühler Geist, und Frauen mißtraut er sowieso. Bis er Miss Marple trifft und spürt, daß er eine ebenbürtige Partnerin vor sich hat. Gemeinsam machen sie sich auf, um das Gehirn zu erkunden, jeder auf seine Weise – und doch kommen sie schließlich zu denselben Ergebnissen.

Zum Schluß möchte ich eine Entschuldigung und eine Warnung aussprechen. Naturwissenschaftler sind bekanntermaßen meistens männlich. Wenn hier die Rede von Forschern und Wissenschaftlern ist, dann sind selbstverständlich auch Frauen gemeint. Die politisch korrekte Form »Forscherinnen und Forscher« habe ich aus ästhetischen Gründen vermieden.

Das Gehirn ist faszinierend, und zwar deshalb, weil es sehr komplex ist. Es ist keine Maschine, die sich leicht beschreiben läßt, sondern ein gigantisches Räderwerk von Nervenzellen, Botenstoffen, Hormonen und vielem mehr. Das nächste Kapitel soll eine Übersicht geben und gleichzeitig Grundlagen schaffen für die folgenden Kapitel. Übersichten haben es jedoch an sich, zuweilen trokken und abschreckend zu sein. Deshalb: Augen auf und durch.

Holmes war nicht gut auf mich zu sprechen.

»Alle Ehre deiner Familie, Watson, aber Tee mit einer alten Tante kommt nicht in Frage. Du kennst meinen Bruder Mycroft...«

»... in dessen Händen alle Fäden der Regierung zusammenlaufen, weil er als einziger in der Lage ist, die Beziehungen zwischen scheinbar unverwandten Tatsachen zu erkennen. Aber Holmes, diese falsche Bescheidenheit zu behaupten, er wäre dir sogar geistig überlegen!«

»Die Wahrheit auszusprechen hat nichts mit Bescheidenheit zu tun. Und wenn mein Bruder mich um Rat bitten muß, dann kannst du sicher sein, daß es sich nur um eine äußerst schwierige Angelegenheit handeln kann. In diesem Fall geht es um die Ernennung eines neuen Chefs des britischen Geheimdienstes. Zwei Kandidaten sind im Gespräch.«

»Und du sollst den Besseren feststellen!«

»Keinesfalls, Watson. Wenn einer der beiden aufgrund seiner Ausbildung, seines akademischen Erfolges oder seiner Erfahrungen zu bevorzugen wäre, dann hätte Mycroft das sofort erkannt. Nein, der Hund liegt darin begraben, ... aber ich höre den Schritt deiner Tante schon auf der Treppe.«

Es war vielleicht naiv von mir zu hoffen, daß der größte Kriminaldetektiv des Jahrhunderts, eben mein Freund Sherlock Holmes, sich die Zeit nehmen würde, einen Nachmittag mit einer alten Jungfer aus dem Dorf Saint Mary Mead zu verbringen. Da blieb mir nichts anderes übrig, als die beiden so schnell wie möglich miteinander bekannt zu machen, um dann mit meiner Tante zu verschwinden, damit Holmes seiner Arbeit nachgehen konnte.

»Tante, wir haben gerade von dir geredet! Ich möchte dich mit einem guten Freund bekannt machen. Miss Jane Marple, Mister Sherlock Holmes.«

»Ich habe die Ehre, Miss Marple. Sie werden mich

entschuldigen, wenn ich Ihnen keine Gesellschaft leisten kann. Ich muß mich auf einen sehr schwierigen Fall konzentrieren. Ich werde eine Droschke bestellen, damit Sie und Ihr Neffe zu Ihrem bevorzugten Teesalon, dem ›Queen Victoria‹, fahren können. Sie werden feststellen, daß die Einrichtung sich seit Ihrem letzten Besuch in London vor vier Wochen etwas verändert hat.«

»John, hast du wirklich so viel von mir geredet? Nein, das ist nicht deine Art. Ach, natürlich, die Blumen auf meinem Hut habe ich von dem armen Mädchen gekauft, die ihren Wagen immer vor dem ›Queen Victoria‹ stehen hat. Ich fürchte, sie sind jetzt ziemlich vertrocknet, was auf den Besuch vor einem knappen Monat schließen läßt. Ich hätte eigentlich sofort merken müssen, Mr. Holmes, daß Sie sich in der Ecke auskennen. An der Wand hier hängt eine Geige, deren Saiten an den Enden mit diesen besonderen roten Fäden umwickelt sind, die ich bislang nur bei dem Geigenbauer gegenüber des Teesalons gesehen habe, sonst nirgends.«

Ich sah, daß Holmes in einen Zustand tiefster Konzentration gefallen war. Das war für mich das Zeichen, daß der small talk zu Ende war. Der Detektiv schien nur noch an seinen neuesten Fall zu denken. Ich machte die Tür auf, um meine Tante hinauszuführen, als Holmes rief: »Watson, bleib stehen!« Seine Stimme besaß einen Ton solch dringlicher Autorität, daß ich sofort an eine Lebensgefahr dachte.

»Miss Marple, es ist äußerst selten, eine Person kennenzulernen mit der Beobachtungsgabe, die Sie gerade vorgeführt haben, und dazu eine Frau. Ihrem Neffen habe ich gerade davon erzählt – und ich muß mich jetzt auf Ihre absolute Diskretion verlassen können . . .«

»Keine Frage, Mr. Holmes.«

»Kurzum, die britische Regierung sucht einen neuen Geheimdienstchef.«

»Von Politik habe ich keine Ahnung, zumindest nicht von Ministern und Spionen. Obwohl ich sagen muß, daß *die Wahl des Vorsitzenden unseres Taubenzüchtervereins in Saint Mary Mead bestimmt nicht weniger kompliziert und delikat ist als die hohe Politik.«*

»Es geht hier um Menschenkenntnis, nicht um Politik, denn es stehen zwei gleich qualifizierte Kandidaten zur Auswahl, von denen einer ein Mann, die andere jedoch eine Frau ist.«

»Gleich qualifiziert. Das heißt, Sie wollen, oder vielmehr unsere Regierung will wissen, ob Männer und Frauen anders denken, ob einer der beiden Kandidaten über grundsätzlich andere Fähigkeiten verfügt als der andere, und zwar aufgrund seines Geschlechtes.«

»Sie haben es erfaßt, Miss Marple. Wären Sie bereit, mit mir die Antwort auf diese Frage zu suchen?«

»Einem guten Rätsel konnte ich nie widerstehen, aber ich weiß nicht, ob eine alte Frau aus einem englischen Dorf dem Staat tatsächlich helfen kann. Wo sollen wir beginnen?«

»Das ist kein Problem. Mein Bruder Mycroft hat uns die erste Spur gewiesen. Wir müssen sofort zu der ägyptischen Sammlung des Britischen Museums fahren, um ein bestimmtes Dokument anzuschauen. Watson, ruf eine Droschke!«

Kapitel 1

Ein Blick unter die Schädeldecke

Als der amerikanische Sammler Edwin Smith eine Papyrusrolle in einem Souvenirladen in Luxor kaufte, konnte er nicht ahnen, was es mit diesem Dokument auf sich hatte. Damals schrieb man das Jahr 1862. Es verging über ein halbes Jahrhundert, bis der geheimnisvolle Inhalt entschlüsselt war: James Breasted, damals Direktor des Instituts für Orientalistik an der Universität von Chicago, entzifferte die rätselhaften Hieroglyphen und veröffentlichte 1930 den Inhalt der Rolle. Der Papyrus, 17 Jahrhunderte vor Christus geschrieben – wahrscheinlich aber die Kopie eines fast doppelt so alten Textes –, erwähnt zum ersten Mal in der Geschichte der Menschheit das Wort Gehirn. Dieses Wort besteht aus vier Zeichen – einem adlerförmigen Vogel, einem, das aussieht wie eine Klinge, das andere wie eine abgebrochene Büroklammer und schließlich so etwas wie eine Computermaus von oben gesehen.

Warum die alten Ägypter aus genau diesen vier Zeichen das Wort Gehirn zusammenbauten, ist bis heute ein Geheimnis. Das Besondere an der Papyrusrolle ist aber nicht nur, daß sie das Gehirn erwähnt. Auf der Rolle sind 48 Fälle von Verletzten beschrieben, was ihnen widerfuhr und wie man sie behandelt hat. Fall »Nummer 6« zum Beispiel hatte einen Schlag auf den Schädel bekommen, und von diesem Zeitpunkt an konnte er nicht mehr geradeaus schauen. Patient Nummer 22 war an der Schläfe getroffen und seitdem sprachlos. Die alten Ägypter müssen das ziemlich komisch gefunden haben, glaubten sie doch, daß das Herz die Quelle des Lebens sei, aus der Intelligenz und Gefühle geboren würden.

Heute finden wir es nicht mehr komisch, daß Augenbewegung oder Sprache etwas mit dem Gehirn zu tun haben. Wir akzeptieren, daß das nur knapp drei Pfund schwere Teil unter unserer Schädeldecke den Menschen zum Menschen macht. Beethovens Symphonien, der Bauplan der Apollo-Rakete, mit der die ersten Astronauten zum Mond geflogen sind, oder ein Gemälde von Rembrandt – all dies ist in menschlichen Gehirnen gereift. Wenn wir lieben und hassen, ist unser Gehirn aktiv. Aber wir brauchen es auch für die scheinbar trivialen Dinge des Lebens, die wir größtenteils unbewußt tun. Allein wenn wir uns am Kopf kratzen, lassen wir Tausende von Nervenzellen arbeiten – angefangen mit jenen, die die Meldung erhalten haben »da juckt es«, über solche, die den Befehl erteilen »hebe den Arm hoch und führe den Finger zum Kopf«, bis zu denen, die dem Gehirn melden »alles wieder in Ordnung«.

Dabei sieht auf den ersten Blick betrachtet das Gehirn eher langweilig aus. Zusammengefügt zu einer gigantischen Walnuß liegen die zwei Gehirnhälften unter der Schädeldecke. Die im Durchschnitt 1400 Gramm schwere Walnuß ist allerdings nicht hart, sondern fühlt sich an wie Gelee. Deshalb ist das Organ in mehrere Schutzschichten eingebettet, die unter der harten Schädeldecke ein weiches Polster bilden und Stöße auffangen. Unterhalb der beiden Hälften, auch Großhirnhälften genannt, schließt sich am Hinterkopf das Kleinhirn an, welches in den Hirnstamm und schließlich in das Rückenmark mündet (Abbildung 1). Großhirn, Kleinhirn und Rückenmark heißen auch zentrales Nervensystem, weil sie die Schaltzentrale des Körpers bilden. Im Gegensatz dazu gibt es noch das periphere Nervensystem, also jene Nerven, die in den Augen, den Armen und Beinen oder den Ohren sitzen. Sie empfangen Informationen von der Außenwelt und leiten diese an das zentrale Nervensystem weiter, wo die Signale verarbeitet werden.

Den groben Bauplan dieser Schaltzentrale – Großhirn,

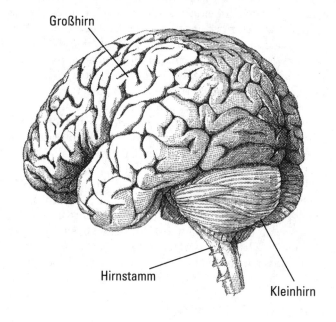

Abbildung 1: Der grobe Bauplan des Gehirns

Kleinhirn und Rückenmark – teilen sich die Menschen mit anderen Wirbeltieren. Ob Fische, Reptilien oder Affen, ihr Gehirn ist nach diesem Schema aufgebaut. Was sich jedoch im Zuge der Evolution stark ausgedehnt hat, ist das Großhirn. Vor einigen Millionen Jahren ist im vorderen Teil des Gehirns eine neue Struktur aufgetaucht, der Neocortex (Cortex heißt soviel wie Rinde). Er hat sich im Laufe der Jahrtausende zunehmend vergrößert. Das läßt sich auch in Zahlen beschreiben: Wenn man die Größe des Neocortex von Insektenfressern im Verhältnis zu ihrem restlichen Gehirn mit eins gleich setzt, dann ist diese Zahl bei Schimpansen 58, beim Menschen 156. Anders ausgedrückt: Die Hirnrinde, verglichen mit dem gesamten Gehirn, ist bei Menschen 156 mal größer als bei Insektenfressern. Damit die ständig wachsende Hirnrinde unter die knöcherne Schädeldecke – die sich ja kaum so stark ausdehnen kann – paßt, hat sie sich immer mehr gefaltet. Auf diese Weise haben beim Homo Sapiens 2200 Quadratzentimeter Neocortex im Kopf Platz. Auseinandergefaltet entspricht diese Fläche knapp vier DIN-A4 Blättern.

Der Riechkolben dagegen, ein besonders alter Teil des Gehirns, der zum Beispiel bei Fischen viel Platz einnimmt, hat die entgegengesetzte Entwicklung durchgemacht. Gibt man ihm – wiederum im Verhältnis zum gesamten Gehirn – die Größe eins bei Insektenfressern, dann hat der Riechkolben von Schimpansen nur noch den Wert 0,07 und der des Menschen 0,023.

Der Duft des Schweinebratens, das leuchtend blaue Pferd auf einem Gemälde von Franz Marc, die Beethoven-Symphonien – nichts davon gäbe es ohne die zwei Hälften des Großhirns. Die Kindheitserinnerungen, die wiederkehren, wenn wir ein altes Photo in der Hand halten – auch sie gäbe es nicht. Ebensowenig könnten wir den Plan ausführen, dieses Buch jetzt zu lesen. Sinneseindrücke, Gedächtnis und Assoziationen, Bewegung – für all dies brauchen wir die mehrere Zentimeter dicke

Schicht von Nervenzellen, die walnußförmig unter dem Schädelknochen liegt.

Das menschliche Gehirn ist jedoch nicht Neocortex allein. Umschlossen von der Gehirnrinde, liegt im Inneren des Gehirns – ähnlich wie der Brunnen im Zentrum einer mittelalterlichen Burg – eine verwirrende Vielfalt von Strukturen. Eine der wichtigsten ist das limbische System. Es hat die Form eines großen Ringes, der unter den Windungen der Großhirnrinde liegt. Das limbische System ist, wie wir später sehen werden, das Gefühlszentrum des Gehirns.

Gemeinsam mit einer weiteren wichtigen Gehirnstruktur, dem Hypothalamus, bilden Teile des limbischen Systems eine Art Wachhund des menschlichen Körpers. Sie sorgen dafür, daß in unserem Inneren immer ein gesundes Gleichgewicht herrscht: gleichbleibende Temperatur, Blutdruck oder Herzschlag. Obwohl der Hypothalamus nur etwa ein Prozent des gesamten Gehirnvolumens einnimmt, erfüllt er noch viele andere lebenserhaltende Kontrollaufgaben: Ohne Hypothalamus würde unser Körper austrocknen, weil wir weder Durst noch Hunger verspüren würden. Ohne Hypothalamus hätten wir keine Lust auf Sex und würden uns nicht fortpflanzen. Der kirschkerngroße Teil kontrolliert den nichtwillentlichen (autonomen) Teil des Nervensystems und wacht darüber, daß zur richtigen Zeit die richtigen Hormone freigesetzt werden.

Unterhalb des Großhirns hängt ein weiterer Teil des zentralen Nervensystems, das Kleinhirn. Sein Name rührt daher, daß es wie ein miniaturisiertes Großhirn aussieht. Ist das Kleinhirn geschädigt, so fällt es uns schwer zu stehen, zu laufen und kontrollierte Bewegungen auszuführen. Eine Pianistin zum Beispiel verdankt einen großen Teil ihres Könnens ihrem Kleinhirn. Es empfängt Informationen der Sinnesorgane und der Muskelzellen, die vom Großhirn gesteuert werden. Es verrechnet diese Daten und beeinflußt die Muskelbewegungen so, daß sie koordiniert und nicht ruckartig sind.

Unterhalb des Kleinhirns, etwas zurückgesetzt, beginnt das Rückenmark. Das lange Bündel von Nervenfasern ist etwa so dick wie ein kleiner Finger und umgeben von Wirbeln. Seine Hauptaufgabe besteht darin, über die Nervenfasern Botschaften des Gehirns an die Muskeln zu leiten und Sinnesinformationen des periphären Nervensystems zu sammeln. Schon ein geringer Schaden des Rückenmarks kann zu einer Lähmung der unteren Körperhälfte führen.

Was hält das Gehirn am Leben? Zwei große Arterien versorgen es mit Blut: eine gelangt in den Hinterkopf, wo sie sich in kleinere Arterien und Kapillaren verzweigt, die andere mündet in die vordere Hälfte des Gehirns. Dessen Blutbedarf ist enorm: Ein Fünftel der Menge, die aus dem Herzen strömt, beansprucht das Gehirn für sich. Und während andere Organe je nach Bedarf versorgt werden – der Magen zum Beispiel erhält mehr Blut während der Verdauung als vor dem Essen –, bekommt das Gehirn immer seinen Anteil. Der Grund: Die Nervenzellen, auch Neurone genannt, können nicht, wie die Zellen des Magens oder der Leber ihren Brennstoff in Form von Zucker speichern. Sie können auch nicht kurzfristig den Zucker ohne Sauerstoff »verbrennen«, um Energie zu gewinnen, wie die Muskeln dies tun. Deshalb braucht das Gehirn ständig frisches, mit Sauerstoff beladenes Blut. Bereits nach einer Sekunde ohne Nachschub ist der Sauerstoff aufgebraucht, nach sechs Sekunden wird man bewußtlos. Bleibt das Gehirn nur wenige Minuten ohne Blutzufuhr, zum Beispiel nach einem Schlaganfall, wenn sich eine Arterie verstopft hat, so sind die Schäden dauerhaft.

Großhirn mit Hirnrinde, Hypothalamus und limbischem System, Kleinhirn und Rückenmark – das ist der grobe Bauplan des zentralen Nervensystems. Doch was verbirgt sich in den zahlreichen Windungen der für den Menschen so wichtigen Hirnrinde? Unter dem Mikroskop betrachtet erscheint ein Quadratzentimeter Hirnrinde als ein Wirrwarr von Nervenzellen. Gibt es eine Ordnung in diesem Neuronen-Dschungel? Womit sehen wir wirklich? Womit riechen wir, womit hören wir? Wie denken wir? Sind diese Fähigkeiten in bestimmten Bereichen der Hirnrinde angesiedelt oder vielmehr über den ganzen Neocortex verteilt?

Diese Fragen waren noch im vergangenen Jahrhundert Gegenstand eines erbitterten Streits zwischen den Gehirnforschern. Damals war die Erforschung der Anatomie des Gehirns ein regelrechtes Modegebiet. Ähnlich wie heutzutage die Biologen die Erbmasse des Menschen studieren, um eine genaue Karte der Gene anzulegen, wollte man damals eine Landkarte des Gehirns erstellen. Ruhmsüchtige Forscher wetteiferten darum, daß eine Region nach ihnen benannt würde. Den Höhepunkt erreichte der Gehirnrausch mit den Arbeiten des Wiener Anatoms Franz Joseph Gall. Eine davon veröffentlichte er unter dem Titel: ›Die Anatomie und Physiologie des Nervensystems im allgemeinen und des Gehirns im besonderen; mit einer Betrachtung der Möglichkeit zur Bestimmung vieler intellektueller und moralischer Veranlagungen von Menschen und Tieren anhand der Gestalt ihrer Köpfe‹.

Für Gall gab es 27 Eigenschaften und Fähigkeiten, die den Menschen zum Menschen machen, und für jede von ihnen wäre demnach ein bestimmter Teil der Gehirnrinde reserviert: Fortpflanzungstrieb, die Liebe der Nachkommen, die Lust am Kampf sowie Gedächtnis gehörten Gall zufolge dazu. Manche sind tatsächlich, wie wir heute wissen, in einem Teil des Gehirns lokalisierbar. Andere wie Stolz oder dichterisches Talent sind der Phantasie von Gall entsprungen. Der Anatom ging sogar noch einen Schritt weiter: »Zeig mir deinen Schädel, und ich sag dir, wer du bist«, war seine Hypothese, weil er glaubte, daß der Schädel ein genaues Abbild des darunterliegenden Cortex sei. Das Abtasten des Kopfes würde uns also Auskunft darüber geben, ob wir es mit einem Kriminellen, einem guten Liebhaber oder einem genialischen Detektiv zu tun haben.

Weil er das Gehirn gleichsam in Stücke teilte, war Gall für viele seiner Zeitgenossen ein gemeiner Materialist. Sie glaubten an das Gehirn als an eine untrennbare, »holistische« Einheit, dem Sitz einer Fähigkeit, die gleichzeitig Wahrnehmung und Wille war. Spätestens Mitte des 19. Jahrhunderts jedoch mußten die Holisten zurückstecken.

Tan-Tan war sein Spitzname, eigentlich hieß er Leborgne. Am 18. April 1861 stellte der Pariser Nervenarzt Paul Broca der Anthropologischen Gesellschaft einen besonderen Fall dar: Tan-Tan alias Leborgne war am Tag zuvor gestorben.

Er hatte 21 Jahre lang in einer Anstalt für Geisteskranke gelebt, nachdem er seine Sprache verloren hatte. Er schien im Besitz aller seiner geistigen Fähigkeiten zu sein, konnte jedoch nur eine einzige Silbe aussprechen, nämlich »tan«, weshalb seine Anstaltsgenossen ihn so nannten. Broca untersuchte, so gut wie es mit den damaligen Methoden ging, sein Gehirn: Eine Stelle in der Mitte des vorderen Schläfenlappens der rechten Hirnhälfte war deutlich geschädigt. Broca folgerte daraus, daß die Fähigkeit zu sprechen genau dort lokalisiert ist, wo Tan-Tan verletzt war. Diese Stelle heißt heute noch Brocasches Areal.

Paul Broca scheint seine Zeitgenossen überzeugt zu haben, denn der Streit zwischen Galls Schülern und deren Kritikern war bald beigelegt. Man untersuchte wieder die Teile des Gehirns auf ihre besonderen Fähigkeiten hin und erstellte »Landkarten«. Den Regionen gab man Zahlen, die noch heute verwendet werden. Wenn ein Hirnforscher sagt: »Ich arbeitete an Areal 17«, dann wissen seine Kollegen, daß er oder sie Spezialist für das Sehsystem ist und die Region untersucht, in der die Signale von den Augen eintreffen.

Karten des Gehirns zu zeichnen war im vergangenen Jahrhundert die eine große Mode. Die andere bestand darin, das Organ auf die Waage zu legen. Das Gewicht des Gehirns, so vermuteten manche Forscher, würde einiges verraten über seine Leistungsfähigkeit. Franz Joseph Gall, der glaubte, an Hand der Schädelform den Charakter eines Menschen vorhersagen zu können, hätte sich jedenfalls über die Studien seines »Nachfolgers« Paul Broca gefreut. Broca war nämlich der Überzeugung, daß das Gewicht der grauen Masse etwas mit Intelligenz zu tun hat. Nach dem Motto: je schwerer, umso schlauer.

Zahllose Denkorgane hat er Mitte des vergangenen Jahrhunderts vermessen und gewogen, darunter auch die Gehirne berühmter Männer. So brachte der französische Naturforscher Georges Baron de Cuvier 1830 Gramm auf die Waage, der russische Dichter Turgenjev und der englische Feldherr Oliver Cromwell erreichten sogar die 2000-Gramm-Marke. Das Gehirn des französischen Poeten Anatole France dagegen lag mit weniger als 1100 Gramm am unteren Ende der Skala. Noch peinlicher, daß Franz Joseph Gall selbst es nur auf knapp 1200 Gramm brachte.

Auch Paul Brocas Gehirn wog, was er natürlich nicht wußte, nur 1424 Gramm, also kaum mehr als der europäische Durchschnitt von 1300 bis 1400 Gramm. Er schnitt damit nicht besser ab als die Arbeiter, die er nach deren Tod untersuchte. Danach betrug das mittlere Gehirngewicht von 51 ungelernten Arbeitern 1365 Gramm, während die 24 ausgebildeten Arbeiter im Durchschnitt auf 1420 Gramm kamen. Broca mag ansonsten ein guter Beobachter gewesen sein – immerhin hat er einen für die Sprache wesentlichen Teil des Gehirns entdeckt. Vermutlich aber war er besessen von der Idee, einen einfachen Zusammenhang zwischen Gehirnmasse und Intelligenz zu entdecken. Ansonsten hätte er merken müssen, daß selbst bei berühmten Persönlichkeiten das Gehirngewicht sehr stark schwankt. Und es hätte ihm aufgehen müssen, daß die Masse an grauen Zellen etwas mit der Körpergröße zu tun hat. Das nämlich könnte der Grund dafür gewesen sein, daß die Hilfsarbeiter so schlecht abschnitten. Sie kamen vermutlich aus den einfachsten Verhältnissen und waren in ihrer Kindheit unterernährt.

Nicht nur die Hirnmasse, auch der Kopfumfang mußte für die damaligen Intelligenzstudien herhalten. Ein weiterer Hirnvermesser namens Röse untersuchte deutsche Professoren und Soldaten und kam 1905 in einer Veröffentlichung zu dem Schluß: »Die Professoren haben bedeutend größere Köpfe als die Offiziere. Die ordentlichen Professoren haben die größten Köpfe, mit ganz geringen Abständen folgen die übrigen Universitätslehrer[...]« – passend zu der Hochschul-Hierarchie. Einer seiner Kollegen, Bayerthal, bestätigt 1911 die Untersuchungen: »Man kann wenigstens bei einem Umfang des Kopfes von 52 bis 53 Zentimetern noch ordentlicher Professor der Chirurgie und Geburtshilfe werden[...], doch werden wir beim erwachsenen Mann unter 52 Zentimetern keine bedeutende geistige Leistungen zu erwarten haben.«

Wenn ein größerer Körper einen größeren Kopf und mehr Gehirnmasse bedingt, dann liegt es auf der Hand, daß Frauen schlechter abschneiden als Männer. Tatsächlich hat man bis ins 20. Jahrhundert hinein das im Durchschnitt geringere weibliche Gehirngewicht und den kleineren Kopfumfang als Beweis dafür verwendet, daß Frauen dümmer seien. »Nach der Kopfgröße genialer Weiber brauchen wir nicht zu fragen, es gibt keine«, schreibt Bayerthal.

Es kommt noch schlimmer: Gustave Le Bon, ein Schüler Brocas, zieht 1879 den Schluß: »Alle Psychologen, die die Intelligenz von Frauen studiert haben, erkennen [...], daß sie eine der minderwertigsten Formen der Menschheitsentwicklung darstellen und Kindern und Wilden näher sind als dem erwachsenen zivilisierten Mann.« Immerhin gibt Le Bon zu: »Zweifellos gibt es

26

einige hervorragende Frauen, die dem Durchschnitts-
mann weit überlegen sind«, doch er schränkt sogleich
ein: »Sie sind so außergewöhnlich wie die Geburt einer
Monstrosität, zum Beispiel eines Gorillas mit zwei Köp-
fen; daher können wir sie völlig außer acht lassen.« Le
Bon war beileibe kein wissenschaftlicher Außenseiter. Er
gilt als einer der Begründer der Sozialpsychologie, und
seine Schrift ›Die Psychologie der Massen‹ wird heute
noch respektiert und zitiert.

Kein Wunder, daß Frauen lautstark protestierten. Allerdings ließen sie sich manchmal dazu hinreißen, mit
den Waffen der Männer zurückzuschlagen. Zum Beispiel
Maria Montessori. Sie war die erste Italienerin, die ihren
Doktor in Medizin machte. Später wurde sie Professorin
für Anthropologie in Rom, und ihre pädagogischen Vor-
stellungen werden noch heute an vielen Schulen und
Kindergärten befolgt. In ihrem ›Handbuch für Pädagogi-
sche Anthropologie‹ führt sie aus, daß, wenn das Gehirngewicht nicht nur mit der Körpergröße, sondern der
gesamten Körpermasse verglichen wird, die Frauen ein
verhältnismäßig schwereres Gehirn haben als die Männer. Frauen wären demzufolge eigentlich klüger als die
männlichen Muskelprotze.

So schlug man sich damals die Argumente um die Ohren. Heute ist die Diskussion subtiler, aber das Thema
noch längst nicht vom Tisch. Tatsache ist, daß Männer im
Durchschnitt ein um 130 bis 140 Gramm schwereres
Gehirn haben als Frauen. Zahlreiche Wissenschaftler
haben in den vergangenen Jahrzehnten versucht, diesen
Unterschied zu erklären, sei es durch Körpergröße, sei es
durch das Gewicht oder durch beides. Der kanadische
Psychologe Michael Peters hat vor kurzem eine Vielfalt
von Studien nochmals genau unter die Lupe genommen.
Er kommt zu dem Schluß, daß es keine eindeutige Beziehung zwischen bestimmten Körpermerkmalen und Gehirngewicht gibt. Schlimmer noch: Gewicht und Größe
haben für Männer und Frauen nicht dieselbe Bedeutung,

sagt Peters. In einer Studie zum Beispiel wurden schwere Frauen mit einem durchschnittlichen Gewicht von 70 Kilogramm mit leichten Frauen, die im Mittel 54 Kilogramm wogen, verglichen. Das mittlere Gehirngewicht beider Gruppen betrug 1320 beziehungsweise 1316 Gramm. Es war also praktisch gleich. Dagegen lag der Unterschied zwischen schweren (82 Kilogramm) und leichten (64 Kilogramm) Männern bei über 40 Gramm. Das höhere Gewicht der Männer reicht nicht aus, um diesen Effekt zu erklären. Es bleibt also ein Geschlechtsunterschied, der sich nicht durch Körpergröße und Gewicht erklären läßt, resümiert Peters.

Dabei sind männliche Babys bei der Geburt nicht im Vorteil – wenn man bei einem schwereren Gehirn überhaupt von Vorteil sprechen kann. Jungen kommen zwar mit mehr Gehirnmasse als Mädchen auf die Welt. Vergleicht man jedoch das Gewicht mit der Körperhöhe, so gibt es noch keinen Unterschied. Große Mädchen haben schwere Gehirne, kleine Jungen haben leichte Gehirne. Teilt man Körpergröße durch das Gehirngewicht, so erhält man, unabhängig vom Geschlecht, dieselbe Zahl. Ab einer Körpergröße von etwa 90 Zentimetern – wenn die Kinder etwa zwei Jahre alt sind – verändert sich jedoch das Verhältnis. Die Gehirne der Jungen wachsen schneller, obwohl in diesem Alter Jungen und Mädchen noch gleich groß sind. Warum das so ist, weiß man nicht. Der im Kindesalter erworbene Größenvorteil bleibt lebenslang erhalten: Die männliche Kurve liegt bis zum Erwachsenenalter über der weiblichen, das heißt, die männlichen Gehirne sind immer etwas schwerer als die weiblichen, selbst wenn man die Körpergröße berücksichtigt.

Wir müssen also mit dem kleinen Unterschied von 140 Gramm leben. Was soll's, könnte man nun sagen. Der eine ist größer und kräftiger und kann deshalb einen schweren Koffer tragen. Die andere hat eine größere Leber und verträgt deshalb ein zusätzliches Glas Wein.

Hinzu kommt, daß auch Frauen große Gehirne haben können und Männer kleine. Die Unterschiede im Gehirngewicht innerhalb eines Geschlechts sind so groß, daß etwa ein Drittel aller Männer und Frauen gleich schwere Gehirne haben. Warum sollten wir uns also über die 140 Gramm aufregen?

Um das zu beantworten, müßte man wissen, ob die These gilt: mehr graue Masse – mehr Intelligenz. Denn sollte das zutreffen, so wäre natürlich Grund zur Aufregung gegeben. Was aber ist genau Intelligenz? Wie wir im Kapitel 5 sehen werden, scheiden sich darüber die Geister. Manche Forscher glauben, daß Intelligenz auch mit künstlerischer Kreativität oder mit sozialen Fähigkeiten zusammenhängt, und daß sie deshalb nicht meßbar ist. Die Mehrzahl der Wissenschaftler geht allerdings davon aus, daß man Intelligenz an Hand von Tests messen kann. Solche Tests bestehen aus sehr vielen verschiedenen Aufgaben – Sprache, Logik oder Geometrie –, und der Mittelwert der Punkte, die man dabei erzielt, ist der Intelligenzquotient, kurz IQ.

Zwischen dem IQ und dem Gehirngewicht hat bislang allerdings niemand einen Zusammenhang feststellen können. Es gibt kaum Studien zu diesem Thema, die wissenschaftlichen Kriterien standhalten. In einer der wenigen seriösen Untersuchungen haben Forscher aus den Schädelmaßen Lebender deren Gehirngewicht errechnet (was keine besonders zuverlässige Methode ist) und dieses mit deren IQ verglichen. Trotz erheblicher Unterschiede in der Gehirnmasse von Männern und Frauen zeigte sich keine nennenswerte Differenz im IQ. Übrigens muß ein Mensch ein sehr niedriges Gehirngewicht haben, bevor er Anzeichen geistiger Behinderung zeigt. Irgendwo zwischen 700 und 900 Gramm liegt die Grenze zwischen einem voll und einem begrenzt funktionierenden Gehirn. Aber selbst Menschen mit noch weniger grauer Masse können ohne auffällige Behinderungen leben: Es gibt Erwachsene, die als Föten an Microcephalitis (wörtlich: winziges Gehirn) erkrankt sind und zum Teil Gehirne von weniger als einem Pfund haben.

Es gibt also keinen offensichtlichen Zusammenhang zwischen Gehirngewicht und Intelligenz. Was bedeutet es dann, mehr graue Masse zu haben? Mehr graue Masse, so würde man erstmal spontan vermuten, entsteht durch ein Mehr an Nervenzellen. Ein Computer, der mehr Rechenelemente besitzt, kann schneller rechnen. Auf das Gehirn übertragen würde das bedeuten, daß ein Mensch mit mehr kleinen grauen Zellen möglicherweise schneller reagieren, besser denken oder geschickter planen kann. Doch mehr Gewicht muß nicht unbedingt heißen, daß das Gehirn tatsächlich mehr Neuronen enthält. Es könnte ebenso sein, daß das Stützgewebe innerhalb der grauen Materie einfach dichter ist. Dann gäbe es zwar insgesamt mehr Zellen, aber nicht unbedingt solche, die das Gehirn leistungsfähiger machen.

Mehr Masse – mehr Klasse? Vermutlich nicht. Doch die Forscher wissen das selbst nicht so genau, weil sie die Arbeitsweise des Gehirns noch nicht durchschauen. Außerdem liegt die Stärke des Denkorgans, wie wir noch sehen werden, weniger in der Zahl der Nervenzellen als in der gigantischen Zahl der Verbindungen zwischen ihnen. Nervenfasern aber tragen nur geringfügig zum Gewicht bei.

Einen indirekten Beweis dafür, daß schwerere Gehirne nicht unbedingt mehr Neuronen enthalten, lieferte vor kurzem die kanadische Expertin für Geschlechtsunterschiede, Sandra Witelson. In den Schläfenlappen, im Bereich hinter den Augen, zählte sie Nervenzellen von Männern und Frauen, die an Krebs gestorben waren. Letztere, so konstatierte Witelson, haben in einem Volumen von einem Kubikmillimeter, entsprechend der Größe eines Stecknadelkopfes, 5000 Neuronen mehr als Männer. Anders ausgedrückt ergibt das ein Plus von elf Prozent. Das gilt für die linke und die rechte Gehirnhälfte gleichermaßen.

Der untersuchte Bereich der linken Gehirnhälfte gehört zu einem Gebiet, das für das Verstehen von Sprache wesentlich ist, rechts werden Melodien und der Ton von Sprache erkannt. Das ist auch der Grund dafür, daß Wissenschaftler, die sich mit Geschlechtsunterschieden beschäftigen, Witelsons Resultate mit großem Interesse zur Kenntnis genommen haben. Denn Frauen schneiden bei sprachlichen Tests besser ab – möglicherweise, weil sie mehr Nervenzellen in den entscheidenden Gehirnregionen besitzen? Andere Studien müßten solche Unterschiede auf der Ebene von Neuronen noch bestätigen, äußert sich Sandra Witelson vorsichtig. Aber ihre Ergebnisse liefern einen ersten Hinweis darauf, daß ein leichteres, weibliches Gehirn nicht unbedingt der verkleinerte Gegenpart eines männlichen Denkorgans ist.

Kommen wir zurück zum groben Aufbau des Gehirns, der bei Männern und Frauen gleich ist. Die Großhirnrinde kann man sich vorstellen als einen Schrank, hinter dessen Tür sich zahlreiche Schubfächer verbergen. Von außen sehen sie alle gleich aus, in ihrem Inneren lagern aber völlig unterschiedliche Dinge. Genau genommen besteht der Schrank allerdings aus zwei Seiten mit jeweils einer Tür: der linken und der rechten Gehirnhälfte oder Hemisphäre, wie es in der Fachsprache heißt. Die beiden Hälften sind spiegelsymmetrisch – allerdings nicht hundertprozentig, wie wir später sehen werden. Würde man also den Kopf senkrecht, entlang des Nasenrückens aufschneiden und das Gehirn aufgeklappt vor sich hinlegen, so hätte man zwei identische Hälften mit einer halben Hirnrinde, einem halben Hypothalamus und einem halben Kleinhirn.

Die beiden Hälften der Hirnrinde teilen sich die Arbeit: Die linke Hemisphäre ist damit beschäftigt, Sinneseindrücke von der rechten Körperhälfte zu verarbeiten und Bewegungen der rechten Körperhälfte zu planen und auszuführen, die rechte Hemisphäre ist für die linke

Körperhälfte zuständig. Wenn Sie also jetzt die linke Hand heben, dann tut sich etwas in der rechten Hälfte Ihres Gehirns. Und wenn es Sie im rechten kleinen Zeh kitzelt, dann sind Nervenzellen in der linken Hemisphäre damit beschäftigt, diese Information zu verarbeiten. Wie wir noch sehen werden, ist diese Arbeitsteilung nicht strikt, denn die Hirnhälften tauschen über ein Bündel von Nervenfasern, den sogenannten Balken, Informationen aus, und manchmal kann eine Hemisphäre auch die Aufgaben der anderen übernehmen.

Die Türen des Schranks sind geöffnet, was verbirgt sich nun in den Schubladen? Eine Schublade beinhaltet das Sehsystem. Auch visueller Cortex genannt, liegt es am Hinterkopf, etwas oberhalb der Stelle, wo der Schädelknochen eine Art Knick nach innen macht. Dorthin gelangen die Signale der Augen. Jemand, dessen Sehsystem verletzt ist, möglicherweise nach einem Schlag auf den Hinterkopf, kann erblinden, obwohl seine Augen noch sehen. Tastet man weiter nach oben, dort wo der Schädel rund wird, so gelangt man an die Stelle, wo der somato-sensorische Cortex sitzt (soma ist das griechische Wort für Körper). Dieser Teil der Hirnrinde empfängt Signale von den Tastzellen der gesamten Körperoberfläche. Wenn es uns kalt oder warm ist oder wenn wir uns geschnitten haben, dann sind Nervenzellen des somato-sensorischen Cortex aktiv. Dieser empfängt aber nicht nur Signale von der Körperoberfläche, sondern auch aus dessen Innerem. Wenn wir zum Beispiel Magenschmerzen haben, dann tritt auch der somato-sensorische Cortex in Aktion.

Ein Stückchen weiter, dort wo sich der Schädel abflacht, befindet sich die Schublade des Motor-Cortex. Er kontrolliert alle Muskeln des Körpers. Für jene Körperteile, die besonders feine Bewegungen ausführen können – die Hand zum Beispiel –, ist im Motor-Cortex viel Platz reserviert, während der Unterarm mit einem

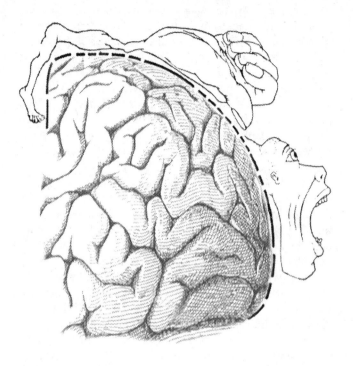

Abbildung 2: Körperteile, die besonders feine Bewegungen ausführen müssen, beanspruchen auch viel Platz im Motor-Cortex. Die Proportionen der Figur verdeutlichen, wieviele Nervenzellen Hand- und Gesichtsmuskeln im Vergleich zum Fuß zur Verfügung haben.

Bruchteil der Nervenzellen auskommen muß, die dem Daumen zustehen. Würde man eine Landkarte des Motor-Cortex zeichnen, dann würde schnell sichtbar, nach welchem Prinzip dieser Teil der Gehirnrinde organisiert ist: Nach einem topographischen Prinzip, wie die Fachleute es nennen. Für jedes Körperteil gibt es ein Eckchen auf dieser Karte, und für benachbarte Körperteile liegen die Bereiche auf der Karte nebeneinander (Abbildung 2). Diese topographische Organisation ist übrigens nicht nur im Motor-Cortex verwirklicht, sondern auch im Sehzentrum und in anderen Teilen der Hirnrinde.

Andere Schubladen sind von außen schwerer zugänglich als die soeben genannten. Der Teil des Gehirns, der die Signale von den Ohren empfängt – der auditive Cortex –, sitzt tief verborgen, weit unter dem Balken. Oder das bei dem sprachlosen Tan-Tan verletzte Gebiet: Es befindet sich auch im Innenbereich der Hirnrinde.

»Am Anfang war alles so einfach«, schreibt der ehemalige russische Soldat Sassezki in seinem Tagebuch. Doch dann kam der zweite Weltkrieg, Sassezki mußte an die Front und wurde schwer an seinem Gehirn verletzt. Als er wieder aufwacht, ist die Welt alles andere als einfach. Sie zerfällt in Fragmente, wie der bekannte russische Gehirnforscher Alexander Lurija, der sich mit Sassezki angefreundet hat und dessen Tagebuchnotizen in seinem Buch ›Der Mann, dessen Welt in Scherben ging‹ kommentiert. »Er spürt seinen Körper, seine Arme und seine Beine, aber er kann nicht sagen, welcher der rechte Arm ist und welcher der linke ... Er beginnt, sagen wir, das Bett zu machen, aber wie soll er die Bettdecke hinlegen, längs oder quer?« schreibt Lurija. Sassezki kann zwar noch sehen, hören und fühlen, aber weiß nichts mehr mit diesen Sinneseindrücken anzufangen.

Der Grund für die fragmentierte Welt in seinem Kopf: Bei der Gehirnverletzung wurden wichtige Teile seines Assoziations-Cortex zerstört. Genau genommen gibt es mehrere Assoziationsfelder. Sie sind dafür zuständig, die verschiedenen Sinneseindrücke zu kombinieren oder assoziieren. Stellen Sie sich vor, Sie kommen in einen Raum, den Sie nicht kennen. In der Ecke steht ein Radio, und Sie hören Musik. Wahrscheinlich brauchen Sie nicht lange, um zu vermuten, daß die Musik aus dem Radio ertönt. Sassezki wäre vermutlich nicht auf diese Idee gekommen, er konnte nicht mehr seine Eindrücke zu einem Ganzen zusammenfügen.

Sehen, hören, fühlen, sich bewegen und Sinneseindrücke verknüpfen – all dies bildet nur die Vorstufe zu den besonderen Fähigkeiten des Menschen, nämlich denen, sein Verhalten zu steuern und zu handeln. Der Planungsstab des Gehirns verbirgt sich hinter der Stirn. Dort befinden sich Nervenzellen, die Sinneseindrücke und Gedächtnisinhalte verknüpfen, um daraus Aktionspläne für den Körper zu erstellen. Ein banales Beispiel: Sie sitzen im Restaurant und haben gerade etwas im Mund. Sie erinnern sich, daß Ihnen beim letzten Restaurantbesuch davon schlecht geworden ist. Ziemlich schnell werden Ihre Nervenzellen im Stirnlappen in Aktion treten und ihrer Zunge signalisieren, daß Sie am besten den Bissen nicht hinunterschlucken, sondern wieder aus Ihrem Mund hinausbefördern sollten.

Manche der Gehirn-Schubladen hatten die alten Ägypter bereits einen Spalt weit geöffnet, indem sie Kopfverletzte beobachteten. Auch Paul Broca konnte auf Grund der Verletzung von Tan-Tan jenes Areal finden, in dem Sprache produziert wird. Das war bis vor kurzem die klassische Herangehensweise: Man hat nach ihrem Tod die Gehirne von Leuten untersucht, die nicht mehr richtig hörten oder sahen oder gelähmt waren, und hat daraus geschlossen, wo der auditive, visuelle oder motorische Cortex liegt. Heutzutage muß man dafür nicht mehr Gehirne sezieren. Neue, sogenannte bildgebende Verfahren gewähren faszinierende Einblicke in das Gehirn von lebenden Menschen, die normal wahrnehmen, sprechen und denken.

Ein Verfahren, das die Gehirnforschung mit am stärksten revolutioniert hat, ist die Positronen-Emissions-Tomographie, kurz PET genannt. Das Besondere daran ist, daß sie nicht nur eine bestimmte Struktur des Gehirns sichtbar macht, etwa eine krankhafte Veränderung wie einen Tumor, sondern daß sie zeigt, welche Nervenzellen gerade aktiv sind. Wie das funktioniert? Ähnlich wie wenn man feststellen wollte, welche Muskeln für eine bestimmte Aufgabe gebraucht werden. Man würde ein Photo der Muskeln machen, und sehen, welche sich besonders ausgedehnt haben. Beim Gehirn läßt sich mittels PET beobachten, wohin das meiste Blut fließt, weil dort die Zellen hart arbeiten. Der Patient bekommt radioaktive Zuckermoleküle ins Blut gespritzt. Das klingt gefährlicher als es in Wirklichkeit ist, denn das strahlende Material zerfällt nach kurzer Zeit in harmlose Bruchstücke. Zuvor jedoch sammelt sich der radioaktive Zukker dort an, wo das Gehirn besonders viel Sauerstoff verbraucht.

Nach der Spritze wird der Kopf des Patienten in einen Ring gesteckt. An dem Ring sind Gamma-Detektoren angebracht, kleine Apparate also, die besonders energiereiche, unsichtbare Lichtquanten messen. Wenn der radioaktive Zucker zerfällt, dann entsteht ein Positron, das positive Gegenstück zum negativ geladenen Elektron – daher auch der Name PET. Positrone leben allerdings nicht lange. Es vergehen nur Bruchteile von Sekunden, bis sie auf ein Elektron treffen. Die beiden verschmelzen zu zwei Lichtquanten, die in entgegengesetzte Richtungen davonfliegen. Sie werden von den Detektoren, die am Ring montiert sind, eingefangen. Die Detektoren signalisieren also, wo sich die radioaktiven Zuckermoleküle und damit die besonders aktiven Nervenzellen befinden. Ein Computer setzt schließlich die Signale zu einem Schnittbild des Gehirns zusammen.

Mit der Positronen-Emmissions-Tomographie und anderen bildgebenden Verfahren haben Ärzte und Hirnforscher großartige Werkzeuge, um das arbeitende Gehirn zu studieren. Ein Wissenschaftler, der sich zum Beispiel für das Hörsystem interessiert, könnte von zwei Versuchspersonen eine PET-Aufnahme machen: eine der beiden würde eine Sherlock Holmes-Geschichte vorgelesen bekommen, die andere nicht. Mit einem Blick auf die beiden Bilder könnte der Wissenschaftler sehen, welche Gehirnregionen durch Sherlock Holmes aktiviert werden. Oder ein Mann und eine Frau müssen eine bestimmte Aufgabe lösen. Während sie heftig nachdenken, macht man Durchblutungskarten von ihren Gehirnen und vergleicht diese; so lassen sich Geschlechtsunterschiede aufspüren.

Auch vor einer Gehirnoperation kann eine solche Innenaufnahme des Gehirns von unschätzbarem Wert sein. Zum Beispiel im Fall eines siebenjährigen Mädchens, das an ständigen Anfällen litt. Sie hatte in ihrem Gehirn so etwas wie eine hyperaktive Stelle, einen Bereich, in dem der Stoffwechsel abnormal hoch war. Diese Stelle lag ganz in der Nähe von jenem Teil des Motor-Cortex, der die Sprech- und Atemmuskeln kontrolliert. Sie hatte deshalb Schwierigkeiten zu sprechen und zu atmen. Da Medikamente ihren Zustand nicht verbesserten, wollte ein Neurochirurg die abnormale Stelle entfernen. Diese lag jedoch nur Millimeter entfernt von dem Brocaschen Areal, also jener Region, welche für die Produktion von Sprache unerläßlich ist. Der Arzt ließ das Mädchen sprechen und machte dabei ein PET ihres Gehirns. Damit konnte er das Brocasche Areal genau lokalisieren und schonend operieren, indem er nur soviel Nervengewebe wie unbedingt nötig entfernte.

Sinne und Bewegung, Gedächtnis und Gefühle werden also in bestimmten Teilen des Gehirns erzeugt und verarbeitet. Was aber ist Sehen wirklich, was ist Hören, was Gedächtnis? Um dies zu beantworten, muß man sich eine Stufe tiefer begeben, nämlich auf die Ebene der Nervenzellen. Das erscheint zunächst als ein frustrierendes Unterfangen. Das menschliche Gehirn wiegt zwar nur um die drei Pfund, es enthält aber um die 30 Milliarden Nervenzellen – das sind knapp 150 000 Neuronen unter jedem Quadratmillimeter der Hirnrinde. Nun kann diese Zahl allein nicht erklären, warum das Gehirn so leistungsfähig ist. Eine Leber zum Beispiel enthält auch 100 Millionen Zellen, aber selbst 300 Lebern können nicht die Aufgaben des Gehirns vollbringen.

Ein Teil der Komplexität des Gehirns kommt, so vermuten die Wissenschaftler, von der Vielfalt der Nervenzellen: Pyramidalzellen, die so heißen, weil ihr Zellkörper wie eine Pyramide aussieht, Purkinjezellen, deren Nervenfortsätze ganz buschig sind, Granularzellen mit einem kleinen Zellkörper und nur einigen wenigen Nervenfortsätzen – um nur einige zu nennen. Noch komplizierter wird das Bild, wenn man sich auf die Ebene der Gene begibt.

Jede Zelle enthält zwar die gesamte Erbinformation in Form von verknäuelten Molekülen, der Desoxyribonukleinsäure, kurz DNS. Welche Gene aber tatsächlich in der Zelle aktiviert werden, hängt vom Zelltyp ab. Sogar Zellen des gleichen Typs können unterschiedliche Gene aktivieren und damit unterschiedliche Eiweißstoffe produzieren.

Bei diesem Durcheinander wäre es nicht überraschend, wenn die Forscher das Handtuch werfen und sagen würden: Es ist viel zu schwierig, das Gehirn zu verstehen, indem wir die Nervenzellen studieren. Glücklicherweise ist das Unterfangen doch nicht gänzlich hoffnungslos. Denn so unterschiedlich die Neuronen auch aussehen, in ihrem Aufbau ähneln sie sich sehr. Ob Pyramidal- oder Purkinjezelle, sie bestehen aus den geichen Komponenten, wie wir gleich sehen werden. Außerdem sprechen die Zellen alle dieselbe Sprache: Sie verständigen sich mittels elektrischer Signale. Beruhigend für die Neuroforscher ist auch, daß die Hirnrinde, wo sich Denken, Fühlen und Handeln größtenteils abspielen, vor allem aus Pyramidalzellen besteht. Sie stellen etwa vier Fünftel

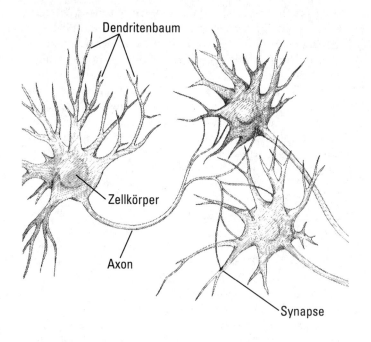

Abbildung 3: Nervenzellen und ihre Verbindungen

aller Neuronen. Und – das haben verschiedene Wissenschaftler in den letzten Jahrzehnten herausgefunden – es herrscht eine gewisse Ordnung im Neuronen-Dschungel. Zellen, die ähnliche Aufgaben erfüllen, sind nicht über den Cortex verstreut, sondern sie bilden Gruppen.

Wie ist eine Nervenzelle also aufgebaut? Vieles von dem, was wir heute wissen, hat der spanische Neuroforscher Ramon y Cajal Anfang des Jahrhunderts entdeckt. Er hat zahllose Gehirnschnitte unter dem Mikroskop studiert und seinen Kollegen genaue Zeichnungen der unterschiedlichsten Zellen geliefert.

Ein Neuron hat einen einige hundertstel Millimeter großen Zellkörper (Abbildung 3). Von der einen Seite des Körpers gehen Fasern ab, die Dendriten. Diese sind teilweise so verzweigt und buschig, daß man auch vom Dendritenbaum spricht. Die andere Seite des Zellkörpers mündet in ein Kabel, das Axon, welches sich an seinem Ende verzweigt. Wenn eine Zelle mit anderen »spricht«, dann empfangen ihre Dendriten die Signale, und ihr Axon sendet seinerseits eine Botschaft aus.

Um miteinander zu kommunizieren, müssen die Zellen Kontakte knüpfen. Viele Nervenzellen haben auf ihren Dendriten zahlreiche kleine Knospen sitzen, häufig mehrere Zehntausende. An diese Knospen haften sich die Endstücke der Axone anderer Zellen. Diese Kontaktstellen (die es auch zwischen den Knospen und dem Zellkörper geben kann) heißen Synapsen, ein Wort, das vom griechischen »sunaptein« stammt, was soviel heißt wie »sich verbinden«.

Die Botschaften, welche die Nervenzellen austauschen, sind elektrische. Genau genommen sind sie teils elektrischer, teils chemischer Natur, wie wir gleich sehen werden. Wenn eine Zelle einer anderen etwas mitteilen will, so tut sie das zunächst in Form eines kurzen elektrischen Impulses. Dieses sogenannte Aktionspotential dauert eine Millisekunde und ist etwa 100 Millivolt stark – das ist immerhin fast ein Zehntel der Spannung, die eine

Taschenlampen-Batterie liefert. Vereinfacht gesagt, entsteht das Aktionspotential, indem sich winzige Kanäle öffnen und geladene Natrium-Ionen von außen in den Zellkörper eindringen. Die Folge ist ein Spannungsstoß, und die Zelle »feuert«, wie Fachleute dazu sagen.

Japanische Kugelfische gelten in Fernost als besondere Delikatesse, ob man ihren Verzehr überlebt, ist allerdings Glückssache. Denn die Tiere enthalten ein äußerst starkes Nervengift, das Tetrodotoxin. Wenn die Fische nicht sorgfältig zubereitet sind, kann etwas Tetrodotoxin im Fleisch verbleiben. Das Gift verstopft die Natriumkanäle in den Membranen der Nervenzellen und verhindert dadurch, daß elektrische Signale weitergeleitet werden. Jedes Jahr sterben deshalb ein paar Menschen nach dem Verzehr von Kugelfisch an Atemlähmung.

Die Stärke eines Aktionspotentials ist immer gleich. Wie dann, muß man sich fragen, weiß zum Beispiel ein Muskel, dessen Zellen ein elektrisches Signal aus dem Gehirn erhalten, ob er sich viel oder wenig zusammenziehen soll? Die Antwort ist einfach: Es hängt davon ab, mit welcher Rate die Neurone im Gehirn ihre Botschaft an die Muskelzellen schicken. Viele Aktionspotentiale in kurzen Abständen hintereinander sind demnach ein starkes Signal, ein schwaches dagegen besteht aus Pulsen in längeren Abständen. Die Sprache der Nervenzelle ist also eine Art Morsen, bei dem das Klopfen dem Feuern von Aktionspotentialen entspricht.

Das Aktionspotential wandert entlang des Axons zu dessen verzweigten Enden. Hier trifft es auf die Kontaktstellen mit anderen Neuronen, und damit beginnt die chemische Story. Es ist nämlich nicht so, daß das elektrische Signal einfach vom Axonende der einen Zelle zur dendritischen Knospe der anderen Zelle wandern kann. Zwischen ihnen liegt nämlich ein – einige Bruchteile eines Mikrons großer – Spalt. Wie schafft nun das Aktionspotential den Sprung? Wenn der elektrische Impuls an der Synapse ankommt, bewirkt er, daß sich kleine, mit

Chemikalien gefüllte Bläschen öffnen. Diese chemischen Botenstoffe, auch Neurotransmitter genannt, können den Zwischenraum überqueren. Auf der anderen Seite treffen sie auf eine Membran, die spezielle Rezeptoren enthält, Moleküle also, an denen sich die Neurotransmitter festhaken können – gleich einem Schloß, in das nur ein bestimmter Schlüssel paßt. Wenn mehrere Botenmoleküle ihr Schloß gefunden haben, ändert sich die elektrische Spannung der Membran. Die Nervenzelle, die am anderen Ende der Synapse sitzt, kann dann wieder einen Impuls feuern und damit das elektrische Signal weiterleiten.

Die Sache ist allerdings ein wenig komplizierter. Es gibt nämlich zwei Sorten von Synapsen: erregende und hemmende. Die erregenden Synapsen sind die soeben geschilderten. Sie bewirken, daß die Membran elektrisch aktiv ist, und daß die dahintergeschaltete Nervenzelle erneut ein Aktionspotential abgeben kann. Bei der hemmenden Synapse bewirken die Neurotransmitter, daß die elektrische Aktivität der Membran gebremst wird, und es wird weit weniger wahrscheinlich, daß die Zelle feuern kann.

Es ist gut, daß es im Gehirn auch hemmende Synapsen gibt. Ansonsten würden wir vermutlich ständig unter Spannung stehen und hyperaktiv sein. Auch muß es Signale geben, die verhindern, daß wir bestimmte Dinge tun. Stellen Sie sich vor, Sie tragen einen Strauß Rosen. Plötzlich spüren Sie einen stechenden Schmerz – Sie haben in die Dornen gegriffen. Gäbe es da nur den Reflex, der durch den Schmerz ausgelöst wurde, würde über das Rückenmark eine exzitatorische Botschaft an den Handmuskel gelangen. Der würde sich öffnen, die Rosen lägen auf dem Boden. Das wäre jedoch schade um die schönen Blumen. Die Meldung des Gehirns an den Handmuskel, die Rosen nicht fallen zu lassen, kommt von einer Nervenzelle im Cortex. Ihr Axon ist mit einem Neuron im Rückenmark verbunden, das wiederum inhibitorisch mit einer Muskelzelle verknüpft ist. Die Hemmung verhindert, daß Sie die Hand entspannen und die Rosen fallen lassen.

Erregung und Hemmung – das Prinzip klingt einfach. Gibt es nun zwei Sorten von Botenstoffen, die erregende und die hemmende? Leider ist die Wirklichkeit wieder etwas komplizierter. Mit nur zwei Neurotransmittern unterschätzt man bei weitem die chemische Vielfalt des Gehirns. An die 50 Botenstoffe leisten dort ihren Dienst. Manche wirken in der Tat nur erregend, manche nur hemmend, andere aber können beides, je nachdem, welche Rezeptoren sie in der Membran vorfinden. Manche Neurotransmitter tragen ihren Namen auch zu Unrecht. Denn sie sind nicht nur auf das Nervensystem beschränkt. Die Substanz Somatostatin zum Beispiel bewirkt, daß ein bestimmtes Hormon, das Nervenzellen und ihre Verbindungen zum Wachsen anregt, nicht ausgeschüttet wird. Doch Wissenschaftler haben mittlerweile Somatostatin auch in der Bauchspeicheldrüse gefunden, wo der Neurotransmitter verhindert, daß Insulin freigesetzt wird.

»Zu Tupi urari«, was soviel heißt wie »Auf wen es kommt, der fällt« – so nannten die Indianer Südamerikas das Pfeilgift, mit dem sie ihre Gegner zur Strecke brachten. Die Europäer machten daraus Curare, und der deutsche Naturforscher Alexander von Humboldt war der erste, der die Wirkung der toxischen Substanz Anfang des letzten Jahrhunderts beschrieb. Gelangt Curare in den Blutkreislauf, so paralysiert es in Sekundenschnelle sein Opfer. Mittlerweile weiß man, daß das Pfeilgift die Muskulatur lähmt, weil es sich an bestimmte Rezeptoren in Muskelzellen heftet. Damit blockiert es die Rezeptoren, und das Molekül Acetylcholin, das eigentlich andokken soll, kann dies nicht tun: Befehle des Gehirns gelangen nicht mehr an die Muskelzelle. Es ist so, als ob der falsche Schlüssel im richtigen Schloß sitzt und verhindert, daß der richtige Schlüssel aufsperren kann. Acetylcholin ist einer der wichtigsten Neurotransmitter und er erfüllt sehr verschiedene Aufgaben. Acetylcholin-Rezeptoren in Skelettmuskeln wirken nämlich erregend, während solche im Herzmuskel hemmen. Acetylcholin findet man aber auch im zentralen Nervensystem, wo es am Lernen und Gedächtnis beteiligt ist.

Dopamin ist ein weiterer wichtiger Botenstoff im Nervensystem. Bei Parkinson-Patienten sterben Nervenzellen in der sogenannten »Substantia Nigra« ab, einem kleinen dunkel erscheinenden Kern im Gehirn. Diese Nervenzellen produzieren normalerweise Dopamin, und mit ihrem Schwund entsteht ein Mangel an diesem Botenstoff. Als Folge davon leiden Parkinson-Patienten unter Zitteranfällen, ihre Glieder werden steif, und ihr Gleichgewicht ist gestört. Man gibt den Erkrankten deshalb L-Dopa, eine chemische Vorläufersubstanz des Dopamins. L-Dopa bewirkt, daß der Neurotransmitter wieder vermehrt produziert wird – Schüttellähmung und Gliederstarre nehmen ab. Allerdings beobachten Ärzte, daß zeitweilig Symptome auftreten können, die typisch für Schizophrenie sind. Und weil Medikamente, die Dopamin-Rezeptoren blockieren, die Schizophrenie-Symptome mildern, vermutet man, daß Dopamin auch eine Rolle bei dieser Geisteskrankheit spielt.

Neben Dopamin und den ihm verwandten Monoaminen gibt es noch einfache Eiweißbausteine oder Aminosäuren, die als Neurotransmitter wirken. Praktisch allgegenwärtig im Gehirn ist Glutamat. Der Botenstoff ist einer der wichtigsten exzitatorischen Neurotransmitter. Mittlerweile ist Glutamat ins Gerede gekommen, genau genommen allerdings nicht der natürlich im Gehirn vorhandene Botenstoff, sondern die künstlich hergestellte Substanz Glutamat. In Deutschland ist das »künstliche« Glutamat, das mit dem Gehirn-Botenstoff chemisch identisch ist, als Geschmacksverstärker bekannt. Hohe Mengen von Glutamat im Gehirn wirken giftig, weil sie bestimmte Stoffwechselprozesse, die viel

Energie brauchen, beschleunigen. Dadurch kann der normale Stoffwechsel zusammenbrechen, Nervenzellen sterben ab.

Glücklicherweise kann Glutamat nicht ohne weiteres ins Gehirn gelangen. Es gibt nämlich eine Art chemischen Stacheldraht, die sogenannte Blut-Hirn-Schranke, welche die Nervenzellen vor fremden Molekülen schützt. Das heißt, daß allenfalls sehr geringe Mengen von Geschmacksverstärker das Gehirn ereichen. Manche Menschen reagieren allerdings auch darauf allergisch. Nach dem Verzehr von Speisen, die mit Geschmacksverstärker gewürzt sind, leiden sie unter Kopfschmerzen, Schwindelanfällen oder Taubheit in den Gliedmaßen – Symptome, die in den USA auch unter dem Namen Chinesisches-Restaurant-Syndrom bekannt sind, weil Chinesen ihr Essen besonders kräftig mit Glutamat würzen.

Zu den Aminosäuren zählt auch die Gamma-Amino-Buttersäure, kurz GABA (vom englischen gamma amino butyric acid). Sie ist der wichtigste hemmende Botenstoff im Gehirn. Valium und andere Beruhigungsmittel aus der Familie der Benzodiazepine bewirken, daß bestimmte Stellen an der Oberfläche der GABA-Rezeptoren besonders aktiv werden. Das heißt, der Neurotransmitter heftet sich dort an, und die elektrische Aktivität der Nervenzellen wird noch stärker als normal gehemmt.

Gehirnrinde, Nervenzellen, Synapsen, Neurotransmitter – wir haben die Ebenen des Gehirns durchwandert und sind auf der untersten Stufe angekommen. Ohne Botenstoffe keine elektrischen Signale, ohne elektrische Signale kein Wahrnehmen, Denken oder Fühlen. Sind chemische Substanzen die Grundlage für alles, sind Moleküle also die Atome unseres Geistes? Sigmund Freud schrieb 1914 in seiner Einführung des Narzißmus: »Wir müssen uns daran erinnern, daß all unseren vorläufigen Ideen in der Psychologie sich eines Tages auf der Basis organischer Substrate erklären werden lassen. Es scheint wahrscheinlich, daß es bestimmte chemische Substanzen und Prozesse gibt, welche die Folgen der Sexualität bewirken.« Der Ödipus-Komplex – nichts anderes als eine Kette chemischer Reaktionen?

Sicher ist, daß Botenstoffe eine Grundlage für das Verständnis des Gehirns bilden. Sie sind so etwas wie die Buchstaben der Gehirnsprache. Nur: Mit Buchstaben allein ist eine Sprache nicht verstanden. Dazu gehören Wörter und eine Grammatik, deren Regeln festlegen, wie man die Wörter zu Sätzen anordnen darf. Und während die Buchstaben chemisch sind, sind die Wörter und Sätze elektrisch.

Um die Sprache des Gehirns in groben Zügen zu verstehen, müssen wir deshalb wieder eine Stufe hochsteigen, auf die Ebene der Nervenzellen und ihrer Verbindungen, der Synapsen. Betrachtet man ein kleines Stückchen Hirnrinde unter dem Mikroskop, so sieht es zunächst rötlich-braun, manchmal auch grau aus: Die Zellkörper geben dem Cortex die Farbe, weshalb man häufig von der grauen Materie spricht. Auf den zweiten Blick fällt auf, wie dicht gepackt die Neuronen liegen. Wie bereits erwähnt, befinden sich etwa 150 000 Zellen unter jedem Quadratmillimeter Cortex. Mit ihren Axonen und Dendriten bilden sie ein enges Geflecht – einen wahren Neuronen-Dschungel. Jede Zelle kann bis zu zehntausend Verbindungen mit anderen knüpfen: Das heißt, mehrere hundert Billionen Synapsen tun ihren Dienst unter unserer Schädeldecke, und in jedem Kubikmillimeter Hirnrinde verlaufen mehrere Kilometer Nervenfaser. Ganz so unordentlich, wie sie auf den ersten Blick scheint, ist die Hirnrinde allerdings nicht. Denn Zellen, die ähnliche Aufgaben übernehmen, sind im Cortex benachbart. Das Sehzentrum, der am besten untersuchte Teil des Gehirns, den wir im Kapitel 4 genauer unter die Lupe nehmen werden, liefert dafür ein gutes Beispiel. Dort gibt es Gruppen von Zellen, die sich auf Kanten spezialisiert haben, während andere Farben erkennen.

Tiefer unter der Gehirnoberfläche verlaufen Bündel von Nervenfasern. Unter dem Mikroskop betrachtet sehen sie weiß aus, weshalb man auch von weißer Materie spricht. Obwohl jede Zelle so viele Verbindungen nach außen hat, gibt es im Gehirn keinen Kabelsalat. Der Grund dafür liegt darin, daß ein Neuron vor allem Kontakte zu seinen nächsten Nachbarn knüpft. Zwar gibt es im Gehirn, einige Langstreckenverbindungen. Zum Beispiel führt der Sehnerv vom Auge zum Sehzentrum ins Gehirn oder es gibt ein Kabel von Nervenfasern vom Motor-Cortex hinunter bis ins Rückenmark. Doch die meisten Axone sind ziemlich kurz und die Verschaltung lokal. Das heißt, die meisten Nervenzellen wissen gar nichts davon, was an anderen Stellen des Gehirns passiert.

Jede Nervenzelle empfängt also die Botschaften von bis zu Zehntausenden anderer Zellen. Wenn es unter den beteiligten Synapsen ausreichend viele gibt, die erregend sind, die also die elektrischen Signale passieren lassen, so wird die Zelle selbst erregt und sendet einen Impuls aus. Wenn dagegen zu viele Synapsen hemmend sind, wird die elektrische Aktivität der Nervenzelle unterdrückt. Diese Arbeitsweise hat die Mathematiker Warren McCulloch und Walter Pitts in den 40er Jahren dazu verleitet, ein einfaches Modell vorzuschlagen: demnach wäre eine Nervenzelle ein logisches Schaltelement, das einkommende Signale addiert. Wenn die Summe größer ist als eine bestimmte – biologisch festgelegte – Schwelle, dann feuert das Neuron, ansonsten bleibt es ruhig.

Wenn eine Nervenzelle ein Schaltelement ist, was ist dann das Gehirn? Nun, so sagten die Wissenschaftler, eine Ansammlung von miteinander verknüpften Schaltelementen, ein Computer also. Viele Forscher waren zunächst begeistert von dieser Analogie. Wenn das Gehirn ein Computer ist, dann müßte man es ja nachbauen können. Man müßte Roboter entwerfen können, die sehen, hören und sprechen – glaubte man in den 50er

Jahren. Das war der Beginn der Künstlichen Intelligenz, der KI-Forschung.

Ein paar Jahrzehnte später mußten die KI-Forscher erkennen, daß sie im wesentlichen gescheitert waren. Ein künstliches Gehirn mit menschlichen Fähigkeiten zu bauen erwies sich als ungleich schwieriger als zunächst vermutet. Zwar gibt es Roboter, die bestimmte Aufgaben erledigen können. Meistens handelt es sich dabei jedoch um Routine-Jobs, zum Beispiel immer wieder dasselbe Metallteil an die Karosserie eines Autos schweißen. So ein Roboter würde schon versagen, wenn er es plötzlich mit einem anderen Auto-Typ zu tun hätte.

In gewissen Dingen ähneln sich Gehirne und Computer. Beide bestehen aus Fasern: Nervenfasern einerseits, Drähte andererseits. Beide sprechen eine elektrische Sprache: Aktionspotentiale im Gehirn, elektrischer Strom im Computer. Beide erhalten eine Eingabe von außen – von den Sinnesorganen beziehungsweise vom Programmierer – und produzieren eine Ausgabe: die Bewegung eines Muskels zum Beispiel beziehungsweise das Ergebnis einer Rechnung.

Was im Inneren der grauen Materie passiert, ist jedoch ungleich komplizierter als in einem Elektronengehirn. Hunderttausende von Nervenzellen sind gleichzeitig aktiv und tauschen Botschaften untereinander aus. Selbst neuartige, sogenannte massiv parallele Computer haben nicht mehr als einige Zehntausende Rechenelemente, die gleichzeitig arbeiten können. Hinzu kommt, daß unser Gehirn lernfähig ist: Zu jedem Zeitpunkt des Lebens können, wie man mittlerweile sicher weiß, Verbindungen zwischen den Zellen sich neu bilden, verstärken, abschwächen oder auch absterben. Auf einen Computer übertragen würde das bedeuten, daß die Schaltkreise aus Silizium sich ständig umorganisieren. Eine solche Rechenmaschine ist die reine Utopie, obschon manche Wissenschaftler daran arbeiten. So wollen Forscher am renommierten KI-Labor des Massachussetts Institute of

Technology in Cambridge in einem mehrere Millionen Dollar teuren Projekt einen Baby-Roboter bauen. Dessen Gehirn soll ein paar grundlegende Verhaltensweisen einprogrammiert haben. Alles andere muß das Baby aus Stahl und Silizium über seine Erfahrungen mit der Außenwelt lernen.

Im menschlichen Nervensystem beginnt der Umbau und Abriß mit der Geburt: Viele Verbindungen sind genetisch festgelegt, ein grober Schaltplan des Gehirns existiert also bereits. Etliche Synapsen entstehen oder verändern sich aber erst mit der Erfahrung der Außenwelt. Versuche mit neugeborenen Kätzchen zeigen dies deutlich: Tiere, die man gleich nach der Geburt in einer künstlichen Umgebung aufwachsen läßt, zum Beispiel in einem Raum mit senkrecht gestreiften Tapeten, können später keine waagrechten Linien erkennen – weil ihre Nervenzellen keine Gelegenheit dazu hatten, sich auf solche Muster zu spezialisieren. Aber auch im späteren Leben können sich Verbindungen verändern, wie ein Experiment des amerikanischen Forschers Michael Merzenich zeigt: Er amputierte einem Affen den Mittelfinger. Einige Wochen später untersuchte er dessen Gehirn. Was er fand, verblüffte ihn und seine Kollegen: Jener Bereich in der Hirnrinde, der zuvor Signale vom Mittelfinger empfangen hatte, war nun von den benachbarten Fingern gleichsam erobert worden. Nach und nach waren die Verbindungen zwischen dem Mittelfinger und den entsprechenden Neuronen abgestorben. Dafür hatten sich die Hirnzellen mit Nervenzellen in Zeige- und Ringfinger verdrahtet.

Die Fähigkeit, Verbindungen absterben zu lassen, zu verstärken oder neu zu bilden – alleine als Folge von Erfahrung, ohne daß dafür eine übergeordnete Instanz nötig wäre –, bezeichnen die Neuroforscher als Selbstorganisation. Sie glauben, daß auch beim Lernen und Erkennen von Mustern Nervenzellen sich gleichsam zu Zweckverbänden zusammenschließen. Wie das geschehen könnte, hat der kanadische Psychologe Donald Hebb bereits 1949 vorgeschlagen: Wenn zwei Neurone immer wieder gleichzeitig elektrisch aktiv sind – zum Beispiel, weil sie beide auf ein Gesicht ansprechen –, würde sich die Verbindung zwischen ihnen verstärken. Je häufiger dieses Gesicht eine gemeinsame Antwort von Nervenzellen hervorruft, umso dauerhafter würden die Verbindungen zwischen ihnen. Ist einmal ein solcher Verbund aus vielen Neuronen entstanden, so würde es ausreichen, daß ein paar Zellen aktiviert werden, um die ganze Gruppe mitzureißen. Anders ausgedrückt: Das »gelernte« Gesicht eines Freundes erkennen wir meistens auch dann wieder, wenn er sich einen Bart hat wachsen lassen oder eine Sonnenbrille trägt.

Noch gibt es keine Beweise dafür, daß Nervenzellen, der Hebbschen Regel folgend, sich zu Gruppen zusammenfinden. Aber das Konzept der Selbstorganisation mit Synapsen, die sich verändern – im Gegensatz zum Abspulen eines starren, genetisch vorgegebenen Programms – ist nach Meinung vieler Forscher der Schlüssel zum Verständnis des Gehirns. Und was früher als Lokalisationstheorie die Gemüter erhitzte – die Vorstellung, daß jedes Eckchen im Gehirn einer bestimmten Aufgabe nachgeht –, ist auch heute noch aktuell, wenn auch in etwas abgeänderter Form. Mittlerweile gehen die Forscher davon aus, daß Gruppen von Nervenzellen gewisse Jobs haben. Diese Gruppen können zwar in verschiedenen Teilen des Gehirns sitzen, doch sie wirken zusammen, um eine Aufgabe zu erfüllen.

Seit den alten Ägyptern, die ihr Wissen auf Papyrus niederschrieben, haben die Wissenschaftler einiges über Aufbau und Arbeitsweise des Gehirns dazugelernt. Sie haben eine Fülle von Informationen und Details über die graue Masse in unserem Schädel zusammengetragen. Und doch mutet das Bild, das wir heute vom Gehirn haben, eher wie ein Puzzle an: Viele Stücke liegen vor uns, sie sind aber noch nicht zu einem Ganzen zusammengefügt. Es fehlt ein grundlegendes Konzept, ein theoretischer Rahmen, der uns hilft, die Bruchstücke einzuordnen, so daß ein klares Bild von der Arbeitsweise des Gehirns entsteht – ein Bild davon, wie wir denken, fühlen und wahrnehmen. Selbstorganisation von Nervenzellen könnte ein Teil des Bilderrahmens sein.

Sherlock Holmes rieb sich zufrieden die Hände. »Jetzt sind wir der Lösung unseres Falls bestimmt sehr viel näher gekommen. Wenn ich in einer fremden Stadt zu tun habe, studiere ich erst mal eine Karte, damit ich mich nachher orientieren kann. Zumindest haben wir jetzt so etwas wie einen Stadtplan des Gehirns.«

»Ich gehe immer als erstes zum Markt und rede mit den Hausfrauen. Mit Stadtplänen konnte ich nie was anfangen.«

Es war ein Wetter, das die Gefühle, die man für London spürte – ob Haß oder Liebe – nur verstärken konnte. Je nach Betrachter ging entweder ein unangenehmer Nieselregen über der City nieder, oder sie verbarg sich unter einem romantischen Nebel. Nachdem er Miss Marple aus ihrem Übermantel geholfen hatte, nahm Holmes seine geliebte Jagdmütze ab und betrachtete nachdenklich seine Kopfbedeckung.

»Sie sollen mich nicht für eingebildet halten, wenn ich Ihnen sage, daß meine Fähigkeiten in der Geschichte der europäischen Kriminologie einmalig sind. Um mir diese Tatsache zu erklären, habe ich immer an das außergewöhnlich große Volumen meines Schädels gedacht. Jetzt habe ich gelernt, daß die Beziehung zwischen Durchmesser und Durchblick doch nicht so eindeutig ist. Und die Fähigkeiten, meine liebe Miss Marple, die sich in Ihrem eher zierlichen Kopf verbergen, haben diese neue Einsicht eindrucksvoll bestätigt.«

»Meine Fähigkeiten sind vielleicht ein bißchen besser geübt als bei manchen anderen, doch sie sind nicht außergewöhnlich. Ich glaube, daß ich einfach mehr Gelegenheit gehabt habe, die menschliche Natur zu beobachten weil ich in einem Dorf aufgewachsen bin. Und sie folgt doch immer wieder den gleichen Mustern.«

»Das habe ich genauso in meinem London beobachtet. Es leuchtet auch ein, da die Kombinationsmöglichkeiten der Gene, wenn auch recht umfänglich, doch begrenzt sind.«

»Ich habe gehört – aber das werden Sie viel besser wissen als ich –, daß keine zwei Menschen den gleichen Fingerabdruck haben. Warum sollten sie dann in ihrem Verhalten so ähnlich sein? Das kann ich mir nur dadurch erklären, daß sie zu einem großen Teil alle derselben Umwelt ausgesetzt sind. Sie wachsen zwar in verschiedenen Häusern mit verschiedenen Namen auf, aber sie singen dieselben Lieder, gehen in dieselben Schulen, hören die gleichen Nachrichten, und haben Eltern, die das ebenfalls tun. Leute mögen von Geburt an unterschiedlich veranlagt sein, aber die gemeinsame Kultur schränkt doch die Verhaltensmuster gewaltig ein.«

»Machen Sie es sich nicht zu leicht, indem Sie alles auf die Umwelt schieben? Wenn wir nicht zumindest danach suchen, werden wir nicht mal die Chance haben, biologische Ursachen für Veranlagung und Verhalten zu finden. Und für diese Suche brauchen wir harte Fakten.«

Miss Marple musterte den Berg Fachbücher, die sie und Holmes aus der Bibliothek des Britischen Museums mitgenommen hatten. »Sie haben bestimmt recht. Trotzdem habe ich das Gefühl, daß uns vor lauter Fakten etwas durch die Finger gehen könnte, etwas, das mit einfachen menschlichen Geschichten zu tun hat. Ich kenne zum Beispiel eine Frau, die ihren Jungen immer in Rosa gekleidet hat. Ich dachte zunächst, daß sie vielleicht nur die Farbe mochte, aber als sie danach ein Mädchen bekam, zog sie ihr immer Blau an.«

Sie hatte ihn wieder gefangen. Holmes griff unbewußt nach seiner Pfeife, als er dieses Rätsel in Angriff nahm. Miss Marple mußte ihn mit einem dezenten Husten daran erinnern, daß er in der Gegenwart einer Dame war.

Kapitel 2

Der weibliche Impuls der Natur

»Was für ein süßes Baby – ist doch ein Mädchen, oder?«
bekam ich immer wieder zu hören, als ich meinen Sohn
Lorenz im Kinderwagen ausführte. Lorenz ist Erstgebo-
rener, weshalb ich nicht auf eine reichhaltige Ausstattung
zurückgreifen konnte und daher so manches Teil aus der
Kleiderkiste meiner Kindheit holte. Und das war meistens rosa, weil wir vier Mädchen waren. Bei meiner
Tochter Claire dagegen hieß es dann stereotyp: »Was für
ein süßes Baby – ein Junge, nicht wahr?« Mittlerweile
war die Garderobe üppig, und die abgelegten Stücke von
Lorenz waren eben nicht rosa.

Ist es ein Junge oder ein Mädchen? Wer Kinder hat,
kann es bestätigen: Die erste Frage ist immer die nach
dem Geschlecht. Gleich nach der Geburt wollen Freunde
und Verwandte wissen, ob das Baby männlich oder
weiblich ist. Später, wenn die lieben Kleinen dann im
Wagen liegen, fragen kinderfreundliche Passanten nach
dem Geschlecht. Schließlich kann man nicht die Windel
öffnen, weshalb sich die Kleiderkonvention – hellblau
und rosa – etabliert hat.

Mittlerweile heißt es immer häufiger: Wißt Ihr schon,
was es wird? Die Frage nach dem Geschlecht wird nicht
mehr erst nach der Geburt gestellt, sondern schon Monate vorher. Viele Eltern können sie auch beantworten,
denn um die Mitte der Schwangerschaft herum lassen
sich auf der Ultraschallaufnahme die Geschlechtsorgane
erkennen. Wer jedoch einmal bei einer solchen Aufnahme dabei war, weiß, daß die Bilder nicht so sonderlich
scharf sind. Auch liegt der Fötus nicht immer so, daß
seine Geschlechtsteile zu sehen sind – weshalb schon
mancher Arzt einen Penis gesehen hat, der sich in Wirk-

lichkeit als Finger oder Nabelschnur entpuppte. Eine sicherere Diagnose für das Geschlecht liefert die Amnioszentese, ein Test, den vor allem ältere Mütter machen, um auszuschließen, daß der Fötus auf Grund von Fehlern in seinen Genen geistig und körperlich behindert ist. Dabei läßt sich auch erkennen, ob seine Zellen zwei X-Chromosome enthalten und es ein Mädchen ist, oder ob er mit X- und Y-Chromosomen ausgestattet als Junge auf die Welt kommen wird.

Aber auch der Gentest kann trügen, wie wir noch sehen werden. Zwar bestimmt das Y-Chromosom, daß der Fötus männlich wird. In seltenen Fällen kommt es jedoch vor, daß die Hormone den Genen ins Handwerk pfuschen: Ein männliches Baby kann mit weiblichen Geschlechtsorganen auf die Welt kommen, so daß es trotz XY-Erbanlage heißen wird: Es ist ein Mädchen!

Die Entwicklung eines Menschen beginnt mit der Befruchtung, wenn eine weibliche Eizelle und eine männliche Samenzelle sich vereinen. Im Gegensatz zu allen anderen Zellen des Körpers, welche die Erbsubstanz im Doppelpack von 23 Chromosomenpaaren enthalten, befindet sich im Inneren der Keimzellen nur ein einfacher Chromosomensatz. Eines davon ist ein Geschlechtschromosom, und es ist entweder weiblich oder männlich. Unter dem Mikroskop sehen weibliche Geschlechtschromosome wie ein X aus, männliche wie ein Y – daher auch die Namen. Eizellen tragen immer ein X-Chromosom. Spermien dagegen können beide Geschlechter annehmen. Die mit einem X-Chromosom sind weiblich, jene, die ein Y-Chromosom tragen, männlich.

Treffen eine Ei- und eine Samenzelle zusammen, so bilden die 46 einzelnen Chromosomen 23 Paare: Eine gewöhnliche Zelle mit 22 Chromosomenpaaren und zwei Geschlechtschromosomen ist entstanden, die sich in der Folge teilen und Milliarden von »Nachkommen« erzeugen wird. Sind in ihrem Inneren zwei X vorhanden, weil die Eizelle sich mit einem X-Spermium vereint hat, dann wird aus ihr ein weiblicher Organismus. Anderenfalls werden ihre Tochterzellen männlich sein.

Beim Menschen diktieren also die Gene das Geschlecht. Das gilt für alle Säuger und auch für Vögel, nicht jedoch für alle Lebewesen. Die Natur hat dabei die unterschiedlichsten Strategien hervorgebracht. Bei Alligatoren zum Beispiel bestimmt die Temperatur, bei der die Eier gebrütet werden, ob die Nachkommen männlich oder weiblich sind – eine Geschlechtsbestimmung, die man zur Zeit der alten Griechen auch beim Menschen vermutete: Die Empfängnis im warmen Uterus würde zu männlichen Embryos, die im kalten Uterus zu weiblichen Embryos führen. Andere Kreaturen, die sogenannten Hermaphroditen, können sogar beide Geschlechter annehmen, zum Beispiel der schon in der Einleitung erwähnte Fisch namens Blaukopf.

Männer und Frauen unterscheiden sich in vielfältiger Weise. Ihre Geschlechtsorgane sind verschieden, ebenso ihre Größe und Muskelmasse. Auch ihre Gehirne sind nicht völlig identisch, wie wir noch sehen werden. Hängen diese Unterschiede alle mit dem Y-Chromosom zusammen, das nur Männer haben? Trägt es vielleicht Gene für besonders viel Muskeln und für ein größeres Gehirn? Nein. Zwar ist es ein Gen auf dem männlichen Chromosom, das den Startschuß für die Entwicklung zu einem männlichen Fötus gibt. Ausschlaggebend für die Entwicklung zu einem Mann oder einer Frau sind jedoch die Geschlechtshormone.

Das kritische Gen auf dem Y-Chromosom heißt Testis determinierender Faktor, kurz TDF. Testis ist ein Synonym für Hoden, also für die männlichen Keimdrüsen. In der fünften bis sechsten Woche der Schwangerschaft bilden sich die Keimdrüsen des Embryos aus. Zunächst ist zwischen XX- und XY-Embryos kein Unterschied zu erkennen, die Keimdrüsen sind identisch. Etwa zwei Wochen später jedoch nehmen die kleinen Bläschen Gestalt an. Im weiblichen Embryo werden sie zu Eierstökken, im männlichen zu Hoden – vorausgesetzt der Embryo trägt das TDF-Gen in seinem Erbgut.

Mit der Entstehung der Keimdrüsen beginnt eine Kette von Ereignissen, die erst nach der Pubertät endet. Gesteuert werden diese Ereignisse durch die Geschlechtshormone der Hoden beziehungsweise der Eierstöcke. Zunächst bilden sich die inneren Geschlechtsorgane. Bis zum dritten Monat der Schwangerschaft sind weibliche und männliche Anlagen vorhanden: Die Vorläufer von Eileiter, Uterus, Cervix und einem Teil der Vagina bilden den sogenannten Müllerschen Gang, die Vorläufer von Samenbläschen und Prostata nennt man Wolffsches System.

Wenn ein Embryo Hoden hat, dann entwickelt sich um die 14. Schwangerschaftswoche herum das Wolffsche System weiter, und der Müllersche Gang bildet sich zurück. Das liegt daran, daß die Hoden zwei Sorten von Hormonen produzieren. Zum einen sind das Androgene. Andros kommt vom Griechischen und heißt Mann; gennan bedeutet produzieren. Androgene – das bekannteste unter ihnen ist das Testosteron – sind also die männlichen Geschlechtshormone, und sie bewirken, daß sich der Wolffsche Trakt entwickelt. Zum anderen setzen die Hoden das sogenannte Anti-Müller-Hormon frei, und es ist nicht schwer zu erraten, was es bewirkt: Es verhindert, daß der Müllersche Gang zu weiblichen Geschlechtsorganen heranreift.

Für die Entwicklung zum weiblichen Embryo bedarf es dagegen keinerlei Hormone. Wenn keine Hoden vorhanden sind, gibt es auch nicht ausreichend Androgene, damit der Wolffsche Trakt reift. Natürlich gibt es dann auch kein Anti-Müller-Hormon, das den Müllerschen Gang daran hindert, zu einem Eileiter und einem Uterus zu werden. Entgegen dem, was man vielleicht erwarten würde, braucht ein Embryo auch keine weiblichen Geschlechtshormone, damit die entsprechenden Organe entstehen. Sie bilden sich einfach von selbst, wie Tierversuche zeigen. Die weibliche Form ist also die »Urform« des menschlichen Organismus. Wenn überhaupt ein Geschlecht aus der Rippe des anderen geschaffen wurde – wie es in der Bibel steht –, dann ist es eher wahrscheinlich, daß es der Mann war, der aus der Frau entstanden ist, als umgekehrt.

Daß die spontane Entwicklung auf die weibliche Schiene führt, zeigt auch der Fall von Frauen, die in ihren Zellen nur ein X-Chromosom haben – eine Anomalie, die auch Turnersches Syndrom heißt. (Spermien bilden sich durch Zellteilung, und manchmal entstehen dabei Samenzellen, denen das Geschlechtschromosom abhanden gekommen ist.) Weil kein Y-Chromosom im Erbgut vorhanden ist, gibt es auch kein TDF-Gen. Demzufolge entwickeln sich keine Hoden. Es entstehen aber auch keine Eierstöcke, weil dazu – aus komplizierten Gründen, die uns an dieser Stelle nicht interessieren müssen – zwei X-Chromosomen nötig sind. Obwohl Embryos mit nur einem X-Chromosom keine Keimdrüsen haben, sie also geschlechtsneutrale Wesen sind –, entwickeln sie sich zu Babys mit weiblichen Geschlechtsorganen. Später, als Frauen, können sie allerdings keine Kinder bekommen, weil sie ohne Eierstöcke keine Eizellen produzieren.

Im fünften bis sechsten Monat der Schwangerschaft reifen dann die äußeren Geschlechtsorgane heran. Im Gegensatz zu den inneren Organen gibt es in diesem Fall jedoch keine zwei Anlagen wie den Müllerschen Gang und den Wolffschen Trakt, sondern ähnlich wie bei den Keimdrüsen nur eine. Das heißt, Scheide und Clitoris sowie Penis und Skrotum haben dieselben Vorläufer: zwei längliche Hautfalten, auch Urogenitalmembran genannt, an dessen einem Ende der Geschlechtshöcker sitzt. Wann wird daraus ein Penis und wann eine Scheide? Das ist ähnlich wie bei den inneren Organen: Ohne Anregung durch Hormone bildet sich der Geschlechtshöcker zur Clitoris zurück, und aus den Falten wird die innere Scheide. Dagegen bedarf es der Androgene, damit aus dem Geschlechtshöcker die Eichel entsteht. Die Hautfalten wachsen zum Penis zusammen, und das Skrotum entspricht der äußeren Scheide.

Damit ist die geschlechtliche Entwicklung aber noch nicht abgeschlossen. Mit Beginn der Pubertät werden die Keimdrüsen durch den Hypothalamus nochmals zu einem Hormonschub angeregt. Die Hoden produzieren dann vor allem Testosteron, die Eierstöcke Östradiol, eine Substanz, die zu der Klasse der weiblichen Geschlechtshormone, der Östrogene, gehört. Beide Keimdrüsen schütten jedoch auch kleine Mengen von Hormonen des entgegengesetzten Geschlechts aus. Östradiol bewirkt, daß die Brüste wachsen und die weiblichen Genitalien reifen. Außerdem ist Östradiol daran schuld, daß die Fettpolster um die Hüften herum größer werden.

Bei Jungen ist es Testosteron, das den Körper männlich macht. Die Haare im Gesicht, unter den Armen und im Genitalbereich wachsen. Dagegen verschwinden die Haare im Stirnbereich – Geheimratsecken sind also ein Zeichen von ausgeprägter Männlichkeit. Testosteron fördert die Bildung der roten Blutkörperchen, weshalb männliches Blut mehr Sauerstoff aufnehmen kann. Außerdem bringt Testosteron die Muskeln zum Wachsen und stärkt die Knochen. Deshalb dopen sich Leistungssportler mit Testosteron und weiteren männlichen Sexualhormonen.

Manchmal spielt die Natur, wie bereits erwähnt, den Genen einen Streich. Dann kann es passieren, daß ein Embryo nicht den »richtigen« Hormonen ausgesetzt ist, die für sein Geschlecht vorgesehen sind. Warum uns das im Zusammenhang mit dem Gehirn interessiert? Solche Abweichungen von der normalen sexuellen Entwicklung bieten die einmalige Gelegenheit zu studieren, wie Hormone auf das Gehirn wirken.

Welche derartigen Abweichungen gibt es? Das TDF-Gen bewirkt, daß der Körper mit männlichen Hormonen überschwemmt wird. Es gibt jedoch Menschen, die auf Androgene nicht ansprechen. Der Grund dafür ist ein

Defekt in ihren Genen. Dieser Fehler, auch unter dem Namen Androgen-Insensitivität bekannt, bewirkt, daß sich keine Rezeptor-Moleküle für Androgene bilden. Solche Rezeptoren sind aber notwendig, damit die Hormone ihre Wirkung entfalten können.

Ohne Rezeptoren für Androgene spürt der Körper nichts von den männlichen Hormonen, selbst wenn diese in großer Menge vorhanden sind. Für einen weiblichen Embryo sind sie allerdings nicht unbedingt notwendig. Er entwickelt sich trotzdem normal, weil er ja keine Hormon-Stimulation braucht. Bei einem genetisch männlichen Embryo dagegen kommt es zu Komplikationen: Es bilden sich männliche Keimdrüsen, weil das TDF-Gen das Signal dafür gibt. Folglich gelangen Androgene in den Körper. Das nützt dem Embryo allerdings nichts, weil das Gewebe auf die Hormone nicht anspricht. Deshalb hat der Wolffsche Trakt keine Chance, sich zu entwickeln – das Baby wird ohne Prostata und Samenbläschen geboren. Allerdings auch ohne Uterus und nur mit einer kurzen inneren Vagina, weil das Anti-Müller-Hormon bewirkt, daß die weiblichen Geschlechtsorgane sich zurückbilden. Die äußeren Geschlechtsorgane dagegen sind weiblich, weil sie ohne Zutun jeglicher Hormone reifen. Etwa einer von zwanzigtausend genetisch männlichen Embryonen hat keine funktionierenden Androgen-Rezeptoren.

Und so kommt ein Baby auf die Welt, das seinen Genen und inneren Geschlechtsorganen nach ein Junge, seiner äußeren Erscheinung nach jedoch ein Mädchen ist. Auch in der Pubertät verläuft die Entwicklung weiter auf der weiblichen Schiene: Weil die Hoden kleine Mengen an weiblichem Östradiol freisetzen, entwickelt das XY-Mädchen Brüste. Was ihr fehlt, sind allerdings Haare unter den Armen und im Geschlechtsbereich. Diese entstehen bei Frauen nämlich durch ein männliches Hormon. Auch kann eine Frau mit X- und Y-Chromosomen – ebenso wie eine Frau, die am Turnerschen Syndrom leidet – keine Kinder bekommen, weil sie weder Eierstöcke noch Uterus hat.

Sind XY-Frauen weiblich oder männlich? Weiblich, würden vermutlich die meisten Menschen sagen. Im Normalfall spielt das ja auch keine Rolle. Wer von seinem Äußeren her wie eine Frau aussieht, wird auch als solche akzeptiert. Schwieriger ist es allerdings, wenn diese XY-Frauen Leistungssportlerinnen werden. Früher ließ man vor einem Wettbewerb die Sportler zur Leibesvisitation antreten, um zu verhindern, daß ein Mann als Frau in die Startlöcher ging. Ein kurzer Blick auf den Unterleib, und die Sache mit dem Geschlecht schien klar. Mittlerweile macht man jedoch einen Bluttest und schaut, ob sich in den Zellen ein oder zwei X-Chromosome befinden. Damit sind jedoch XY-Frauen schlecht dran. Es gab tatsächlich Fälle von Sportlerinnen, die man nach einem Bluttest vom Wettkampf ausschloß. Zunächst haben sich die Sportfunktionäre darauf geeinigt, daß XY-Frauen als Männer gelten. Doch es gibt auch Protest gegen diese Entscheidung, so daß man die Angelegenheit vielleicht nochmal überdenken wird.

Ebenso wie ein androgen-insensitiver Körper nichts von den männlichen Hormonen spürt – als wären sie nicht vorhanden –, kann es passieren, daß der Organismus eine Überdosis an männlichen Hormonen abbekommt. Das ist der Fall bei einem weiteren genetischen Defekt, der kongenitalen Nebennierenrinden-Hyperplasie – einer angeborenen Fehlfunktion der Nebennierenrinde. Die Nebennieren sind ein Organ, das wie eine Kappe auf beiden Nieren sitzt. Mit den Nieren hat es allerdings nichts zu tun, es produziert vielmehr Hormone – zuweilen allerdings zu viele. Wegen des Gendefekts werden die Embryonen mit Testosteron regelrecht überschwemmt.

Etwa eins von vierzehntausend Kindern kommt mit diesem Defekt zur Welt. Einem männlichen Embryo schadet die Überdosis an Androgenen nicht. Ein Mädchen dagegen wird mit männlichen Geschlechtsorganen geboren. Je mehr Testosteron sie abbekommen hat, umso männlicher werden ihre äußeren Organe aussehen. Im schlimmsten Fall wird ihre Klitoris die Größe einer Eichel haben, ihre innere Scheide wird zu einem Penis, die äußere zum Skrotum zusammengewachsen sein. Die inneren Geschlechtsorgane dagegen werden weiblich sein. Da sie keine Hoden hat, wird auch kein Anti-Müller-Hormon produziert und der Müllersche Gang kann sich zu Uterus, Cervix, Eileiter und Teilen der Vagina ausbilden. Der Wolffsche Trakt entwickelt sich nicht, weil zum kritischen Zeitpunkt noch nicht genügend Androgene im Körper sind.

Ein Mädchen, das am besagten Syndrom leidet, kann sich trotzdem normal entwickeln. Sie erhält Androgen-Antagonisten, das heißt Gegenmittel zu den männlichen Hormonen, und ihre weiblichen Geschlechtsorgane werden chirurgisch rekonstruiert. Sie macht die Pubertät durch und kann danach sogar Kinder gebären, weil sie Eierstöcke hat und ihre inneren Geschlechtsorgane intakt sind.

Kommen wir zurück auf das Gehirn. Es versteht sich, daß kein Wissenschaftler ein Experiment machen würde, bei dem er weibliche Embryonen im Mutterleib einer Überdosis an Testosteron aussetzt, und ein paar Jahre später prüft, ob die Mädchen besser in Mathematik oder jungenhafter sind als ihre unbehandelten Altersgenossinnen. Solch ein Experiment aber macht die Natur, wenn sich ein Kind entwickelt, das fehlerhafte Gene hat und deshalb die »falschen« Hormone im Mutterleib abbekommt. Und es gibt Forscher, die dieses Experiment fortführen: Sie untersuchen Mädchen mit Nebennieren-Hyperplasie oder dem Turner-Syndrom.

Warum eigentlich? Was deutet darauf hin, daß Intelligenz und Verhalten mit Hormonen zusammenhängen? Zunächst einmal: Welche Rolle spielen Hormone?

Hormon kommt, wie so viele andere medizinische Fachwörter, aus dem Griechischen. Horman bedeutet »in

Bewegung setzen« oder »antreiben«. Hormone treiben gleichsam die Maschinerie des Körpers an. Ebenso wie die Neurotransmitter, die wir im vorhergehenden Kapitel kennengelernt haben, sind Hormone chemische Botenstoffe. Während Neurotransmitter jedoch im wesentlichen an den Kontaktstellen zwischen zwei Zellen, den Synapsen, wirken, können Hormone mit dem Blut durch den Körper wandern. Dabei treffen sie auf Zellen, die auf ihrer Oberfläche oder in ihrem Inneren für bestimmte Hormone Rezeptoren haben, maßgeschneiderte Moleküle also, an die sich die Hormone heften. Ähnlich wie bei den Neurotransmittern, die bewirken, daß das elektrische Signal von einer Zelle zur nächsten gelangen kann, gilt auch für die Hormone das Schlüssel-Schloß-Prinzip. Haben sie ihren Rezeptor gefunden, dann signalisiert das der Zelle, daß sie in Aktion treten und zum Beispiel mehr chemische Botenstoffe produzieren soll.

Hormone sind im Körper allgegenwärtig. Der berühmte »Adrenalinstoß« nach einem Schreck ist ein plötzlicher Anstieg des Streßhormons Adrenalin. Insulin senkt den Zuckerspiegel im Blut, Somatotropin läßt den Körper wachsen und Vasopressin reguliert den Harndrang. Oxytozin bewirkt, daß die Gebärmutter sich zusammenzieht, weshalb es häufig im »Wehentropf« zur Einleitung einer Geburt verabreicht wird. Nach der Geburt bringt Oxytozin die Milchproduktion in Gang. Außerdem ist es am Orgasmus beteiligt.

Hormone regulieren den Stoffwechsel. Bei Hunger und Durst, Sexualtrieb und Aggression spielen sie eine wichtige Rolle. Die chemischen Substanzen werden deshalb weniger mit der intellektuellen, rationalen Seite eines Menschen assoziiert. Sie stehen vielmehr für elementare Bedürfnisse des Körpers, für Triebe und Gefühle. Zahlreiche Hormone werden auf Befehl des Hypothalamus ausgeschüttet, weshalb das Organ als die hormonelle Schaltzentrale des Körpers gilt. So ist es zu verstehen, wenn der amerikanische Neuroforscher Simon

LeVay in seinem Buch ›Keimzellen der Lust‹ schreibt: »Der Hypothalamus ist den meisten Hirnforschern eher suspekt. Sie (und bis vor kurzem auch ich) befassen sich lieber mit den überschaubareren Regionen des cerebralen Cortex als mit diesem verborgenen Bereich. Den Hypothalamus hielt man früher für den Sitz obskurer Triebe und vermutete in ihm ... ein Hexengebräu aus Neuronen und undefinierbaren Substanzen.«

Im Vergleich zu anderen Gehirnteilen ist der Hypothalamus tatsächlich wenig erforscht. Das liegt zum einen daran, daß das kirschkerngroße Gebilde, das nur aus einem gestrichenen Teelöffel Gehirngewebe besteht, schwer zugänglich ist. Es liegt unter der Hirnrinde, und es ist deshalb schwierig, Tierversuche am Hypothalamus zu machen. Zum anderen spielt sicher auch, wie LeVay es schreibt, eine gewisse Scheu vor dem »triebhaften« Charakter des Hypothalamus eine Rolle.

Doch zunehmend entdecken die Hirnforscher, wie sehr das Nervensystem und das hormonelle System verwoben sind, und daß es eigentlich falsch ist, von zwei getrennten Systemen zu sprechen. So weiß man mittlerweile, daß Nervenzellen im Hypothalamus nicht nur elektrische Signale empfangen und versenden können, sondern auch selbst Hormone freisetzen. Eine wichtige Familie von chemischen Botenstoffen im Körper sind die Peptide, Ketten aus Eiweißmolekülen. Sie wirken nicht nur als Neurotransmitter, sondern auch als Hormone. Manche Hormone, von denen man glaubte, sie seien auf ein Organ beschränkt, wie das Insulin in der Bauchspeicheldrüse, hat man auch im Gehirn gefunden. Je mehr die Wissenschaftler über das hormonelle System lernen, umso schwerer tun sie sich, es als eine separate Einheit zu verstehen – weshalb sie heute zunehmend vom neuroendokrinen System sprechen. (Endokrin bedeutet soviel wie »mit innerer Sekretion«, also Ausscheidung. Die Endokrinologie beschäftigt sich mit der Funktion der hormonellen Drüsen.)

Hinzu kommt, daß es zwischen Hypothalamus und Hirnrinde zahlreiche Verbindungen und Rückkopplungen gibt. Folgendes Beispiel macht das deutlich. Oxytozin ist, wie bereits erwähnt, ein Hormon, das an der Milchproduktion beteiligt ist. Beginnt das Baby, an der Brust der Mutter zu saugen, so setzt der Hypothalamus Oxytozin frei, und die Milchdrüsen entleeren sich. Aber nicht nur das Saugen stimuliert die Freisetzung von Oxytozin. Bereits das Schreien des Kindes oder auch nur der Gedanke an das Baby kann die Milchproduktion triggern. Ebenso können Angst und Streß verhindern, daß der Milchreflex funktioniert. Es muß demnach erregende und hemmende Verbindungen zwischen der Hirnrinde und den Zellen des Hypothalamus geben.

Aber kommen wir zurück zu den ursprünglichen Fragen. Gibt es einen Zusammenhang zwischen Hormonen und geschlechtsspezifischem Verhalten? Und können Hormone, die Moleküle des Triebhaften und Unbewußten, möglicherweise sogar den Geist beeinflussen? Was läßt Forscher überhaupt vermuten, daß es solche Zusammenhänge gibt?

Wenn Ratten sich paaren, dann tun sie das immer nach einem bestimmten Schema. Das Männchen steigt von hinten auf das Weibchen und legt seine Vorderbeine um ihren Körper. Als Antwort darauf biegt sie ihren Rücken zu einem Hohlkreuz, was es für ihn einfacher macht, in seine Partnerin einzudringen. Aufsteigen der Männchen und Hohlkreuz der Weibchen sind typische sexuelle Verhaltensweisen, die erwachsene Ratten zeigen – vorausgesetzt, sie hatten die Chance, sich normal zu entwickeln. Wenn ein männlicher Fötus allerdings zuwenig Androgene abbekommt, dann wird er sich später weiblich verhalten, das heißt, er wird einem Männchen, das ihn besteigt, sein Hinterteil präsentieren. Weibliche Föten, denen man Androgene spritzt, werden dagegen als ausgewachsene Ratten sich eher männlich verhalten und versuchen, andere Weibchen zu besteigen.

Aber nicht nur das Sexualverhalten der Ratten läßt sich mit Hormonen steuern. Wenn die Nager sich in einem Labyrinth zurechtfinden müssen, benutzen Weibchen und Männchen unterschiedliche Strategien, berichten amerikanische Forscher. Während Männchen eine Art Landkarte des Labyrinths anlegen und sich nach den Himmelsrichtungen orientieren, verwenden Weibchen zusätzliche Hinweise, wie andersfarbige Wände, Schilder oder ähnliches. Werden diese Hinweise entfernt, dann tun sie sich sehr viel schwerer als die Männchen, den Weg zum Futter zu finden. Werden die Männchen jedoch kastriert – danach haben sie weniger Testosteron im Blut –, dann verhalten sie sich wie Weibchen. Die wiederum adoptieren männliche Strategien, wenn sie als Föten oder kurz nach der Geburt Androgenen ausgesetzt waren.

Manche Leser werden jetzt vielleicht den Kopf schütteln und sagen: Menschen sind doch keine Ratten. Es mag ja sein, daß das Verhalten von Tieren stark von der Chemie im Körper geprägt wird. Aber das Gehirn von Menschen ist doch etwas komplizierter als das von Nagern. Ein Kind braucht viele Jahre, bis sich seine geistigen Fähigkeiten entwickeln, viele Jahre, während deren es auch von der Umwelt geformt wird. Das ist natürlich richtig. Das neuroendokrine System von Menschen ist sehr viel komplizierter als das von Tieren. Da reicht es nicht aus, an einer Hormonschraube zu drehen, um das Verhalten zu ändern. Auch ist das menschliche Repertoire an Verhaltensmustern ungleich größer als das von Ratten. Zum Beispiel beim Geschlechtsverkehr entwickeln Frauen und Männer mehr Phantasie als die Nagetiere. Außerdem lassen sich viele Menschen nicht in die Kategorien weiblich oder männlich einordnen. Und doch belegen die oben geschilderten Experimente, daß Hormone das Verhalten beeinflussen können.

Zur Zeit streiten Wissenschaftler besonders intensiv über die Ursprünge der Homosexualität. Dabei geht es auch um Fragen wie: Ist das menschliche Sexualverhalten nicht zu kompliziert, als daß man irgendetwas aus Versuchen mit Ratten schließen könnte? Wie wechselwirken Hormone und Gene mit Psyche und Umwelt? Wie wir später sehen werden, gibt es darauf keine einfachen Antworten.

Trotz aller Bedenken und Kritik: Wenn es Unterschiede zwischen Männern und Frauen gibt – andere als nur die Geschlechtsorgane oder die Menge an Muskeln –, will man natürlich wissen, wie sie entstehen. Umwelteinflüsse können Geschlechtsunterschiede im Gehirn verursachen, aber ebenso könnte die Biologie ihre Finger im Spiel haben. Nehmen wir einmal an, es gibt biologische Ursachen dafür, daß Jungen besser in Mathematik als Mädchen sind. (Ob das tatsächlich stimmt, interessiert uns an dieser Stelle nicht, sondern erst später im Kapitel über Intelligenz.) Welche ist die naheliegendste Ursache?

Zuerst würde man wahrscheinlich auf das Y-Chromosom tippen. Männer haben es in ihrer Erbsubstanz, Frauen dagegen nicht. Gibt es auf dem männlichen Chromosom, neben dem TDF-Gen, zum Beispiel ein Gen für Mathematik? Mit Sicherheit nicht. Denn erstens ist es äußerst unwahrscheinlich, daß es ein Gen für eine bestimmte Fähigkeit gibt – selbst bei Krankheiten mit genetischen Ursachen tun Forscher sich schwer, diese auf ein einziges Gen herunterzukochen. Zweitens sind fast alle Gene, die sich auf dem Y-Chromosom befinden, auch auf dem X-Chromosom vorhanden. Das Y-Chromosom ist, einmal abgesehen von der Rolle des TDF-Gens, nicht viel mehr als ein verkürztes X-Chromosom.

Es könnte auch sein, daß das gesuchte Mathematik-Gen auf dem X-Chromosom liegt. Frauen haben davon zwei, eines von ihrer Mutter, eines vom Vater. Männer dagegen besitzen, wie wir gesehen haben, nur ein X-Chromosom, das sie deshalb zwangsweise von ihrer Mutter erben. Das ist zum Beispiel der Grund dafür, daß mehr Männer als Frauen farbenblind sind. Die für das

Farbensehen verantwortlichen Gene liegen auf dem X-Chromosom. Hat ein Mann von seiner Mutter ein X-Chromosom mit einem defekten Gen geerbt, so wird er weniger farbempfindliche Zellen in seinen Augen haben. Er wird sich schwer tun, bestimmte Farben zu unterscheiden. Eine Frau dagegen hat zwei X-Chromosome, und wenn nicht beide gleichzeitig das defekte Gen tragen, ist ihr Farbempfinden normal.

Aus einem ähnlichen Grund, daß mehr Männer farbenblind sind, würden mehr Frauen schlechter in Mathematik sein. (Die Argumentation ist ein wenig komplizierter, aber sie geht in dieselbe Richtung.) Anfang der 60er Jahre äußerten Wissenschaftler zum erstenmal eine solche Hypothese. Seitdem hat man versucht, sie zu beweisen, jedoch ohne Erfolg. Niemand hat auf dem X-Chromosom Gene für geistige Fähigkeiten gefunden, und die große Mehrzahl der Wissenschaftler ist sich heute einig, daß es keine derartigen Gene gibt.

Die Gene scheiden als Erklärung für Geschlechtsunterschiede im Gehirn also aus. Bleibt noch eine mögliche Ursache, nämlich die Hormone. Mit ihnen beginnt die Entwicklung des Embryos in die männliche oder die weibliche Richtung. Androgene bringen die männlichen Geschlechtsorgane zum Wachsen und veranlassen, daß die weiblichen Anlagen verkümmern. Es ist, als ob die Entwicklung des Körpers auf zwei Schienen verlaufen kann, einer männlichen oder einer weiblichen. Was während der Fahrt geschieht, ist in einem genetischen Bauplan festgelegt – ein Bauplan für jede Schiene. Die Weichen jedoch werden letztlich durch die Hormone gestellt.

Wenn es also Unterschiede im Gehirn gibt, sind vermutlich die Hormone schuld. Wie aber wirken die Geschlechtshormone auf das Gehirn? Läuft das ähnlich ab wie bei den Geschlechtsorganen? Das heißt: Wird das Gehirn unter dem Einfluß der Androgene männlich, ohne sie weiblich?

Männliches Gehirn, weibliches Gehirn? Keine Frage, daß es männliche und weibliche Geschlechtsorgane gibt. Aber Unterschiede in den Gehirnen selbst? Nun, Verhalten wird vom Gehirn gesteuert, und das trifft auch für das sexuelle Verhalten zu, das vor allem unter der Kontrolle des Hypothalamus, der hormonellen Schaltzentrale, steht. Ratten, wie wir eben gesehen haben, zeigen ein sehr ausgeprägtes, geschlechtstypisches Muster: Hohlkreuz der Weibchen, Aufsteigen der Männchen. Demnach wäre es nicht überraschend, wenn sich die Gehirne der männlichen und weiblichen Ratten unterscheiden würden.

Im Hypothalamus sieht man tatsächlich Unterschiede. Ende der 70er Jahre hatte die Gruppe um den amerikanischen Wissenschaftler Roger Gorski den Hypothalamus genauer unter die Lupe genommen. Dabei stellte sich heraus, daß eine Ansammlung von Neuronen – Fachleute sprechen auch von einem Kern – bei den Männchen dreimal größer ist als bei den Weibchen. Gorski nannte diesen Kern Sexual Dimorphic Nucleus, kurz SDN.

Spritzt man den Rattenembryos im Mutterleib Hormone, so kann man, wie bereits erwähnt, ihr Geschlecht steuern. Ähnlich ist es beim Gehirn, das sich bei der Ratte erst während der letzten Tage der Schwangerschaft und der ersten zwei Lebenswochen voll entwickelt. So lange dauert es, bis bei einer Ratte sich alle Nervenzellen gebildet haben, während bei Menschen die Neurone bei der Geburt alle vorhanden sind. Gorski konnte beweisen, daß die Größe des SDN davon abhängt, welche Hormone ein Ratten-Baby zum Zeitpunkt der Geburt abbekommt. Spritzte er weiblichen Ratten das männliche Geschlechtshormon Testosteron, dann erreichte ihr SDN männliche Größe. Männchen dagegen, bei denen die Wirkung von Testosteron blockiert wird, müssen mit einem kleineren SDN leben.

Parallel zur Manipulation des Hypothalamus läßt sich auch das Geschlechtsverhalten steuern. Eine Testosteron-

Dosis während der »kritischen« Zeit wird dem Rattenweibchen männliche Allüren geben, sie »maskulinisieren«: Sie wird nicht den Rücken zum Hohlkreuz krümmen, wenn ein Männchen sie besteigt. Außerdem wird sie zeit ihres Lebens keinen Zyklus haben – ein sicheres Zeichen dafür, daß ihr Hypothalamus vermännlicht ist, denn er steuert das Auf und Ab der weiblichen Geschlechtshormone. Ebenso wird eine männliche Ratte demaskulinisiert, wenn sie mit sogenannten Androgen-Antagonisten behandelt wird, mit Substanzen also, die die Wirkung der Hormone blockieren.

Keine Frage, daß, bald nachdem er die Geschlechtsunterschiede in den Rattenhirnen gefunden hatte, Gorski sich an den Menschen wagte. Eine seiner Mitarbeiterinnen, Laura Allen, entdeckte im vorderen Teil des Hypothalamus vier Kerne, von denen zwei bei Männern zwei bis drei mal größer als bei Frauen sind. Etwa zur gleichen Zeit, jedoch nicht an genau derselben Stelle, fand der holländische Forscher Dick Swaab eine Zellgruppe, die im männlichen Hypothalamus etwa zwei mal größer ist als im weiblichen. Swaab nannte diesen Kern SDN-POA (für preoptic area, dem Teil des Hypothalamus, wo sich die Zellgruppe befindet) – in Analogie zum SDN von Ratten. Neugeborene Jungen und Mädchen haben in ihrem SDN-POA zunächst gleich viele Zellen, und die Zahl der Neurone nimmt für beide Geschlechter bis zum Alter von etwa vier Jahren zu. Dann aber sterben die Nervenzellen bei Mädchen und Frauen ab, während sie bei Jungen gleich bleiben. Bis zum Alter von etwa 50 Jahren können Männer mit einer gleichbleibenden Zahl von Nervenzellen aufwarten. Erst dann schrumpft auch bei Männern der SDN-POA allmählich. Bei Frauen über 50 verläuft die Zellabnahme noch rapider als vorher.

Möglicherweise hängt das wieder mit den Geschlechtshormonen zusammen. Männer, die zwischen 45 und 60 Jahre alt sind, haben weniger Testosteron im Blut als jüngere Geschlechtsgenossen. Bei Frauen nimmt die

Konzentration an weiblichen Hormonen nach den Wechseljahren ebenfalls ab. Der Zusammenhang riecht allerdings stark nach Henne und Ei. Was ist die Ursache, was die Wirkung? Sterben Zellen im Hypothalamus ab, weil es weniger männliche und weibliche Hormone gibt? Oder werden weniger Testosteron und Östrogene gebildet, weil die Kerne schrumpfen?

Das weiß man in der Tat nicht. Übrigens wollten Roger Gorski und Laura Allen ihre Ergebnisse über die Unterschiede im Hypothalamus zunächst nicht veröffentlichen. Sie befürchteten, daß das Thema zu kontrovers aufgefaßt würde. In der Tat waren Mitte der achtziger Jahre biologische Erklärungen für Geschlechtsunterschiede noch ziemlich verpönt. Nachdem Swaab die Resultate seiner Experimente publizierte, zogen die amerikanischen Neuroforscher allerdings nach. Die große Kontroverse blieb aus, möglicherweise auch deshalb, weil es sich um den Hypothalamus handelte, einen Teil des Gehirns, der nichts mit geistigen Fähigkeiten zu tun hat. Daß es zwei Geschlechter gibt, die sich in ihren Hormonen unterscheiden, wird eben eher akzeptiert.

Vor kurzem ist die Diskussion um den Hypothalamus aber wieder entbrannt. Diesmal geht es jedoch nicht um Männer und Frauen, sondern um Homo- und Heterosexualität. Seit langem suchen Wissenschaftler nach einer biologischen Erklärung dafür, daß manche Männer und Frauen sich zum gleichen Geschlecht hingezogen fühlen. Ausgehend von Ratten, deren sexuelles Verhalten man leicht mit Hormonen manipulieren kann, glauben sie, daß auch bei Menschen Hormone die sexuelle Neigung beeinflussen. So behauptet der ostdeutsche Endokrinologe Günter Dörner seit geraumer Zeit, daß Streß im Mutterleib Homosexualität begünstigt. Andere Wissenschaftler konnten seine Ergebnisse allerdings nicht bestätigen.

Deshalb war die Aufregung groß, als Simon LeVay, ein amerikanischer Neurophysiologe, 1991 berichtete, er hätte Unterschiede im Hypothalamus von homo- und heterosexuellen Männern gefunden. Einer der zwei Kerne, bei denen Laura Allen im vorderen Teil des Hypothalamus Geschlechtsunterschiede ausgemacht hatte, sei, so LeVay, bei Homosexuellen gleich groß wie bei Frauen. Die These, daß Homosexuelle einen weiblichen Hypothalamus haben, ist allerdings heftig umstritten. Wir werden später noch darauf zurückkommen.

Geschlechtshormone, so viel steht jedenfalls fest, haben einen prägenden Einfluß auf das Gehirn. Androgene vermännlichen den Hypothalamus. Was aber ist die Rolle der Östrogene? Läuft die Entwicklung des Gehirns ähnlich ab wie die der Geschlechtsorgane – das heißt, mit Androgenen männlich, ohne sie weiblich? Das haben die Neuroforscher lange Zeit gedacht. Leider hat die Natur es ihnen aber nicht ganz so einfach gemacht. In den vergangenen Jahren haben Wissenschaftler entdeckt, daß allein die Tatsache, daß ein weibliches Gehirn entsteht, nicht auf das Fehlen männlicher Geschlechtshormone zurückzuführen ist. Es scheint, daß dazu auch Östrogene notwendig sind.

Die Rolle der Östrogene im Körper ist äußerst paradox. Während der Geschlechtsentwicklung ist es so, als ob sie in eine männliche Verkleidung schlüpfen würden. In der Zeit, in der sich das Gehirn prägt, können nämlich die männlichen Rattenbabys durch weibliche Geschlechtshormone maskulinisiert werden. Und was besonders überraschend ist: Östradiol, das häufigste weibliche Geschlechtshormon, ist sogar noch effektiver bei der Vermännlichung als Testosteron. Anders ausgedrückt: Geringere Mengen an Östradiol als an Testosteron sind nötig, um das Gehirn auf die männliche Schiene zu bringen. Der Grund dafür scheint darin zu liegen, daß Testosteron im Gehirn eine chemische Verwandlung durchmacht: es wird dort zu Östradiol. Warum wird dann nicht jeder Rattenembryo männlich, da er doch von der Mutter Östrogene abbekommt? Die Antwort darauf ist ziemlich kompliziert. Grob vereinfacht liegt es daran, daß bestimmte Eiweißstoffe im Gehirn verhindern, daß zuviel Östradiol in die Zellen gelangt.

Mittlerweile vermuten die meisten Forscher, daß eine kleine Menge an Östrogenen notwendig ist, um ein Gehirn zu feminisieren. Einen Beweis dafür hat der deutsche Endokrinologe Klaus Döhler von der Universitätsklinik in Hannover geliefert: Er hat weibliche Ratten mit Östrogen-Antagonisten behandelt, mit Substanzen also, die verhindern, daß das Gehirn Östrogene aufnimmt. Solche Tiere sind, so berichtet Döhler, im Erwachsenenalter geschlechtsneutral: Sie haben keinen Zyklus und zeigen kein typisch männliches oder weibliches Verhalten, selbst dann nicht, wenn man sie mit Östradiol oder Testosteron behandelt.

Ein weiteres Indiz spricht dafür, daß Östrogene für das Gehirn, egal ob männlich oder weiblich, wichtig sind. Gewebe aus dem Hypothalamus von Ratten bildet mehr Nervenfortsätze, wenn es einen Schuß Östradiol erhält. Unter dem Einfluß des Hormons setzen auch Nervenfasern mehr Fett (Myelin) an. Möglicherweise wird dadurch auch das Gehirn leistungsfähiger, denn je stärker Fasern myelinisiert sind, umso schneller können sie elektrische Signale leiten.

Bislang war ziemlich viel die Rede von Ratten. Kein Wunder, zeigen sie doch klare Verhaltensmuster, die man mittels Geschlechtshormonen manipulieren kann. Menschen sind da – zum Glück würde ich sagen – komplizierter und lassen sich nicht in ein einfaches Schema männlich/weiblich pressen, das größtenteils durch Hormone gesteuert wird. Dafür ist der Einfluß der Gehirnrinde auf das Verhalten zu stark. Trotzdem spielen auch beim Menschen die Hormone eine Rolle bei der Entwicklung des Gehirns, weshalb es durchaus sinnvoll ist, diese Rolle genau zu studieren und ebenso die möglichen Folgen auf das Verhalten zu untersuchen. Das Problem dabei ist vor allem, daß der Mensch ein soziales Wesen ist, weshalb die hormonellen Einflüsse sich meistens schwer von den sozialen und kulturellen trennen lassen. Darin liegt die eigentliche Krux für die Forscher, die sich mit Geschlechtsunterschieden befassen. Sie müssen immer wieder versuchen, biologische und soziale Ursachen für Verhalten und Intellekt zu trennen.

»Also schauen männliche und weibliche Gehirne doch anders aus! Ich dachte, die Unterschiede würden alle in der – wie sagt man heute? – in der Software liegen. Ich muß Ihnen da recht geben, Mister Holmes.«

Holmes war von seinem Sieg nicht übermäßig begeistert. »Ein Faktor zwei in der Größe ist schon beachtlich, aber wenn es sich um eine kleine Struktur in einem der kleinsten Teile des Gehirns handelt, hege ich keine Hoffnung, viel damit erklären zu können.«

»Selbst wenn wir nicht mehr erklären, als warum Männer der Frauen wegen so viele Verbrechen begehen, wäre für zwei Detektive, wenn ich mich mit etwas Übertreibung zu Ihrer Zunft bekennen darf, schon viel gewonnen.«

»Dieser Frage werden wir bestimmt genauer nachgehen müssen. Bleiben wir jetzt noch bei den Wurzeln. Meine Vorstellung, daß die Gene alles bestimmen, war in der Form nicht ganz richtig. Wir haben gesehen, daß die rein genetischen Unterschiede zwischen Männern und Frauen sich nicht nur auf ein einziges Chromosom, sondern im wesentlichen auf ein einziges Gen beschränken.«

»Das beantwortet zum Teil die Frage, die ich vorhin stellte. Die zunächst astronomischen Kombinationsmöglichkeiten der Gene sind dadurch stark eingeschränkt, daß sie ihre Wirkung über Hormone entfalten, die recht beschränkt in der Zahl sind.«

»Die Frage, wie diese Hormone unser Denken beeinflussen, hat für unsere Arbeit eine zentrale Bedeutung. Man kann von Glück reden, daß die Natur uns Möglichkeiten gegeben hat, die Wirkung verschiedener Hormone in verschiedenen Dosierungen zu beobachten.«

»Mister Holmes! Wie können Sie das Wort Glück benutzen, wenn es sich um Krankheiten und menschliches Leiden handelt?«

Es war mir ein Vergnügen, dem Gespräch zwischen meinem Freund Holmes und meiner Tante Jane zu folgen. Vor zwei Tagen konnte ich nur Gegensätze feststellen. Holmes legte großen Wert auf sein hart erarbeitetes Fachwissen und die Beobachtung von Details. Diese versuchte er dann mit präziser Analyse zu kombinieren. Tante Jane achtete eher auf den Gesamteindruck und folgte ihrem Gespür für das Wesentliche. Holmes konnte Schlüsse aus objektiven Indizien mit unheimlicher Treffsicherheit ziehen, während meine Tante ein scheinbar unfehlbares Gefühl für menschliche Gedanken und Triebe hatte. Am Anfang führten diese Differenzen zu Reibereien, jedoch mit der Zeit und der gemeinsamen Arbeit fingen sie an zusammenzuarbeiten. Was wäre nicht möglich, wenn diese zwei hochbegabten Gehirne als eines agieren könnten! Aber dafür müßten beide Platz in einem Schädel finden. Unsinn, dachte ich kurz darauf, dieses Bild ist grober Unfug.

Kapitel 3

Zwei Gehirne in einem Schädel

Für Frau K. beginnt der Tag mit einem Kampf. Sie öffnet den Kleiderschrank, um sich anzuziehen. Sie weiß, was sie heute tragen möchte. Ihre rechte Hand, so beschreibt sie, greift nach einer Hose. Doch dann kommt ihre linke dazwischen und nimmt einen Rock. Frau K. kann den Rock nicht mehr hinlegen, wenn sie ihn einmal in der linken Hand hält. Sie muß ihre Tochter um Hilfe rufen.

Der Kampf, den Frau K.s linke und rechte Hand jeden Tag austragen, spielt sich in ihrem Kopf ab. Genauer gesagt, streiten die linke und die rechte Gehirnhälfte darum, wer von beiden »ihrem« Arm den Befehl erteilen darf, nach dem Kleidungsstück zu greifen. Denn jeweils eine Gehirnhälfte, in der Fachsprache auch Hemisphäre genannt, kontrolliert die Muskeln der entgegengesetzten Körperhälfte. Warum aber hat nicht jeder Mensch die Probleme von Frau K.? Warum geraten seine oder ihre Hände und Füße nicht in Konflikt miteinander? Bei Gesunden gibt es eine »Telefonleitung« zwischen den beiden Gehirnhälften. Diese sind über Nervenbahnen verbunden und können daher Informationen austauschen. Bei Frau K., ein Fallbeispiel aus der Fachliteratur, ist das anders: Besagte Nervenfasern sind durchtrennt, und ihre Hemisphären können nicht miteinander »sprechen«: die linke weiß nicht, was die rechte tut, und umgekehrt.

Rein äußerlich sehen die beiden Gehirnhälften gleich aus. Das heißt, eine scheint jeweils das Spiegelbild der anderen zu sein, ebenso wie beide Hälften des Körpers spiegelsymmetrisch sind. Was ihre Aufgaben betrifft, sind die Hemisphären jedoch keine Allround-Talente, sondern Spezialisten: Vereinfacht gesagt, kümmert sich die rechte Gehirnhälfte um die linke Körperseite und umgekehrt die linke Gehirnhälfte um die rechte Körperseite. Das heißt, Sinneseindrücke vom rechten Arm oder Fuß werden in die linke Hemisphäre geleitet und dort verarbeitet. Andererseits kommen Befehle an das linke Bein oder die linke Hand, sich zu bewegen, von der rechten Gehirnhälfte.

Frau S. hat einen Schlaganfall erlitten, der weite Teile ihrer rechten Hemisphäre zerstörte. Frau S. ist einer der Fälle, die der amerikanische Psychiater Oliver Sacks in seinem Buch ›Der Mann, der seine Frau mit einem Hut verwechselte‹ beschreibt. Trotzdem hat sie, wie er schildert, sich ihre Intelligenz und ihren Humor bewahrt. Manchmal beklagt sie sich bei den Krankenschwestern, daß man ihr keinen Nachtisch gebracht hat. Dabei steht er auf der linken Seite ihres Tabletts. Manchmal murrt sie, weil die Portionen zu klein sind, was daran liegt, daß sie nur die rechte Seite ihres Tellers leergegessen hat. Es kommt ihr nicht in den Sinn, daß es auch eine linke Seite gibt. Manchmal trägt sie sich Lippenstift auf, aber nur auf die rechte Seite ihres Mundes.

Die Nervenbahnen, die den Körper mit dem Gehirn verbinden, kreuzen sich praktisch. Die Fasern von der rechten Seite führen in die linke Gehirnhälfte, die von der linken in die rechte. Diese Aufteilung zwischen rechts und links kann bei Menschen, die in einer Hemisphäre einen Schlaganfall erlitten haben, zu sonderbaren Folgen führen. Selbst wenn sie nicht gelähmt sind, weil die Schädigung nicht das Bewegungszentrum betrifft, passiert es, daß sie – wie Frau S. – die eine Hälfte des Raumes oder sogar ihre entsprechende Körperhälfte nicht mehr wahrnehmen. Dieses Phänomen heißt Hemineglekt (Hemi für Hemisphäre, to neglect ist englisch und heißt vernachlässigen).

Auch die Nervenfasern, die von den Augen zum Gehirn führen, kreuzen sich. Allerdings ist in diesem Fall die Situation etwas komplizierter: Nicht das linke Auge ist mit der rechten Gehirnhälfte verbunden und das rechte mit der linken. Vielmehr wandern die Nervenbahnen vom rechten Gesichtsfeld – das ist alles, was rechts einer imaginären senkrechten Trennlinie durch die Mitte des Auges erscheint – beider Augen in die linke Hemisphäre und umgekehrt. Wenn Sie einmal versuchen, beide Augen nach rechts zu richten, ohne den Kopf zu drehen, dann sehen Sie praktisch nur das, was sich in Ihrem rechten Gesichtsfeld befindet. (Die Ohren dagegen machen es wiederum etwas anders: Sie schicken die Signale, die sie von der Außenwelt empfangen, an beide Gehirnhälften, obschon auch sie die entgegengesetzte Seite bevorzugen.) Auf den ersten Blick scheint es, als ob die zwei Hemisphären, wenn auch über Kreuz, die gleichen Aufgaben zu bewältigen hätten. Dieser Eindruck täuscht jedoch. Ebenso wenig wie unser Körper hundertprozentig symmetrisch ist, sind es auch die Gehirnhälften. Am deutlichsten wird dies an den Händen: Die meisten Menschen bevorzugen eine Hand: sie sind Rechts- oder Linkshänder. Viele von uns haben auch ein bevorzugtes Auge, ein bevorzugtes Ohr und einen bevorzugten Fuß. Deshalb überrascht es nicht, daß beide Gehirnhälften auch nicht symmetrisch sind.

Ist dann bei einem Rechtshänder die linke Gehirnhälfte die bevorzugte, die »dominante«, wie Fachleute auch sagen? In der Regel ja. Aber was heißt überhaupt dominant? Paul Broca war jener französische Neuroanatom, der entdeckt hatte, daß die Fähigkeit zu sprechen in einem bestimmten Teil des Gehirns lokalisiert ist. Broca war auch der erste, dem auffiel, daß alle von ihm untersuchten Gehirne von Patienten mit Sprachstörungen dieselbe Besonderheit aufwiesen: Die Schädigung befand sich immer in der linken Hemisphäre. In der Folge von Brocas Beobachtungen wurde den Gehirnforschern immer deutlicher, daß bei den meisten Menschen die linke Hemisphäre nicht nur das Sprechen ermöglicht, sondern auch das Verstehen von Sprache. Auch andere Fähigkeiten gehen auf das Konto der linken Gehirnhälfte, zum Beispiel die Fähigkeit, einmal gelernte Bewegungsabläufe wie das Zähneputzen oder das Binden von Schnürsenkeln jederzeit auszuführen. Es gibt Menschen, die sogenannten Apraxiker, die das nicht können: Sie haben keine Schwierigkeiten, sich vor dem Schlafengehen die Zähne zu putzen. Sollen sie jedoch in einem anderen Rahmen so tun, als putzten sie sich die Zähne, dann sind sie dazu unfähig.

Kurzum, man hatte im vergangenen Jahrhundert entdeckt, daß die linke Hemisphäre Fähigkeiten besitzt, welche die rechte nicht hat – weshalb sich bald der Begriff von der dominanten Gehirnhälfte durchsetzte. Vor allem weil Sprache links erzeugt und verstanden wird, wäre die linke Hemisphäre die wichtige und würde sogar die rechte kontrollieren – glaubte man. Im Laufe der folgenden Jahrzehnte mehrten sich jedoch die Hinweise darauf, daß die vernachlässigte rechte Seite auch besondere Fähigkeiten besitzt. Psychologen beobachteten zum Beispiel, daß Patienten, deren rechte Hemisphäre geschädigt war, bei räumlich-visuellen Tests verhältnismäßig schlecht abschnitten. Bei solchen Experimenten müssen die Versuchspersonen räumliche geometrische Figuren in Gedanken drehen, Puzzle legen oder etwa fehlende Teile in einem Muster ergänzen.

Bisher war nur von Rechtshändern die Rede. Was aber ist mit den Linkshändern? Ist ihre dominante Hemisphäre die rechte? Sprechen sie mit der rechten Gehirnhälfte? Leider ist das nicht so einfach. Nur bei 30 bis 40 Prozent aller Linkshänder befindet sich die Sprachkontrolle in der rechten Hemisphäre. Für die meisten anderen gilt, ebenso wie für die Rechtshänder, daß ihre linke Gehirnhälfte die dominante ist. Linkshändigkeit ist also nicht einfach die Umkehrung von Rechtshändigkeit; wir werden später darauf zurückkommen.

Vieles von dem, was Forscher heutzutage über die Unterschiede der zwei Gehirnhälften wissen, stammt aus der Beobachtung von Menschen nach einem Schlaganfall. Anfang der vierziger Jahre kam eine neue Gruppe von Betroffenen hinzu: die sogenannten Split-Brain-Patienten, Menschen also mit einem »gespaltenen Gehirn«. Bereits früher hatte man beobachtet, daß manche Epileptiker, deren Balken – die größte von mehreren Verbindungen zwischen den beiden Gehirnhälften – geschädigt war, weniger Anfälle erlitten. Man vermutete deshalb, daß eine epileptische Krampfentladung auf der einen Seite des Gehirns über den Balken, auch Corpus Callosum genannt, zur anderen Seite übergreift und den Anfall verschlimmert. Auf Grund dessen schlugen Mediziner vor, Epileptiker zu behandeln, indem man den Balken durchtrennte. Ein amerikanischer Neurochirurg nahm als erster in den frühen vierziger Jahren diese Operationen an Menschen vor.

Leider brachte die Durchtrennung des Corpus Callosum nicht die erhofften Erfolge. Manche Epileptiker hatten zwar nach der Operation weniger oder schwächere Anfälle, für viele änderte sie jedoch nichts. Forscher, welche die Split-Brain-Patienten untersuchten, waren allerdings überrascht, daß diese keine wesentlichen Störungen zeigten. Sie konnten weiterhin normal sehen, hören, sprechen und sich bewegen. Auch ihr Verhalten im Alltag war normal, einmal abgesehen von einigen Ausnahmen wie die eingangs erwähnte Frau K., deren Hemisphären offensichtlich in einem ständigen Wettstreit miteinander standen. Erst später, in den fünfziger Jahren, als man die Menschen mit den durchtrennten Balken genauer untersuchte, entdeckte man einige Eigentümlichkeiten.

Berühmt geworden ist der Fall einer kalifornischen Hausfrau, die in der Fachliteratur als N. G. bekannt ist: Sie sitzt vor einer Leinwand mit einem kleinen schwarzen Punkt in der Mitte und wird gebeten, direkt auf den Punkt zu schauen. Dann, so beschreibt es der Versuchsleiter, erscheint auf der Leinwand, rechts von dem Punkt, ganz kurz das Bild einer Tasse. N. G. berichtet, eine Tasse gesehen zu haben. Wieder bittet man sie, den Punkt zu fixieren. Diesmal leuchtet links davon ein Löffel auf. Auf die Frage, was sie gesehen hat, antwortet sie: »Nichts.« Daraufhin wird sie gebeten, in eine Kiste unter der Leinwand zu greifen und das Objekt hervorzuholen, das sie gerade gesehen hat. Mit ihrer linken Hand betastet sie alle Gegenstände, die dort liegen, und greift nach dem Löffel – obwohl sie angeblich den Löffel nicht gesehen hat.

Das Ergebnis dieses Versuchs wird uns nicht allzu sehr verwundern, wenn wir uns daran erinnern, daß visuelle Reize in der rechten Gesichtsfeldhälfte von der linken Hemisphäre erkannt werden und umgekehrt. Weil Frau G. den Punkt in der Mitte fixieren muß und die Bilder nur wenige Sekundenbruchteile auf der Leinwand erscheinen, haben ihre Augen keine Chance, sich zu bewegen. Deshalb erscheint die Tasse tatsächlich nur im rechten Gesichtsfeld. Mit ihrer linken Hemisphäre hat die Versuchsperson also die Tasse gesehen und kann diese auch benennen, weil sie mit ihrer linken Gehirnhälfte spricht. Den Löffel dagegen hat ihre rechte Hemisphäre zwar sowohl in Form eines visuellen als auch eines taktilen Reizes erkannt. Dies kann die rechte Gehirnhälfte der linken, »sprechenden« Gehirnhälfte jedoch nicht mitteilen, weil der Balken durchtrennt ist. Deshalb kann Frau G. nicht sagen, daß sie einen Löffel gesehen hat. Nach ihm greifen kann sie trotzdem, aber auch nur mit der linken Hand, weil diese von der rechten Hemisphäre gesteuert wird.

In einem weiteren Versuch soll Frau G. wieder den schwarzen Punkt fixieren. Links davon erscheint jetzt das Bild einer nackten Frau. N. G. errötet und kichert. Auf die Frage, was sie gesehen hat, sagt sie: »Nichts, nur einen Lichtblitz.« Der Versuchsleiter fragt sie, warum sie dann kichert. »Oh Doktor, Sie haben vielleicht eine Maschine«, antwortet sie.

Der Versuch liegt mehrere Jahrzehnte zurück – heutzutage würden wahrscheinlich die wenigsten beim Anblick eines Nacktphotos kichern. Das zweite Experiment ist aber besonders interessant. Zunächst einmal beweist die emotionale Reaktion der Versuchsperson, daß ihre rechte Gehirnhälfte etwas gesehen hat. Ihre linke Gehirnhälfte weiß nichts davon. Sie versucht jedoch, die Informationen, zu denen nur die rechte Hemisphäre Zugang hatte, zu interpretieren, indem sie etwas über eine komische Maschine sagt. Die linke Gehirnhälfte muß sich also in diesem Fall des Kicherns und Errötens bewußt gewesen sein.

Im täglichen Leben kommen Split-Brain-Patienten in der Regel gut zurecht. Weil sie ihre Augen bewegen, können visuelle Reize, die zunächst nur in eine Hemisphäre gelangen, schnell auch der anderen Hemisphäre zugänglig werden. In einer künstlichen Umgebung wie dem oben beschriebenen Versuch entwickeln sie raffinierte Strategien, um beide Gehirnhälften mit Informationen zu versorgen. Wenn zum Beispiel ein Patient mit der linken Hand einen Gegenstand benennen soll, der für ihn nicht sichtbar ist, dann wird er versuchen, Geräusche zu verursachen, indem er das Objekt ertastet. Bei einer Zahnbürste würde er etwa über die Borsten streichen. Die linke Gehirnhälfte kann die verräterischen Geräusche hören und »Zahnbürste« sagen.

Aber kommen wir zurück zu den Eigenschaften der zwei Gehirnhälften. Vielleicht haben manche von Ihnen schon einmal gelesen oder gehört, daß die beiden Seiten des Gehirns, so symmetrisch sie auch aussehen, grundverschieden sind. Die linke Hemisphäre sei demnach nicht nur die verbale, sondern auch die logische und analytische. Die rechte dagegen sei intuitiv und denke ganzheitlich. Sie sei auch »emotional«, während die linke eher intellektuell und rational sei – kurzum: die linke Hemisphäre verkörpere die Denkweise des technologisch orientierten, rationalen Westens, während die rechte einem mystischen, orientalischen Stil gerecht werde.

Soweit zumindest die Idee des amerikanischen Psychologen Robert Ornstein. Er war es vor allem, der in den siebziger Jahren den west-östlichen Gegensatz beider Hemisphären betonte. Seiner Meinung nach nutzt der westliche Mensch auch nur die Hälfte seiner geistigen Fähigkeiten. Die Betonung der Sprache und des logischen Denkens hätten, so Ornstein, dazu geführt, daß im Westen die linken Gehirnhälften gut trainiert, die rechten jedoch etwas zurückgeblieben seien. Die Fähigkeiten der rechten Hemisphären wären dagegen im Osten besser entwickelt.

Ornsteins Ideen fanden in den siebziger Jahren großen Anklang. Bücher erschienen mit Vorschlägen, wie man seine rechte Gehirnhälfte trainieren könnte. Mit Musik im Hintergrund würde man zum Beispiel besser lernen. Manager sollten vor einem Brainstorming erst einmal ihre Kreativität trainieren, indem sie ein Stück Holz anzünden, damit jeder aus dem Rauch eine Idee herauslesen könne. Eine amerikanische Kunsterzieherin schlug eine Methode vor, um die Beteiligung der linken Hemisphäre beim Zeichnen zu unterdrücken. Denn der verbalen, analytischen Gehirnhälfte würde es an künstlerischem Talent mangeln, gleichzeitig würde sie die rechte beim Zeichnen stören. Und auch heute noch ist die Theorie einer unterdrückten Hemisphäre verbreitet. Die US-Zeitschrift ›Psychology Today‹ etwa wirbt mit verschiedenen Tests per Telefon. Mit dem Test Nummer acht kann der Anrufer feststellen, ob er kreativ ist, welche seiner Hemisphären dominiert und in welchem Beruf er deshalb besonders erfolgreich sein wird – für ganze 95 Cents pro Minute!

Zugegeben: Die Vorstellung, daß unserem Gehirn sozusagen eine östliche und eine westliche Seele innewohnen, daß wir sowohl logisch, analytisch, rational als auch emotional und intuitiv sind (soweit die linke Hälfte die rechte nicht zu sehr unterdrückt), diese Vorstellung ist durchaus attraktiv. Aber ist sie auch wissenschaftlich korrekt? Sind die Arbeitsweisen der linken und rechten Hemisphäre so verschieden?

Um diese Fragen zu beantworten, müssen wir genauer wissen, welches die besonderen Fähigkeiten der beiden Gehirnseiten sind. Wie bereits erwähnt, liegt die Stärke der linken Hemisphäre in der Produktion und Verarbeitung von Sprache. Diese Stärke kann man direkt am Gehirn beobachten. Ende der sechziger Jahre haben Forscher das sogenannte Planum Temporale vermessen – Teil einer Gehirnregion, wo Sprache entsteht. Bei 65 Prozent der untersuchten Gehirne war das Planum Temporale in der linken Hemisphäre größer als in der rechten (bei 11 Prozent war es umgekehrt, und bei 24 Prozent waren linkes und rechtes Planum Temporale gleich groß).

Heißt das nun, daß die rechte Gehirnhälfte am Sprechen und Verstehen von Sprache nicht beteiligt ist? Das hat man zunächst gedacht. Mittlerweile haben jedoch Versuche mit Patienten die Wissenschaftler eines besseren belehrt. Insbesondere jene seltenen Beobachtungen von Menschen, denen man – weil sie einen ausgedehnten Tumor hatten – die linke Hemisphäre entfernen mußte, sind sehr aufschlußreich. Zwar waren ihre Sprachfunktionen anfangs sehr beeinträchtigt, nach einiger Zeit konnten sie jedoch kurze, grammatikalisch korrekte Sätze bilden. Vor allem verstanden sie Sprache überraschend gut. Auch bei Split-Brain-Patienten hat man nachgewiesen, daß die rechte Hemisphäre einige Wörter verstehen und auch Gegenstände benennen kann. Welche Wörter das sind, hängt davon ab, wie konkret diese sind. Abstrakte Begriffe wie Liebe, Haß oder Gerechtigkeit werden nur von der linken Gehirnhälfte verarbeitet, während die rechte Hälfte Substantive wie Stuhl, Auto oder Hund versteht.

Versuchen Sie einmal, einen Satz in derselben Tonhöhe zu sprechen. Das Ergebnis ist sehr überraschend. Man erkennt, wie wichtig die Intonation ist, an die man sonst nie denkt. Ohne das melodische Auf und Ab klingt Sprache entsetzlich langweilig. Genau die Intonation aber scheint eine Fähigkeit der rechten Hemisphäre zu sein, denn Menschen, die dort eine Läsion erlitten haben, sprechen häufig sehr monoton. Sie haben auch Schwierigkeiten, die gefühlsmäßige Betonung in der Sprache von anderen zu beurteilen. Auch mit Metaphern und Humor tun sich solche Menschen schwer. Sie nehmen Redensarten wie »Wer den Pfennig nicht ehrt, ist des Talers nicht wert« überaus wörtlich oder verstehen Cartoons häufig nicht.

Die lange Zeit vernachlässigte rechte Seite des Gehirns hat aber noch weitere Fähigkeiten. Am herausragendsten sind sicher die bereits erwähnten räumlich-visuellen. Die meisten Tests, mit denen man geistige (»kognitive«) Fähigkeiten ermittelt, bestehen aus einem sprachlichen und einem nicht-sprachlichen Teil. Dieser Teil setzt sich vor allem aus geometrischen Aufgaben zusammen. Zum Beispiel sehen die Versuchspersonen mehrere dreidimensionale Figuren und müssen entscheiden, welche davon identisch sind. Oder sie müssen abstrakte Puzzles im Stil des chinesischen Spiels Tangram legen. Menschen mit Schäden an der rechten Hemisphäre tun sich bei solchen Aufgaben meistens sehr schwer. Ähnliches beobachtet man bei Split-Brain-Patienten. Zum Beispiel wurde ein Split-Brain-Proband gebeten, vor der Operation an seinem Balken einen Würfel mit seiner linken und rechten Hand zu zeichnen. Beide Würfel waren als solche zu erkennen. Da er Rechtshänder war, fiel die Zeichnung mit der rechten Hand natürlich besser aus. Genau umgekehrt war es, nachdem der Balken durchtrennt war: Beide Würfel waren ziemlich krumm. Während jedoch der Würfel, den er mit der linken Hand, also der rechten Gehirnhälfte gemalt hatte, noch ein wenig räumliche Perspektive beinhaltete, hatte die rechtshändige Zeichnung keinerlei Ähnlichkeit mit einem dreidimensionalen Gegenstand.

Personen mit Schäden der rechten Hemisphäre haben

auch Probleme, sich zu orientieren. Von manchen wird berichtet, daß sie nach einem Schlaganfall manchmal so desorientiert werden, daß sie sich nicht mehr in ihrem eigenen Haus, in dem sie jahrelang gelebt hatten, zurechtfinden. Andere vernachlässigen, wie wir bereits gesehen haben, die Umgebung zu ihrer Linken. Bei Patienten mit einer linksseitigen Schädigung sind solche Probleme sehr viel seltener.

Eine weitere Fähigkeit wird ebenfalls der rechten Gehirnhälfte zugeschrieben: die Musik. Der Komponist Maurice Ravel, vor allem bekannt durch sein ›Bolero‹, erlitt 1933, vier Jahre vor seinem Tod, einen Schlaganfall in der linken Hemisphäre. Die Folge waren Sprach- und Bewegungsstörungen. Er konnte nicht mehr Klavier spielen oder Musikstücke komponieren. Ravel war auch unfähig, Noten zu lesen. Trotzdem konnte er Melodien erkennen und hören, wie gut ein Klavier gestimmt war. Insgesamt deuten die Versuche zur Musik jedoch darauf hin, daß auch die linke Gehirnhälfte ihren Teil beiträgt, ebenso wie die rechte auch an der Sprache beteiligt ist. Die linke Hemisphäre ist gefordert, wenn es um Rhythmus, Dauer oder Notenfolgen geht, während die rechte eher Melodien erkennt oder die Lautstärke eines Musikstücks beurteilt.

Verbal, analytisch, rational – das sind Eigenschaften, die der linken Hemisphäre zugeschrieben werden. Das Künstlerische und Emotionale soll sich dagegen eher rechts abspielen. Was ersteres betrifft, stimmt das ja auch größtenteils: Räumlich-visuelles Vorstellungsvermögen ist sicherlich wichtig beim Malen, und ein großer Teil der Musikalität entspringt, wie wir gerade gesehen haben, der rechten Hälfte des Gehirns. Was aber ist mit den Gefühlen? Entstehen auch sie rechts?

Diese Frage läßt sich nicht so leicht mit ja oder nein beantworten. Beide Gehirnhälften scheinen beim Entstehen von Gefühlen eine Rolle zu spielen, jedoch eine sehr unterschiedliche. Patienten, die linksseitig geschädigt sind, bringen verhältnismäßig häufig Verzweiflung, Hoffnungslosigkeit oder Wut zum Ausdruck. Menschen, deren rechte Hemisphäre verletzt ist, sind dagegen eher euphorisch und spielen ihre Krankheitssymptome herunter. Parallel zu diesen Beobachtungen haben Psychologen Patienten mit zwanghaftem Lachen oder Weinen untersucht und herausgefunden, daß erstere dreimal so häufig Schäden in der rechten als in der linken Gehirnhälfte erlitten hatten. Die Weinkrämpfe traten dagegen doppelt so häufig bei Patienten mit einer linksseitigen Läsion auf.

Aus diesen Studien sowie aus Beobachtungen von Epileptikern, die manchmal an Lach- oder Weinkrämpfen leiden, folgert man, daß die linke Seite positive, die rechte Seite dagegen negative Gefühle unterstützt. Insgesamt scheint jedoch die rechte Hemisphäre etwas stärker daran beteiligt zu sein, Emotionen auszudrücken und auch zu erkennen. Vielleicht haben Sie schon einmal Fotos gesehen, die man aus zwei linken oder zwei rechten Gesichtshälften zusammengesetzt hat (Abbildung 4). Meistens kommen in dem Bild, das aus zwei linken Hälften besteht, Gefühle stärker zum Ausdruck als in den Fotos mit den zwei rechten Hälften. Da die Muskeln in der linken Gesichtshälfte vorwiegend von der rechten Hemisphäre kontrolliert werden, heißt das, daß diese Gehirnhälfte stärker an der Erzeugung des Gefühlsausdrucks beteiligt ist.

Wir wissen nun, was die beiden Gehirnhälften tun. Weiß man auch, wie sie das tun? Anders ausgedrückt: Benutzen die Hemisphären unterschiedliche Arbeitsweisen? Gibt es eine »linke« und eine »rechte« Strategie der Informationsverarbeitung?

Insgesamt sind sich Wissenschaftler einig, daß die linke Hemisphäre analytische Fähigkeiten besitzt, die sich unter anderem in der Sprache äußern.

Die rechte Hemisphäre dagegen arbeitet eher ganzheitlich, zumindest wenn sie räumlich-visuelle Aufgaben löst. Ein Experiment mit Split-Brain-Patienten macht das

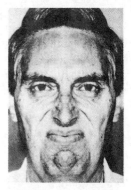

Abbildung 4:
Der Ausdruck der linken Gesichtshälfte ist häufig stärker als der der rechten. In der Mitte ist das Originalgesicht zu sehen, oben eine Montage aus zwei linken Gesichtshälften, unten eine Montage aus zwei rechten Gesichtshälften. (Abdruck mit Genehmigung aus: H. Sackheim, Science, Bd. 202, S. 434, 1978. © American Association for the Advancement of Science.)

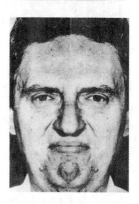

deutlich. Die Versuchspersonen mußten kleine Holzformen, die sie in der Hand hielten, zweidimensionalen Zeichnungen dieser Objekte zuordnen. Im allgemeinen konnten sie das besser, wenn sie die Holzformen in der linken Hand hielten. Das ist nicht überraschend, da ja die rechte Hemisphäre die Gehirnhälfte mit den räumlichen Fähigkeiten ist. Als die Versuchsleiter die Ergebnisse genauer analysierten, fanden sie jedoch etwas Interessantes: Es gab Holzformen, mit denen die linke Hand besonders gut zurecht kam. Das waren genau diejenigen, deren zweidimensionale Darstellungen visuell gut zu unterscheiden waren, die sich mit Worten jedoch schwer beschreiben ließen. Für die rechte Hand galt das Gegenteil. Die Forscher folgern daraus, daß bei der beschriebenen Aufgabe die rechte Gehirnhälfte sich auf geometrische Merkmale stützt, die linke dagegen auf sprachliche.

Zu ähnlichen Ergebnissen kommt eine japanische Untersuchung. Im Gegensatz zum westlichen Alphabet verwenden die Japaner zwei Arten von Schriftzeichen: Kana und Kanji. Vor langer Zeit haben die Japaner die Schrift von den Chinesen übernommen. Daraus wurden die Kanji-Schriftzeichen, die in der Regel für bestimmte Bilder stehen. Kana dagegen ist ein Art Hilfssystem, eine phonetische Schrift, deren Zeichen zum Teil mit den Kanji-Symbolen vermischt werden. Tokio zum Beispiel kann man in der Lautsprache Kana als eine Folge von fünf Symbolen schreiben. In reinem Kanji geschrieben besteht »Tokio« dagegen nur aus zwei Schriftzügen, die genau genommen Ost-Hauptstadt bedeuten.

Wenn nun japanische Versuchspersonen sinnfreie Kana-Zeichen in der rechten Gesichtsfeldhälfte gezeigt bekommen (diese also von ihrer linken Gehirnhälfte verarbeitet werden), dann schneiden sie dabei besser ab, als wenn die Kana-Zeichen in der linken Gesichtsfeldhälfte erscheinen. Bei den Kanji-Zeichen ist es genau umgekehrt. Es scheint also, als ob die rechte Hemisphäre die bildhafteren Kanji-Zeichen besser erkennen kann, während sich die linke mit den phonetischen Kana-Symbolen leichter tut – möglicherweise ein weiterer Beweis dafür, daß die beiden Gehirnhälften unterschiedlich arbeiten. Soviel zu den besonderen Fähigkeiten des linken und des rechten Gehirns. Äußern sich diese Eigenschaften auch im Aufbau und vielleicht sogar in der »Chemie« des Gehirns? Sind möglicherweise in einer Hemisphäre mehr Nervenzellen vorhanden als in ihrem Gegenstück, oder befinden sich dort andere Botenstoffe? Hinweise darauf gibt es tatsächlich. Wir haben bereits gesehen, daß eine Region, die Teile des Sprachzentrums enthält, in der linken Hemisphäre größer ist als in der rechten. Außerdem haben amerikanische Wissenschaftler etwas Bemerkenswertes entdeckt. Am Anfang des Buches war die Rede von grauer und weißer Substanz. Die graue Materie besteht aus Nervenzellen, während die langen Nervenfasern, welche die Neuronen der einzelnen Gehirnregionen miteinander verbinden, eine weißliche Farbe haben. Um zu arbeiten, brauchen die Nervenzellen Sauerstoff, den sie über das Blut erhalten. Die graue Substanz ist deshalb stark durchblutet – etwa viermal so stark wie die weiße Materie.

Mit einem speziellen Verfahren können Forscher jene Teile des Gehirns finden, die besonders gut mit Blut versorgt sind. Ähnlich wie bei der Positronen-Emissions-Tomographie (PET) werden dabei radioaktive Teilchen, genauer gesagt Xenon-Moleküle, in die Adern gespritzt. Sie wandern dorthin, wo besonders viel Blut gebraucht wird, und senden Gammastrahlen aus, die sich mit Hilfe von Detektoren aufspüren lassen. Auf diese Weise kann man auf den Anteil an grauer Substanz schließen. Bei einem Vergleich beider Hemisphären haben die Wissenschaftler nun gefunden, daß in bestimmten Bereichen der linken Gehirnhälfte das Verhältnis von grauer zu weißer Substanz größer ist als in der rechten Gehirnhälfte. Anders ausgedrückt: Diese Gebiete würden besonders viele Nervenzellen enthalten. Dichte Neuronengeflechte könnten für die linke Hemisphäre von Vorteil sein, um Informationen innerhalb einer Region zu verarbeiten. In der rechten Gehirnhälfte dagegen, so spekulieren die Wissenschaftler, kommt es umso mehr auf den Austausch von Daten zwischen den einzelnen Regionen an. Das heißt, diese Hemisphäre bräuchte mehr weiße Materie.

Auch mehren sich die Hinweise darauf, daß einige Neurotransmitter, die chemischen Botenstoffe des Gehirns, rechts und links unterschiedlich vertreten sind. Dopamin zum Beispiel, das eine wichtige Rolle bei der Kontrolle von Bewegungen spielt (Parkinson-Patienten fehlt das Dopamin, weshalb ihr Körper oft sehr starr erscheint), Dopamin scheint vor allem in der linken Hemisphäre vorhanden zu sein. Es könnte die Grundlage für die Spezialisierung dieser Gehirnhälfte auf komplexe motorische Operationen wie die Sprache sein. Ein weiterer Neurotransmitter, Noradrenalin, tritt im rechten Thalamus in größerer Konzentration als im linken auf. Noradrenalin trägt unter anderem dazu bei, daß wir aufmerksam sind. Es könnte daher sein, daß dieser Botenstoff der rechten Hemisphäre dabei hilft, neuartige visuelle Reize zu erkennen.

Was diese Unterschiede zwischen rechter und linker Gehirnhälfte bedeuten, ist noch unklar. Noch weiß man zuwenig über die Arbeitsweise des Gehirns, um gesicherte Zusammenhänge zu knüpfen zwischen dem, was man unterm Mikroskop, im Computertomographen oder auf einer PET-Aufnahme sieht, und dem, was man am Menschen beobachtet. Auch warnen manche Forscher davor, die Unterschiede zwischen rechts und links zu übertreiben. Bei allen Aufgaben, selbst den einfachsten, so betonen sie, sind immer – wenn auch nicht in gleichem Maße – beide Hemisphären beteiligt.

Wenn dem so ist, müssen ja zwischen links und rechts ständig Informationen hin- und herwandern. Wo verlau-

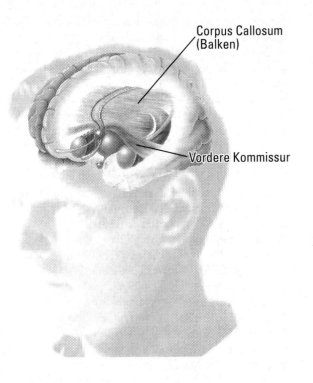

Corpus Callosum
(Balken)

Vordere Kommissur

Abbildung 5: Die wichtigsten Verbindungen zwischen
den beiden Gehirnhälften

fen die Bahnen zwischen den Gehirnhälften? Wie »sprechen« die beiden miteinander?

Das Gehirn sieht wie eine Walnuß aus. Das ist übrigens der Grund dafür, daß die Chinesen früher Nüsse aßen, um ihr Denkvermögen zu steigern. Sie glaubten nämlich daran, daß Dinge, die gleich aussehen oder riechen, sich in irgendeiner Weise entsprechen. Weil Walnüsse so ausschauen wie ein Gehirn en miniature, würde der Verzehr der Früchte intelligenter machen, so die gängige Annahme in China. Ebenso wie eine Walnuß in der Mitte eine Art Brücke zwischen den beiden Hälften hat, bilden die beiden Gehirnhemisphären an verschiedenen Stellen Kontakte. Wenn man ein Gehirn der Länge nach aufschneidet, trifft man auf mehrere Bündel von Nervenfasern, welche die beiden Seiten verbinden (Abbildung 5). Die größte dieser Verbindungen ist der bereits erwähnte Balken, Corpus Callosum. Er besteht aus zwei- bis dreihundert Millionen Nervenfasern, über die Informationen von einer Hemisphäre zur anderen gelangen.

Diesen Balken hat die amerikanische Wissenschaftlerin Christine de Lacoste in ihrer Doktorarbeit untersucht und dabei herausgefunden, daß er bei Männern und Frauen unterschiedlich ist. Könnte man von der Seite in das Gehirn hineinschauen, so würde man sehen, daß der Corpus Callosum die Form eines »C« hat, das am hinteren Ende dicker ist. Diese Verdickung heißt Splenium, und dort hat de Lacoste sichtbare Geschlechtsunterschiede gefunden. Demnach ist das Splenium von Frauen breiter und größer. Außerdem sind de Lacoste zufolge weibliche Balken, wenn man sie in Beziehung zum Gehirngewicht setzt, größer als männliche.

1982 veröffentlichte die Wissenschaftlerin ihre Ergebnisse und brachte damit einen Stein ins Rollen. Zeitungen und Fernsehen berichteten darüber, Kollegen – vor allem weibliche – kritisierten die Experimente, auch weil sie befürchteten, daß Geschlechtsunterschiede im Gehirn den Frauen zum Nachteil ausgelegt werden könnten.

Mehr Studien folgten. Manche bestätigten ihre Ergebnisse, andere zweifelten sie an, weitere wiederum fanden sogar, daß der Corpus Callosum von Männern größer ist als der von Frauen.

Warum Wissenschaftler, die Geschlechtsunterschiede erforschen, sich für den Balken interessieren, hat einen handfesten Grund. Wie bereits erwähnt, sind die zwei Gehirnhälften äußerlich zwar symmetrisch. Was ihre Arbeitsweise betrifft, so unterscheiden sie sich jedoch etwas. Beim Sprechen, Hören, Schreiben oder Lesen dominiert bei den meisten Menschen die linke Hemisphäre. Die rechte dagegen ist besonders aktiv, wenn es um räumliches Vorstellungsvermögen, musikalische Leistungen oder das Lösen von Problemen geht. Das gilt für Männer und Frauen. Allerdings, so glauben die meisten Forscher, benutzen Männer für bestimmte Aufgaben eine Gehirnhälfte mehr als die andere – sie sind stärker lateralisiert, wie es in der Fachsprache heißt. Wenn eine Hemisphäre dominiert, heißt das aber auch, daß die andere weniger beansprucht ist und daß folglich beide weniger Informationen untereinander austauschen müssen. Deswegen würden Männer mit weniger Nervenfasern und einem kleineren Balken auskommen, bei Frauen dagegen wäre er größer.

Ganz sicher sind sich aber die Experten nicht, was ein größerer Balken tatsächlich für die Arbeitsteilung im Gehirn bedeutet. Ebenso wie nichts darüber bekannt ist, wie sich ein paar hundert Gramm Gehirngewicht mehr oder weniger auf geistige Fähigkeiten auswirken, tappen die Balken-Forscher noch im dunkeln. Es könnte sein, daß ein größerer Corpus Callosum mehr Nervenfasern enthält und daß deshalb mehr Informationen von einer Hemisphäre zur anderen gelangen können. Ebenso ist es aber auch möglich, daß es nicht mehr Fasern insgesamt gibt, daß diese aber von einer dickeren Fettschicht umhüllt sind (im Fachjargon spricht man von Myelin). Je mehr Fett die Faser umgibt, umso schneller können die elektrischen Signale weitergeleitet werden. Die Myelin-Hypothese favorisieren heute etliche Wissenschaftler, die sich mit Geschlechtsunterschieden beschäftigen. Denn bei der Bildung der Fettschichten um die Nervenfasern spielen auch Geschlechtshormone eine Rolle. Sie könnten den Ausschlag dafür geben, daß bei Frauen mehr myelinisierte Fasern entstehen und ihr Balken deshalb dicker und leistungsfähiger ist.

Um etwas Klarheit in die Debatte um die Größe männlicher und weiblicher Balken zu bringen, hat die amerikanische Wissenschaftlerin Laura Allen gemeinsam mit Kollegen noch einmal alle Daten zum Corpus Callosum verglichen. Sie erklärt sich die Unterschiede dadurch, daß die Personen, deren Gehirne man untersuchte, unterschiedlich alt waren. Tatsächlich können manche Teile des Corpus Callosum mit den Jahren größer werden, andere aber schrumpfen – kein Wunder also, daß die Balken-Forscher zu widersprüchlichen Ergebnissen kamen.

Laura Allen hat ihrerseits neue Studien mit Kindern und Erwachsenen gemacht. Während man bisher die Gehirne von Toten vermessen hatte, untersuchte sie lebende Organe. Die Methode, die sie dabei verwendete, heißt Kernspin-Tomographie. Sie liefert, ebenso wie die Positronen-Emissions-Tomographie das Bild eines Gehirnschnitts. Im Gegensatz zu PET ist dieses Bild aber statisch, es zeigt also nicht die Aktivität, sondern nur die Struktur des Gehirns. Dafür ist die Kernspin-Tomographie eine sehr viel genauere Methode als PET, und man kann damit Details von einem Zehntel Millimeter erkennen, während es bei PET nur einige Millimeter sind.

Kernspin-Tomographie beruht auf einem physikalischen Effekt. Die Kerne von Wasserstoffatomen verhalten sich nämlich wie kleine Kompaßnadeln. In einem starken Magnetfeld stellen sie sich alle parallel und kreisen um die eigene Achse. Der Trick des Verfahrens besteht nun darin, daß man mit Radiowellen diese Bewegung stören kann. Die Atomkerne kippen dann in eine andere Richtung. Nach Abschalten der Radiowellen schwenken sie wieder zurück, und die Kompaßnadeln zeigen in die ursprüngliche Richtung. Dabei senden sie ihrerseits auch Radiowellen aus.

Was das mit dem Gehirn zu tun hat? Im Gehirn ist viel Wasser, etwa 75 Prozent. Und Wasser besteht zum Teil aus Wasserstoff. Dabei enthalten manche Gewebe mehr Wasser, andere weniger. Und genau diese Unterschiede treten auf der Kernspin-Aufnahme deutlich hervor, und der Aufbau des Gehirns wird sichtbar. In der Praxis heißt das: Der Patient wird in eine Art Röhre geschoben, so daß sein Kopf von einem Magnetfeld umgeben ist. Während der Aufnahme verändern sich Magnetfeld und die Radiowellen, die auf das Gehirn einwirken. Aus den Signalen, die aus dem Kopf zurückkommen, kann ein Computer ein Schnittbild des Gehirns rekonstruieren.

Zurück zum Corpus Callosum. Indem sie lebende Gehirne mit der Kernspin-Methode untersuchte, konnte Laura Allen auch das Alter der Versuchspersonen genau wählen. Sie fand zwar einen ausgeprägten Geschlechtsunterschied in der Form des Balkens von Erwachsenen, aber keinen Hinweis darauf, daß der Balken bei Frauen insgesamt größer ist als bei Männern – wie Christine de Lacoste es beobachtet hatte. Allen bestätigte allerdings, daß der hintere Teil des Balkens, das Splenium, bei Frauen größer und kugelförmiger ist als bei Männern, während es bei Kindern unter 16 Jahren noch keine Unterschiede gibt.

Könnte ein anders geformter Balken etwas damit zu tun haben, daß Männer stärker lateralisiert sind und eine ihrer Gehirnhälften mehr einsetzen als die andere? Auf einen solchen Zusammenhang deutet eine neue Studie hin. Die amerikanische Wissenschaftlerin Melissa Hines hat versucht, herauszufinden, ob es Zusammenhänge zwischen der Größe oder Form des Balkens und den sprachlichen Fähigkeiten gibt. Dazu untersuchte sie den Balken von 28 Frauen mit einem Kernspin-Tomographen und ließ sie eine Reihe von Tests absolvieren. Zum Beispiel mußten sie Worte finden, die mit einem bestimmten Buchstaben anfingen, oder Synonyme aufzählen. Jene Versuchspersonen, die ein größeres Splenium hatten, schnitten bei den Sprachaufgaben im Durchschnitt besser ab. Gleichzeitig fand Hines heraus, daß jene Frauen, deren Splenium größer war, nicht nur – wie üblich – mit der linken Hemisphäre sprachen. Auch ihre rechte Gehirnhälfte war verstärkt aktiv. Anders ausgedrückt: Bei Frauen, die ein besonders großes Splenium haben, teilen sich beide Hemisphären beim Sprechen die Arbeit. Solche Frauen sind also, zumindest was Sprache betrifft, weniger lateralisiert.

Männer hat Melissa Hines allerdings nicht untersucht, so daß es noch nicht möglich ist, die Ergebnisse direkt auf Geschlechtsunterschiede zu übertragen. Aber wenn Frauen mit einem größeren Splenium beim Sprechen eher auf beide Gehirnhälften zurückgreifen, dann ist es nicht abwegig anzunehmen, daß Männer – weil sie im Durchschnitt ein kleineres Splenium besitzen – in der Regel nur mit einer Hemisphäre sprechen, also tatsächlich stärker lateralisiert sind.

Das ist ein wichtiges Ergebnis – aber leider nicht die klare Botschaft, die vielleicht einige gehofft hatten zu lesen. Auch ich hätte gerne geschrieben: Jetzt wissen wir endlich, warum Männer und Frauen unterschiedlich denken. Männer haben größere Gehirne, Frauen dafür mehr Nervenfasern zwischen den beiden Hemisphären. Die Wirklichkeit ist aber nicht so einfach. Die Geschlechtsunterschiede in den Abmessungen des Balkens sind eher klein, und bislang hat man allenfalls einen Zusammenhang mit Sprache zeigen können. Deshalb kann man die Fähigkeiten, in denen sich Männer und Frauen unterscheiden, nicht nur auf die Kommunikation zwischen den beiden Gehirnhälften schieben.

Eine wichtige Frage haben wir bislang noch nicht gestellt: Warum sind die beiden Gehirnhälften nicht identisch? Ist es besser, zwei nicht symmetrische Teile zu besitzen? Um das zu beantworten, versuchen Wissenschaftler zu verstehen, wann im Leben eines Menschen die Unterschiede zum erstenmal auftreten und welchen Vorteil diese Unterschiede bringen.

Bis vor einigen Jahren brachte man die Entwicklung der Asymmetrie mit dem Lernen von Sprache in Zusammenhang. Demzufolge würde sich durch das Sprechen die linke Gehirnhälfte anders ausbilden als die rechte. Mittlerweile deuten jedoch etliche Untersuchungen darauf hin, daß bereits bei Säuglingen, ja sogar bereits im Mutterleib die linke und rechte Hemisphäre nicht symmetrisch sind. Insbesondere ist das Planum Temporale, jene Gehirnregion, wo auch die Sprache angesiedelt ist, bei den meisten Föten links größer als rechts. Das hat manche Forscher irritiert, denn – im Gegensatz zu Erwachsenen – scheint es bei Babys, die Gehirnverletzungen erlitten haben, keine Rolle zu spielen, auf welcher Seite die Schädigung eingetreten ist. Egal ob links oder rechts, sie lernen gleich gut sprechen. Der Grund dafür, so glaubt man heute, könnte darin liegen, daß die Gehirne von Kleinkindern noch sehr anpassungsfähig sind. Dazu gehört, daß die Verdrahtungen zwischen den Nervenzellen flexibel sind und daß deshalb Gruppen von Nervenzellen die Aufgaben von anderen, geschädigten Bereichen des Gehirns übernehmen können. Das gilt auch insgesamt für die Hemisphären. Während Erwachsene nach einem Schlaganfall der rechten Gehirnhälfte sehr selten an Sprachstörungen leiden, kommen diese bei Kindern zehnmal häufiger vor. Vermutlich sind die beiden Hemisphären bei der Geburt noch nicht auf spezielle Aufgaben festgelegt, sondern entwickeln ihre Vorlieben erst im Verlauf der Kindheit.

Möglicherweise, so spekulieren die amerikanischen Forscher und Autoren des Buches ›Linkes – rechtes Gehirn‹, Sally Springer und Georg Deutsch, möglicherweise beruhen die besonderen Fähigkeiten des Menschen darauf, daß die Natur im Laufe der Evolution einen Vorteil eingebüßt hat. Ein wesentlicher Vorteil eines symmetrischen Gehirns ist nämlich, daß es weniger anfällig für Verletzungen ist. Sind linke und rechte Hemisphäre identisch, dann kann im Notfall die eine Seite die Aufgabe der anderen übernehmen. Mit dem Entstehen der Asymmetrien wäre dieser Vorteil verschwunden. Im Gegenzug aber hat der Mensch andere Vorteile entwickelt: seine Sprache und ein sehr gutes räumliches Vorstellungsvermögen.

Was auch immer dazu beigetragen hat und noch dazu beiträgt, daß Gehirne asymmetrisch werden – auch in der Tierwelt ist links nicht gleich rechts. Affen, Katzen, Ratten und Vögel besitzen zwei Hemisphären, die nicht identisch sind. Vor allem bei Vögeln, die ihren Gesang von ihren Artgenossen lernen, hat man die Unterschiede studiert. Kanarienvögel, deren linke Hemisphäre geschädigt ist, können zunächst nicht mehr singen, während eine Läsion der rechten Gehirnhälfte den Gesang kaum beeinträchtigt. Die rechte Hemisphäre kann jedoch im Laufe der Zeit die Aufgaben der linken übernehmen.

Wenn Lateralisation bei so vielen verschiedenen Spezies vorkommt, dann muß sie Selektionsvorteile bieten, glaubt auch Onur Güntürkün. Der Psychologe, der an der Universität Bochum vor allem die Gehirne von Tauben untersucht hat, meint, daß ein asymmetrisches Gehirn mehr Informationen speichern kann. Ein symmetrisches Gehirn, dessen beide Hälften in gleichem Maße an einer Aufgabe arbeiten, kann gar nicht so leistungsfähig sein. Denn die Leitungsgeschwindigkeit der Nervenfasern des Balkens ist begrenzt. Wenn also im Laufe der Evolution der Selektionsdruck dahin wirkt, daß mehr Muster gespeichert werden müssen, weil sich zum Beispiel der Organismus in einer komplexeren Umgebung zurechtfinden muß, dann müssen sich die Nervennetze innerhalb einer Hemisphäre vergrößern, so die These von Onur Güntürkün.

Soviel zur Arbeitsteilung zwischen den beiden Gehirnhälften. Doch was ist mit der Linkshändigkeit? Warum gibt es Menschen, bei denen die geschilderte Arbeitsteilung teilweise spiegelbildlich ist? Sprache, so haben wir gesehen, ist bei einem erheblichen Teil der Linkshänder nicht nur in der linken, sondern auch in der rechten Gehirnhälfte lokalisiert. Demzufolge ist es naheliegend, daß es einen Zusammenhang zwischen der Händigkeit und der Asymmetrie des Gehirns gibt. Das ist auch richtig. Allerdings ist es nicht so, daß das Gehirn eines Linkshänders nur einfach das gespiegelte Gehirn eines Rechtshänders ist.

Ein Mann steht vor seinem Arzt und hält den rechten Arm in die Höhe. Plötzlich fällt der Arm schlaff herunter, der Mann schaut verwundert. Eine Frau soll zählen. »Eins, zwei, drei, vier, fü ..« – dann ist plötzlich Schluß. Was ist geschehen? Beide haben zuvor eine Spritze mit Natriumamytal erhalten. Das starke Schlafmittel wurde allerdings nur in die linke Halsschlagader injiziert, ist deshalb nur in die linke Hemisphäre gelangt und hat diese lahmgelegt.

Dieser nach seinem Erfinder Wada benannte Test ist eine einfache Möglichkeit, um festzustellen, welche Gehirnhälfte welche Funktion steuert. Insbesondere ist die gezielte Betäubung nützlich für Chirurgen, die vor einer Operation kontrollieren wollen, auf welcher Seite des Gehirns ihrer Patienten die Sprachzentren sitzen. Auf diese Weise hat man herausgefunden, daß 70 Prozent aller Linkshänder, wie 95 Prozent der Rechtshänder, mit der linken Hemisphäre sprechen. Bei den restlichen 30 Prozent ist auch die rechte Hemisphäre am Sprechen beteiligt: Bei der Hälfte dieser Gruppe befindet sich die Sprachkontrolle rechts, bei der anderen Hälfte sind sowohl die rechte als auch linke Gehirnhälfte beim Sprechen aktiv. Allerdings deuten klinische Studien darauf hin, daß mehr als nur 15 Prozent aller Menschen eine beidseitige Sprachkontrolle besitzen, denn generell lernen Linkshänder nach einem Sprachverlust durch einen Schlaganfall wieder sehr viel besser sprechen als Rechtshänder. Insgesamt kann man daraus folgern, daß die Gehirne von Linkshändern weniger asymmetrisch sind. Warum jedoch manche Menschen Linkshänder werden, darauf gibt es noch keine befriedigende Antwort.

Unklar ist zunächst, warum so wenige Menschen ihre linke Hand bevorzugen. Denn auch Tiere zeigen in gewissen Situationen eine Vorliebe für die eine oder andere Pfote – in der Regel sind es aber genauso viele, die ihre rechten gegenüber den linken Extremitäten bevorzugen. Unter den Menschen gibt es aber nur sieben bis acht Prozent Linkshänder. Die geringe Zahl läßt sich nicht allein durch soziale Gründe erklären. Wahr ist zwar, daß Linkshändigkeit seit vielen Jahrhunderten als Makel angesehen wird. »Gott wird die Schafe zu seiner Rechten, die Böcke jedoch zu seiner Linken stellen«, beschreibt der Apostel Matthäus in der Bibel das Jüngste Gericht. Während die Rechten in das Reich Gottes kommen, werden die Linken verflucht und müssen in das ewige Feuer. Auch in der Sprache ist »links« eher negativ besetzt. Linkisch bedeutet ungeschickt, »gauche« in französisch steht nicht nur für links, sondern auch für ungeschickt, und das englische »left-handed« wurde früher mit hinterhältig gleichgesetzt.

Die gesellschaftliche Ächtung des Linken allein kann aber den geringen Anteil an Linkshändern nicht erklären. »Und unter diesem ganzen Volk waren siebenhundert auserlesene Männer, die linkshändig waren und mit der Schleuder ein Haar treffen konnten, daß sie nicht fehlten«, steht im Alten Testament geschrieben – ein Hinweis darauf, daß nicht gerade sehr viele Linkshänder vor gut 2000 Jahren das gelobte Land bevölkerten. Höhlenmalereien und Zeichnungen in ägyptischen Gräbern zeigen überdurchschnittlich häufig Personen bei Arbeiten, die sie mit der rechten Hand ausführen. Die Analyse von Kunstwerken über eine Zeitspanne von 5000 Jahren weist darauf hin, daß der Prozentsatz an Linkshändern über die Jahrtausende hinweg in etwa gleich geblieben ist.

Hat Linkshändigkeit also biologische Ursachen, oder sind es doch subtile Umwelteinflüsse, die einen Menschen zum Linkshänder werden lassen? Manche Forscher haben versucht, Linkshändigkeit den Genen zuzuschreiben. Die Wahrscheinlichkeit, daß zwei rechtshändige Eltern ein linkshändiges Kind bekommen, liegt bei zwei Prozent. Wenn Vater oder Mutter linkshändig sind, dann ist ihr Kind mit einer Wahrscheinlichkeit von 17 Prozent linkshändig. Wenn beide Eltern linkshändig sind, dann steigt sie auf 46 Prozent.

Diese Zahlen kann man mit einer genetischen Theorie erklären. Allerdings ist das keine einfache Theorie, bei der es ein Gen für Linkshändigkeit gibt, das wie die Augen- oder Haarfarbe vererbt wird. Ansonsten müßten nämlich alle Kinder von zwei Linkshändern selber linkshändig sein. Vielmehr müssen die Wissenschaftler, die eine genetische Theorie vertreten, ziemliche Verrenkungen unternehmen, um die Vererbung zu erklären. Was außerdem gegen die Gene als alleinige Ursache spricht, ist der Vergleich von ein- und zweieiigen Zwillingen. Eineiige Zwillinge gehen aus einer einzigen befruchteten Eizelle hervor und besitzen daher die gleichen Gene. Zweieiige Zwillinge entstehen dagegen aus zwei Eizellen und haben nicht mehr gemeinsames genetisches Material als normale Geschwister; sie stimmen also im Durchschnitt in 50 Prozent ihrer Gene überein. Wenn eine Eigenschaft etwas mit den Genen zu tun hat, dann sollten sich wesentlich mehr eineiige Zwillinge darin ähneln als zweieiige. Das trifft für die Händigkeit aber nicht zu. Unter zweieiigen Zwillingen gibt es ebenso viele Paare unterschiedlicher Händigkeit wie unter eineiigen Zwillingen.

Nachdem weder die Umwelt noch die Gene in eindeutiger Weise zur Linkshändigkeit führen, suchen Forscher weiterhin nach anderen Ursachen. Interessanterweise treten unter Zwillingen (sowohl ein- als auch zweieiigen) mit 20 Prozent mehr als doppelt so viele Linkshänder als bei einzeln Geborenen auf. Eine Vermutung besagt nun, daß es Zwillingen in der Gebärmutter an Platz mangelt und daß auf Grund der Enge ihre Gehirne eher Gefahr laufen, eine leichte Schädigung davonzutragen. Andere Befunde stützen diese Annahme. So sind auch unter geistig Behinderten etwa 20 Prozent Linkshänder. Linkshändigkeit ist ebenfalls unter Kindern mit Lernstörungen sowie bei Epileptikern überdurchschnittlich verbreitet. Weitere Daten deuten darauf hin, daß, wenn in der frühen Kindheit die linke Gehirnhälfte geschädigt wird, dies dazu führen kann, daß die Sprache später von der rechten Gehirnhälfte kontrolliert wird und auch die Händigkeit sich ändern kann.

Daraus kann man jedoch keinesfalls schließen, daß Linkshänder dümmer sind. Weder in Tests zur Lesefähigkeit noch in Wahrnehmungsaufgaben sind Rechtshänder besser als Linkshänder. Auch linkshändige Schüler schneiden im Durchschnitt nicht schlechter als ihre rechtshändigen Altersgenossen ab. Andersherum konnte bisher auch niemand beweisen, daß Linkshänder besonders kreativ sind – dadurch, daß bei manchen von ihnen die Sprachkontrolle in der rechten, räumlich-visuellen Hemisphäre angesiedelt ist.

Als der mittlerweile verstorbene amerikanische Neurologe und führende Experte für Asymmetrien im Gehirn, Norman Geschwind, 1980 bei einer Tagung in Boston war, kam ihm eine Idee. Geschwind hatte einen Vortrag gehalten und empfohlen, daß man bei der Erforschung für Lese- und Rechtschreibschwäche (in der Fachsprache als Dyslexie oder Legasthenie bekannt) nicht nur nach genetischen Ursachen, sondern auch nach anderen Problemen sucht, die in der Familie der Betroffenen auftreten. Nach dem Vortrag berichteten anwesende Eltern von Kindern mit Dyslexie, daß in ihrer Familie häufig Immunkrankheiten und Migräne vorkämen.

Das bewog Geschwind und seine Kollegen, diese Aussagen an Hand einer Studie zu überprüfen. Schließlich fiel ihnen ein Zusammenhang auf, nach dem sie ursprünglich gar nicht gesucht hatten: Unter den 500 Linkshändern, die sie mit 900 Rechtshändern verglichen, traten Immunstörungen zweieinhalbmal so häufig auf. Lernstörungen kamen zehnmal so oft vor. Neuere Untersuchungen bestätigen diese Ergebnisse. Umgekehrt befinden sich unter den Menschen, die unter Autoimmunstörungen (Krankheiten, bei denen das Abwehrsystem körpereigene Zellen als Eindringlinge bekämpft) leiden, mehr Linkshänder als Rechtshänder.

Geschwind argumentierte, daß es eine gemeinsame Ursache für Linkshändigkeit und Immunstörungen geben muß. Und, so folgerte er, da mehr Männer als Frauen linkshändig sind und an Immunstörungen leiden, könnte eine solche Ursache mit dem männlichen Geschlecht zusammenhängen: Geschwind stellte die Hypothese auf, daß das Sexualhormon Testosteron eine wesentliche Rolle spielt. Im Mutterleib würde Testosteron bewirken, daß bestimmte Teile der linken Gehirnhälfte langsamer als die entsprechenden Bereiche rechts wachsen. Diese Verzögerung könnte dazu führen, daß bei Männern die rechte Hemisphäre häufiger an der Sprache beteiligt ist. Bei manchen würde die linke Hemisphäre Defizite aufweisen, die sich später als Dyslexie äußerten.

Testosteron ist in der Tat ein guter Kandidat für eine solche Theorie. Denn, wie wir gesehen haben, ist das Geschlechtshormon nicht nur im Körper von männlichen, sondern auch von weiblichen Föten vorhanden, wenn auch in geringerer Menge. Deshalb könnte die Testosteron-Hypothese durchaus erklären, warum nicht nur Männer, sondern auch manche Frauen linkshändig werden oder Probleme mit dem Immunsystem haben.

Könnte Testosteron vielleicht auch den biologischen Beweis dafür erbringen, daß Männer bei räumlich-visuellen Aufgaben besser abschneiden als Frauen? Und könnte das Geschlechtshormon die Ursache dafür sein, daß Frauen besser mit Sprache umgehen? Haben Männer eine besser entwickelte rechte Hemisphäre als Frauen? Obwohl sich Wissenschaftler in diesem Punkte nicht ganz einig sind, so deuten doch die meisten Studien darauf hin, daß die Gehirne von Männern asymmetrischer sind als die von Frauen. Daß die Geschlechter in ihren sprachlichen und räumlichen Fähigkeiten nicht übereinstimmen, hat also möglicherweise mit der Organisation ihrer Gehirne zu tun. Wir werden noch darauf zurückkommen.

Miss Marple war ganz in ihrem Element. Sie saß aufrecht in einem der großen alten Sessel im Teesalon »Queen Victoria«. Sie trug ein schwarzes Brokatkleid, das am Halsausschnitt mit Brüsseler Spitze besetzt war. Ebenfalls aus schwarzer Spitze waren ihre Handschuhe und die Kappe, die ihre schneeweißen Haare bedeckte. Auf dem Tisch vor ihr kühlte ihr milchiger Tee ab. »Zwei Gehirne in einem Kopf. Wie Dr. Jekyll und Mr. Hyde.«

»Sie meinen den angesehenen Londoner Mediziner, Dr. Henry Jekyll, der mit chemischen Mitteln die Spaltung der menschlichen Seele zwischen Gut und Böse überwinden wollte. Er entdeckte ein Elixier, das es erlaubte, immer nur die eine Seite des Menschen zum Vorschein kommen zu lassen. Als er seine Erfindung an sich selbst erprobte, offenbarte sich leider seine böse Seite, und er nannte sich Edward Hyde. Von diesem Tag an gab es einen ständigen Kampf darum, welche Seele seinen Körper beherrschen sollte: der gute Dr. Jekyll oder der böse Mr. Hyde.«

Holmes war ein sehr erfahrener und aufgeschlossener Mann, der sich genauso sicher fühlte in der Gesellschaft von Monarchen und Magnaten wie von Matrosen und Kleinkriminellen. Teesalons gehörten allerdings nicht zu seinen Lieblingsorten. Er hatte aber keinen plausiblen Grund finden können, den von Miss Marple vorgeschlagenen Treffpunkt abzulehnen. Schon bald, nachdem er angefangen hatte, seinen starken türkischen Kaffee zu trinken und von der Kriminalgeschichte Londons zu erzählen, vergaß er, wo er sich befand. »Zum Glück sind unsere Gehirne eher nach dem Schema Logik und Intuition geteilt, statt nach Gut und Böse. Sonst könnte ein Mensch durch einen Schlaganfall oder einen Unfall über Nacht alle seine Nächstenliebe verlieren. Dann wäre London noch stärker von Kriminellen bevölkert.«

»Und Frau K. würde jeden Morgen einen Kampf zwischen Gut und Böse erleben. Aber Sie machen es sich zu einfach, wenn Sie die Unterschiede der Gehirnhälften auf

Logik und Intuition reduzieren. Das Empfinden von Rhythmen, das sich in der linken Hemisphäre abspielt, könnte man als einen intuitiven Prozeß bezeichnen. Andererseits hat das Zusammenbauen eines chinesischen Puzzles, das die räumlichen Fähigkeiten der rechten Hälfte erfordert, sehr wohl viel mit der Logik zu tun.«

»Daß es schwierig ist, die unterschiedlichen Fähigkeiten der Gehirnhälften auf einen gemeinsamen Nenner zu bringen, ist richtig. Aber die Tatsache bleibt, daß es eine Aufgabenteilung in unseren Denkprozessen gibt. Die logischen Meisterleistungen, für die ich bekannt bin, wären nicht möglich gewesen, wenn störende Gefühle freien Zugang zu allen Gehirnregionen hätten.«

»Wie finden Rhythmen und Melodie in Ihrem streng gefächerten Gehirn zueinander, wenn Sie Geige spielen? Und wenn bei Frauen die Funktionen eher rechts und links beanspruchen – sollten sie nicht besser abschneiden, wenn es darum geht, verschiedene Sachen miteinander zu verknüpfen? Die Aufgaben der Scotland-Yard-Mitarbeiter bestehen darin, aus unvollständigen und teilweise falschen Informationen ein einheitliches Bild zusammenzufügen. Vielleicht wäre eine Frau tatsächlich fähiger als ein Mann, den Dienst zu leiten.«

»Wo Sie gerade von Bildern sprechen, meine liebe Miss Marple, ich habe eine Aufgabe für Sie – als ganzheitlich denkende Frau.« Aus einer Rolle, die vor ihm auf dem Tisch lag, zog Holmes mit dramatischer Geste ein großes Bild heraus. »Ich habe gestern in der Fleet Street dieses Plakat hängen sehen. Schauen Sie es an. Sie können darauf ein buntes Muster erkennen, das sich zwar laufend, aber nicht ganz exakt wiederholt. Es hing an einem prominenten Platz, und, obwohl keine Botschaft und kein Gegenstand zu erkennen sind, haben die Passanten minutenlang darauf gestarrt. Ich bin überzeugt davon, daß es mit unserem Fall zusammenhängt, daß es sich nur um unsere nächste Spur handeln kann. Es war keine große Kunst, das Plakat diskret abzuhängen und es zur

Analyse in mein Labor zu bringen. Ich habe mich erst mal vergewissert, daß es keine Spur von den mir bekannten 132 Sorten unsichtbarer Tinten enthält. Vermutlich versteckt sich darin eine verschlüsselte Botschaft, aber ich kann nicht einmal einzelne Symbole erkennen, geschweige denn ihre Bedeutung.«

Während Holmes sprach, studierte Miss Marple das Bild. Zunächst sprangen ihre Augen hin und her, nach ein paar Sekunden fixierten sie das bunte Muster. Holmes gewann den Eindruck, daß Miss Marple geistig abwesend durch das Bild hindurch starrte. Er dachte fast, sie wäre in Trance versunken, als sie plötzlich schrie, »ich sehe es!« Einige Gäste des »Queen Victorias« drehten sich empört um und schauten mißbilligend in unsere Richtung.

»Unmöglich! Sie sehen die Lösung des Codes?« fragte Holmes.

Miss Marple kam zu sich und errötete. »Eh, nicht genau. Eigentlich sehe ich drei schwimmende Delphine.«

Kapitel 4

Die Innenwelt der Außenwelt

Vor einiger Zeit konnte man in Restaurants, U-Bahnen oder auf den Straßen merkwürdige Szenen beobachten: Menschen starrten auf ein Stück Papier und schoben es vor ihrer Nase hin und her. Manche wendeten sich mit einem frustrierten Gesichtsausdruck ab, andere dagegen schrien plötzlich auf: »Ich kann es auch.« Sie hatten das Geheimnis der bunten Bilder entdeckt und waren in die dritte Dimension vorgedrungen. Die 3D-Bilder, von denen die Rede ist, sehen auf den ersten Blick völlig gewöhnlich, also zweidimensional aus. Beim richtigen Hinschauen öffnet sich jedoch das Margeritenfeld oder das Wellenmeer, um eine im Raum schwebende Kaffeetasse oder eine Gruppe von Fischen zu offenbaren.

So überraschend es sein mag: Was sich beim Betrachten dieser faszinierenden 3D-Bilder in unserem Gehirn abspielt, ist eigentlich nichts Besonderes. Wir sehen ständig dreidimensional und sind darüber nicht verwundert. Es ist wahr, daß es ein paar mathematischer Tricks bedarf, um die räumliche Information in ein einzelnes, zweidimensionales Bild zu packen. Aber das Außergewöhnliche ist die Fähigkeit unseres Gehirns, ständig die Welt dreidimensional zu sehen und aus einer Flut an Sinneseindrücken ein zusammenhängendes Bild zu konstruieren.

Sehen, Hören, Riechen und Schmecken, Berühren – das sind die fünf Sinne des Menschen. Sie erlauben es ihm, etwas über seine Außenwelt zu erfahren, also wahrzunehmen. Ohne Sinne wären wir nicht überlebensfähig – blinde und taube Kreaturen, die Hitze von Kälte nicht unterscheiden könnten. Sehen und Hören sind die für den Menschen wichtigsten Sinne. Sie nehmen im

Gehirn einen erheblichen Platz ein und haben wesentlich dazu beigetragen, daß der Mensch das kulturelle, soziale Wesen geworden ist, das er ist. Selbst wenn es heutzutage Bücher in Blindenschrift oder die Gebärdensprache gibt – Menschen, die blind und taub aufwachsen, müssen zahllose Erfahrungen entbehren.

Aus einem weiteren Grund sind Sehen und Hören besonders interessant. Frauen gelten als das »auditive« Geschlecht, Männer als das »visuelle«. Männer lieben mit den Augen, Frauen mit den Ohren, sagt ein deutsches Sprichwort. Tatsächlich reagieren die Geschlechter unterschiedlich auf erotische Reize. Während Männer stärker als Frauen von Bildern nackter Körper erregt werden, fühlen sich Frauen eher von erotischen Geschichten stimuliert. Worauf beruhen diese Geschlechtsunterschiede?

Stellen Sie sich vor, Sie stehen im Museum und blicken auf ein Gemälde. Das Bild reflektiert das Licht des Raumes, die Strahlen treffen auf Ihr Auge. Was passiert zwischen diesem Zeitpunkt und dem Moment, in dem Sie erkannt haben, daß auf dem Gemälde gelbe Sonnenblumen zu sehen sind? Das Erkennen dauert nur Sekundenbruchteile. Und doch ist dieser Prozeß so kompliziert, daß Gehirnforscher ihn bis heute nicht in all seinen Details verstehen. Aber in den vergangenen Jahren haben sie viel dazugelernt, so daß das Bild, das wir heute vom Sehen haben, einigermaßen vollständig ist.

Sehen beginnt mit den Augen. Sie werden häufig mit einem Fotoapparat verglichen, weil die Linsen der Augen Lichtstrahlen bündeln und auf die Netzhaut projizieren, ähnlich wie auf einen Film. Der Vergleich tut dem Auge jedoch Unrecht. Treffender wäre es zu sagen, daß das Auge eine Videokamera ist, die auf einem drehbaren Stativ befestigt ist. Es richtet die Kamera automatisch dorthin, wo etwas Interessantes zu filmen ist. Die Kamera ist mit einem Autofocus ausgestattet und paßt sich an die Helligkeit an, sie besitzt ein sich selbst reinigendes Objektiv und einen Ausgang, den man an einen Parallelrechner anschließen kann – das alles nimmt nicht mehr Platz als etwa einen Kubikzentimeter ein, hundertmal weniger Raum, als die derzeit kleinsten Videokameras beanspruchen.

In der Augenhöhle befinden sich Muskeln, welche die Rolle des Stativs spielen. Sie halten das Auge in der Schädelöffnung fest und ermöglichen es ihm gleichzeitig, sich blitzschnell zu bewegen. Wenn wir etwas anschauen, dann drehen sich unsere Augen ständig hin und her: Probieren Sie einmal, Ihre Augen ganz ruhig zu halten. Spätestens nach ein paar Sekunden verspüren Sie das dringende Bedürfnis, sie zu bewegen. Indem wir ständig blinzeln und dabei Tränenflüssigkeit freisetzen, reinigt sich die schützende Hornhaut vor der Linse von selbst. Weitere Muskeln sind ständig damit beschäftigt, die gummiartige Linse des Auges zu verformen, damit es scharf sieht. Ab einem Alter von etwa 45 Jahren beginnt die Linse, weniger elastisch zu werden, weshalb viele Menschen dann eine Brille zum Lesen brauchen.

Nachdem die Lichtstrahlen durch die Linse und den dahinterliegenden Glaskörper gewandert sind, treffen sie auf die Netzhaut. Auch sie ist ein technisches Wunderwerk der Natur im Miniaturformat. Nur ein viertel Millimeter dick, besteht sie aus mehreren Schichten von Nervenzellen. Wenn Lichtstrahlen auf das Auge treffen, werden sie zunächst von den Photorezeptoren in ein elektrisches Signal umgewandelt. Weitere Neuronen verarbeiten diese Information und leiten sie ans Gehirn weiter.

Die Photorezeptoren funktionieren ähnlich wie die elektronischen Bauteile (CCD oder charge coupled device) in einer modernen Videokamera. Beide setzen Lichtpartikel in eine elektrische Spannung um. Allerdings übertrifft auch in diesem Fall die Natur die Technik: 125 Millionen Photorezeptoren enthält die Netzhaut, während eine Kamera mit ein paar hunderttausend CCD auskommen muß. Außerdem gibt es in der Netzhaut nicht nur eine, sondern gleich vier Sorten von CCD: Stäbchen und drei Typen von Zäpfchen. Die Stäbchen sind sehr lichtempfindlich, und wir benutzen sie vor allem in der Dunkelheit. Sie sind so empfindlich, daß sie in einer dunklen Nacht ein brennendes Streichholz in drei Kilometer Entfernung entdecken können. In Versuchen hat man herausgefunden, daß Menschen – vorausgesetzt, ihre Augen haben sich zuvor an die Dunkelheit gewöhnt – Lichtblitze sehen können, die nicht mehr als sechs Stäbchen mit jeweils einem Lichtquant reizen. Die Zäpfchen dagegen funktionieren nur, wenn es hell ist. Dafür reagieren sie auf Licht verschiedener Wellenlängen, weshalb wir Farben sehen können.

Stäbchen und Zäpfchen leiten ihre elektrischen Impulse an andere Nervenzellen weiter. Diese verrechnen das Signal eines Photorezeptors mit den Signalen seiner Nachbarn. Das muß sehr schnell gehen, ansonsten würden wir nicht Sekundenbruchteile, sondern Minuten oder sogar Stunden brauchen, um die Sonnenblumen auf dem Gemälde zu erkennen. Die Verarbeitung der Signale geschieht deshalb für alle Photorezeptoren gleichzeitig. Die Netzhaut ist also ein sehr raffinierter, äußerst schneller und zudem kompakter Parallelcomputer, der ein Bild in ein elektrisches Muster übersetzt, das anschließend vom optischen Nerv ins Gehirn übertragen wird.

Dort, wo dieses Bündel von Nervenfasern das Auge verläßt, sind keine Photorezeptoren und auch keine anderen Nervenzellen vorhanden. Das »Loch« in der Netzhaut, mit einem Durchmesser von etwa zwei Millimetern, heißt blinder Fleck. Es ist gar nicht schwer, den blinden Fleck bei sich selbst zu finden: Schließen Sie das linke Auge und fixieren Sie einen Gegenstand am anderen Ende des Raums. Nehmen Sie einen Bleistift in die rechte Hand, halten Sie ihn mit ausgestrecktem Arm vor sich und bewegen Sie nun den Arm langsam nach rechts. Bei einem Winkel von 18 Grad (etwa soviel wie wenn der große Zeiger einer Uhr drei Minuten nach der ganzen Stunde zeigt) verschwindet die Spitze des Bleistifts: Sie hat den blinden Fleck getroffen. Wenn von dieser Stelle der Netzhaut keine Information ins Gehirn geleitet wird, warum sehen wir dann nicht alles mit einem Loch? Das liegt daran, daß das Gehirn errät, was sich am blinden Fleck befindet, indem es die Umgebung berücksichtigt. Das Loch wird also quasi ausgefüllt. Sie können das testen, indem Sie den Stift etwas höher halten, so daß nicht seine Spitze den blinden Fleck trifft, sondern das Stück Holz. Es erscheint dann als ganzer Stab, ohne Sprung. Der blinde Fleck beweist, daß Sehen sich nicht nur im Auge abspielt, sondern auch eine Fähigkeit des Gehirns ist.

Die Netzhaut hat also das Licht des Sonnenblumen-Bildes in ein elektrisches Muster übersetzt. Was geschieht mit den elektrischen Signalen, wenn sie im Gehirn angelangt sind? Dort erwarten sie Nervenzellen, die sich auf bestimmte Aufgaben spezialisiert haben. Sie zerlegen das Bild, das unser Auge sieht, in Einzelteile. Manche Neuronen erkennen die senkrechten Kanten der Stengel, andere feuern einen Impuls nur dann, wenn sie die waagrechten Kanten der Blätter sehen. Weitere lassen sich durch das Gelb der Blume oder das Grün der Blätter reizen, während manche Nervenzellen nur deshalb reagieren, weil vor dem Gemälde eine kleine Fliege herumschwirrt.

Die Entdeckung, daß die Nervenzellen im visuellen Cortex nicht einfach auf jeden Lichtreiz ansprechen, liegt noch gar nicht so lange zurück und war ein bedeutender Durchbruch in der Erforschung des Sehens. Um 1960 herum versuchten die amerikanischen Wissenschaftler David Hubel und Torsten Wiesel den Geheimnissen des visuellen Cortex von Katzen auf die Spur zu kommen, indem sie mittels feiner Elektroden elektrische Signale von Nervenzellen registrierten. Daß es im Gehirn der Katzen Nervenzellen gibt, die auf Kanten ansprechen, hatten Hubel und Wiesel nicht erwartet. Das beobachteten sie nur durch Zufall, als sie ein Dia in den Projektor schoben. Dadurch entstand eine Kante auf der Leinwand, auf welche die Katze blickte, während gleichzeitig einige ihrer Nervenzellen sich heftig elektrisch entluden. Später entdeckten Hubel und Wiesel zahlreiche weitere spezialisierte Zellen, und sie wurden dafür mit dem Nobelpreis für Medizin belohnt.

Je tiefer man in den Sehapparat des Gehirns eindringt, umso stärker spezialisieren sich die Nervenzellen. Der bekannte Gehirnforscher von der Universität London, Semir Zeki, vergleicht die ersten Schichten des Sehsystems mit einem Postamt: Dort treffen alle Briefe und Pakete – die Signale der Netzhaut – ein. Sie werden nach Farbe, Form und Bewegung sortiert und dann zu verschiedenen Adressen – den spezialisierten Arealen – verschickt. Zum Beispiel senden diejenigen Zellen, die auf verschiedene Wellenlängen des Lichts ansprechen, ihre Signale zu einem Farbzentrum. Es enthält Neurone, die feuern, wenn sie das Gelb der Sonnenblumen im Gemälde erkannt haben. Ein anderer Bereich des visuellen Cortex verarbeitet nur bewegte Reize, ein weiterer ist für Formen zuständig.

Mittlerweile haben Gehirnforscher eine ziemlich genaue Landkarte des visuellen Cortex gezeichnet. Auf ihr sind alle Bereiche des Sehzentrums eingezeichnet, das Postamt und die Adressen, an welche die Sendungen verschickt werden. Die meisten Erkenntnisse darüber stammen aus Tierversuchen. Viele Experimente sind zunächst an Katzen gemacht und an Affen überprüft worden. Da die Sehsysteme von Primaten sich ähneln, kann man aus den Untersuchungen an Tieren auf den Menschen schließen. Mittlerweile gibt es jedoch mehrere Methoden, um einen Blick unter die menschliche Schädeldecke zu werfen. Nicht nur das: Man kann dabei sogar beobachten, wie das Gehirn arbeitet.

Vor allem ein Verfahren, das unter dem Wortungetüm

»Positron-Emissions-Tomographie«, kurz PET, bekannt ist, hat den Wissenschaftlern geholfen, ihre Landkarte des Sehzentrums zu zeichnen. Eine PET-Aufnahme mißt, zu welchen Bereichen des Gehirns besonders viel Blut fließt – anders ausgedrückt, welche Nervenzellen gerade aktiv sind. Schauen wir uns das Gemälde mit den Sonnenblumen an, dann werden auf jeden Fall die Nervenzellen des Farbzentrums elektrische Signale aussenden. Wird gleichzeitig ein PET von unserem Gehirn gemacht, dann tritt auf der Aufnahme das Farbzentrum in markanter Weise hervor, weil die Nervenzellen dort viel Energie verbrauchen. Auf diese Weise haben Forscher vor kurzem bestätigt, daß es auch beim Menschen einen auf Farbe spezialisierten Bereich im visuellen Cortex gibt.

Die Existenz eines Farbzentrums erklärt auch, warum manche Menschen auf sehr eigentümliche Art blind werden können: Sie sehen die Welt wie in einem Schwarzweißfernseher. Wenn sie etwas malen, dann benutzen sie nur eine Farbe. Auch wenn sie gebeten werden, eine farbige Zeichnung zu kopieren, machen sie daraus eine schwarzweiße Skizze. Diese Farbenblindheit hat nichts mit dem zu tun, was üblicherweise darunter verstanden wird: nämlich wenn Menschen aufgrund eines genetischen Defekts anstelle von drei nur zwei oder einen Typ farbempfindlicher Photorezeptoren in ihrer Netzhaut besitzen. Die gehirnbedingte Farbenblindheit tritt vielmehr bei Patienten auf, die einen Schlaganfall oder eine sonstige Schädigung in ihrem Farbzentrum erlitten haben.

Weitere kuriose Arten von Blindheit treten dann auf, wenn ein anderer spezialisierter Bereich des Sehzentrums nicht mehr richtig arbeitet oder auch keine elektrischen Signale dorthin gelangen können. Formenblindheit ist ein Beispiel. Die Betroffenen sehen Formen, sie wissen jedoch nicht mehr, was diese bedeuten. Semir Zeki hat solch einen Fall beschrieben: Der Patient konnte eine Zeichnung der St. Paul's Cathedral in London sehr gut kopieren. Er war also in der Lage, die Formen, Linien oder Winkel auf der Skizze zu sehen. Wurde er gefragt, was er gezeichnet hatte, so hatte er keine Ahnung, daß es sich dabei um eine Kirche handelte.

Das sind Fälle, bei denen etwas mit den Adressen nicht stimmt, an welche die visuellen Botschaften geschickt werden. Was aber passiert, wenn bereits die Sortieranlage im Postamt nicht richtig funktioniert – wenn also die ersten Stufen des Sehsystems geschädigt sind? Gibt es eine Chance, daß Informationen trotzdem an die korrekte Adresse gelangen? Die Natur hat dieses Experiment gemacht: Das Phänomen heißt »Blindsehen«, und als erster hat es der Münchner Gehirnforscher Ernst Pöppel beschrieben. Menschen, die darunter leiden, sind tatsächlich blind. Zum Erstaunen der Fachleute, die solche Patienten untersucht haben, können sie aber bestimmte Reize unterscheiden. Sie können zum Beispiel erkennen, ob sich ein Stab nach rechts oder links bewegt oder ob eine Farbe blau oder rot ist.

Ein Blindsehender wird jedoch immer abstreiten, etwas zu sehen. Zum Beispiel bei folgendem Experiment: Er sitzt an einem Tisch, auf dem ein Kerzenständer steht. Man befragt den Patienten, was er sieht. Nichts, wird er sagen, ich bin doch blind. Wenn man ihm nun sagt, daß auf dem Tisch etwas steht, und er soll danach greifen, dann wird er seinen Arm in Richtung des Kerzenständers ausstrecken und die Hand ein wenig öffnen. Steht auf dem Tisch eine Kaffeetasse, dann wird der Blindsehende seine Hand weiter öffnen, als wolle er die Tasse greifen.

Blindsehende sind sich ihrer Fähigkeiten nicht bewußt. Sie wissen nicht, daß sie etwas sehen, und sind häufig überrascht, daß sie richtig geraten haben. Lange Zeit wußte man nicht, wie das Phänomen zu erklären ist. Mittlerweile vermuten die Wissenschaftler, daß es neben der Hauptverbindung zwischen der Netzhaut und den unteren Schichten des visuellen Cortex weitere Nervenbahnen geben muß, die direkt in die spezialisierten

Areale führen. Es existiert also eine Art Bypass, der von der Netzhaut in höhere Schichten des Sehsystems führt und die geschädigten Bereiche umgeht.

»Viel Gelb, etwas Grün und Braun«, melden die Nervenzellen im Farbzentrum, während wir die Sonnenblumen betrachten. Gleichzeitig signalisieren die Neuronen im Formzentrum »große runde Form mit länglichen Seitenteilen«. Die spezialisierten Nervenzellen verarbeiten einen Sinneseindruck parallel, nicht hintereinander. Ebenso wie die Netzhaut ist also auch der Sehapparat im Gehirn ein Parallelrechner. Wie aber wissen die Nervenzellen im Farbzentrum, daß ihre Kollegen gleichzeitig aktiv sind – daß an zwei verschiedenen Adressen ein Paket mit demselben Absender angekommen ist? Woher wissen wir, daß die Farbe »Gelb« zu der Form »Sonnenblume« gehört? Am einfachsten wäre es natürlich, wenn es irgendwo im visuellen Cortex einen übergeordneten Bereich gäbe, in dem alle Informationen zusammenlaufen – eine Art Homunkulus, der sich alles anschaut und dann entscheidet, was das Gehirn gesehen hat. Ein solches Gebiet hat man aber bislang nicht gefunden, und es ist unwahrscheinlich, daß es existiert. Vielmehr vermutet man heute, daß die Nervenzellen in den spezialisierten Zentren ständig untereinander Informationen austauschen. Etliche solcher Verbindungen, zum Beispiel zwischen dem Farb- und dem Bewegungszentrum, haben Gehirnforscher auch bereits gefunden.

Wie aber genau signalisieren sich die Neuronen untereinander, daß sie ein und dasselbe Objekt erkannt haben? Es muß einen Mechanismus geben, der die Signale der beteiligten Zellen zusammenfaßt, so daß sie als eine Einheit behandelt werden. Der Bochumer Gehirnforscher Christoph von der Malsburg hat vorgeschlagen, daß Nervenzellen, die Zusammengehörendes repräsentieren, zur gleichen Zeit elektrisch aktiv sind und damit ausdrücken: »Wir gehören zusammen.« Das heißt, alle Neuronen, die Teile der Sonnenblume erkannt haben, schließen sich zu einem Verbund zusammen. Auch diejenigen Zellen, welche sich mit der Fliege beschäftigt haben, bilden eine Art Netz. So weiß das Gehirn, daß der schwarze Punkt vor dem Bild nicht Teil der Sonnenblumen ist. Tatsächlich haben Wolf Singer vom Frankfurter Max-Planck-Institut für Gehirnforschung und Rainer Eckhorn von der Universität Marburg vor einigen Jahren beobachtet, daß Nervenzellen im Sehzentrum von Katzen und Affen im Takt feuern können. Noch ist ungewiß, ob die Neuronen tatsächlich synchron aktiv waren, weil sie etwas erkannt haben. Der Beweis für die Hypothese von Christoph von der Malsburg steht also noch aus. Aber viele Forscher halten die Idee für faszinierend, vor allem, weil es sich dabei um ein einfaches Prinzip handelt.

Möglicherweise ist das Feuern im Takt sogar ein allgemeines Prinzip im Gehirn. Vielleicht ist es die »Sprache« der Nervenzellen: Jedesmal, wenn zwei oder mehrere Gruppen von Neuronen wichtige Botschaften austauschen müssen, würden sie im Takt feuern. Francis Crick, der in den 50er Jahren entdeckte, wie die Erbsubstanz aufgebaut ist, und der sich jetzt mit dem Gehirn beschäftigt, spekuliert sogar, daß das Feuern im Takt etwas mit dem Bewußtsein zu tun hat.

Wie würden Sie einen Handschuh beschreiben? Vielleicht als ein Stück Stoff oder Leder, das die Form einer Hand hat und das man benutzt, um die Glieder warmzuhalten? Das klingt vernünftig. Dr. P. jedoch, als er von einem Neurologen gebeten wurde, einen Handschuh zu beschreiben, sagte: »Eine durchgehende Oberfläche, die in sich gefaltet ist. Sie scheint fünf Ausstülpungen zu haben, falls dies der richtige Ausdruck dafür ist.« Der betreffende Neurologe war Oliver Sacks, und Dr. P. ist »der Mann, der seine Frau mit einem Hut verwechselte« – einer der Fälle, die Sacks in seinem gleichnamigen Bestseller beschreibt. Infolge eines ausgedehnten Tumors im Sehzentrum hatte Dr. P. Probleme, Gegenstände zu erkennen – ein Leiden, das in der Fachsprache als visuelle Objektagnosie bekannt ist (eine Agnosie ist die Störung einer Sinneswahrnehmung, ohne daß die entsprechenden Organe defekt sind). Während er abstrakte Formen, etwa einen Würfel erkennen konnte, würde er seinen Fuß für einen Schuh halten und eine Rose für eine »komplizierte rote Form mit einem grünen Fortsatz«. Dr. P. war Musiker und malte auch Bilder, wie Oliver Sacks beschreibt. Als Sacks sich eines Tages die Gemälde ansah, die in P.s Wohnung aufgehängt waren, fiel ihm etwas Sonderbares auf: Die ältesten Bilder waren sehr naturgetreu und realistisch gemalt, mit vielen Details. Die neueren dagegen bestanden aus geometrischen Formen und Linien, sie wirkten fast kubistisch. Die letzten, die Dr. P. malte, erschienen Oliver Sacks nur noch als chaotische Linien und Farbkleckse. War P.s künstlerische Entwicklung Ausdruck von dem, was er von der Welt wahrnahm?

Dr. P. litt nicht nur an einer Objektagnosie, sondern auch an einer Prosopagnosie, an der Unfähigkeit, Gesichter mit den dazugehörigen Personen zu assoziieren. Nicht überraschend also, daß er seine Frau mit einem Hut verwechselte. Prosopagnostiker wie Dr. P. erkennen ihnen bekannte Menschen im wesentlichen an deren Stimme sowie an typischen Merkmalen wie Gangart oder Kleidung. Wie eine Prosopagnosie genau zustande kommt, welche Bereiche des Gehirns geschädigt sein müssen, um sie hervorzurufen, ist noch umstritten. Früher glaubte man, daß sich die Störung nur auf Gesichter beschränkt, mittlerweile weiß man, daß viele Prosopagnostiker Schwierigkeiten haben, andere, normalerweise vertraute Reize wie Tierarten oder Autotypen zu erkennen. Sicher ist, daß die Schädigung nicht nur auf ein spezialisiertes Zentrum des Sehsystems beschränkt ist, sondern weitere Bereiche betrifft.

Manche Menschen sehen Dinge und erkennen sie nicht, andere sehen Dinge, die es gar nicht gibt. Drogen oder Migräneanfälle zum Beispiel können visuelle Halluzinationen hervorrufen. Die Huichol-Indianer aus Mexiko kennen seit Jahrhunderten die halluzinogene Wirkung einer bestimmten Kaktuspflanze, deren Knospen sie anläßlich einer Wallfahrt zu ihrer heiligen Stätte essen. Dort entdecken sie das Paradies wieder und werden, wie sie sagen, zu Göttern. Sie beschreiben ihre Visionen als Bilderteppiche mit geometrischen Mustern in leuchtenden Farben. Kräftige Farben erfahren auch viele Menschen auf einem »Trip« mit der Droge LSD.

Eine visuelle Halluzination kann man sich vorstellen als eine Reizung des Sehzentrums, ohne daß die Augen auch nur einen Lichtblitz gesehen hätten. Tatsächlich lassen sich die Traumbilder auch hervorrufen, indem man Teile des Sehzentrums elektrisch reizt. Manche Wissenschaftler vermuten, daß unter dem Einfluß von Drogen Teile des Frontal-Cortex, also dem Teil der Hirnrinde, der sich hinter der Stirn befindet, nicht mehr richtig arbeiten. Diese Bereiche können normalerweise Reize unterdrücken, die in Wirklichkeit nicht vorhanden sind und die nur in unserem Kopf existieren. Drogen heften sich an die Kontaktstellen für bestimmte chemische Botenstoffe im Gehirn und verändern dadurch deren Wirkung. So können sie Teile des Denkorgans durch einen chemischen Angriff außer Gefecht setzen. LSD würde dieser Vorstellung zufolge bewirken, daß der Einfluß des Frontal-Cortex bei der Wahrnehmung beeinträchtigt ist.

Während viele Wissenschaftler dem Geheimnis der Nervenzellen und ihrer Verbindungen auf die Spur kommen wollen, sind andere eher daran interessiert, einen sehenden Computer zu bauen. Manchen dieser KI-Forscher (KI steht für Künstliche Intelligenz) ist es dabei ziemlich egal, wie das Gehirn funktioniert – Hauptsache, die Maschine kann sehen. Andere dagegen versuchen, sich das Gehirn als Vorbild zu nehmen und möglichst viel von dem, was man übers Sehsystem weiß, für die Konstruktion einer Maschine zu verwenden. Das ist auch gar keine schlechte Strategie, denn das Gehirn ist einmalig gut bei dieser Aufgabe. Diese KI-Experten verwenden sogenannte neuronale Netze, Computerprogramme, die aus vielen untereinander verknüpften Elementen (den »Nervenzellen«) aufgebaut sind, deren Verbindungen (die »Synapsen«) sich verändern können. Noch sind die neuronalen Netze allerdings unglaublich primitiv, verglichen mit den Netzen in unserem Kopf.

Auf der ganzen Welt versuchen Wissenschaftler und Ingenieure, sehende Computer zu bauen. Sie konstruieren künstliche Netzhäute aus Silizium. Sie verbinden Videokameras mit Parallelrechnern und hoffen, auf diese Weise den visuellen Cortex des Menschen nachzuahmen. Anwendungen für ein künstliches Sehsystem gibt es in der Tat viele: Autos, die ohne Fahrer fahren, Roboter, die den Haushalt sauber halten, oder flexible Maschinen, die in einer Fabrik nicht nur immer wieder dieselben Stücke zusammenschweißen, wie es heute üblich ist, sondern die verschiedene Autoteile montieren können. Wer allerdings glaubt, er könne sich bald die Hausarbeit von einem stählernen Diener erledigen lassen oder sich bei Tempo 140 auf der Autobahn genüßlich zurücklehnen und die Landschaft genießen, hat sich gründlich getäuscht. Noch sind die KI-Experten meilenweit entfernt davon, eine Maschine konstruieren zu können, die sich selbständig in einer ihr fremden Umgebung bewegen kann.

Wenn man bedenkt, was unser Gehirn bereits bei einer halbautomatischen Tätigkeit, etwa beim Autofahren, alles leisten muß, so ist es auch nicht überraschend, daß es bislang keinen Computer gibt, der auch nur annähernd so gut wie das menschliche Sehsystem ist. Beim Autofahren haben wir die Straße im Visier, achten darauf, immer rechts von der Mittellinie zu bleiben, beobachten, wie die Autos entgegenkommen, werfen ab und zu einen Blick auf den Tacho, ob wir nicht schneller als hundert Stundenkilometer fahren. Möglicherweise ist es dunkel, vielleicht regnet es ja auch noch, und die Sicht ist miserabel. Plötzlich steht jemand am Straßenrand mit seinem Fahrrad, und wir müssen ausweichen. Jedes künstliche Sehsystem ist mit einer solchen Situation hoffnungslos überfordert. Um eine Maschine zu bauen, die einerseits das kann, was wir können, andererseits nicht die Größe einer Turnhalle benötigt, müssen Computer erst einmal sehr viel kompakter und schneller werden. Außerdem müssen die Entwickler solcher Maschinen noch eine Menge über das Gehirn lernen, wie und warum es so gut funktioniert. Erst dann wird es auch möglich sein, künstliche neuronale Netze zu konstruieren, die es mit denen im Gehirn aufnehmen können.

Farbe, Form, Bewegung – wir haben gesehen, daß es dafür spezialisierte Zellen gibt. Was aber ist mit den räumlichen Eindrücken? Wie funktioniert Stereo-Sehen – so heißt es in der Fachsprache? Und wie schafft das Gehirn es, aus den eingangs erwähnten bunten Bildern die versteckte dreidimensionale Information herauszulesen? Wenn wir zum Beispiel eine Kaffeetasse anschauen, dann sieht das rechte Auge die Tasse unter einem etwas anderen Winkel als das linke Auge. Die Bilder, die auf der Netzhaut von dieser Tasse entstehen, sind also nicht völlig identisch, sondern leicht gegeneinander verschoben. Vereinfacht gesagt, berechnet das Gehirn aus dieser Verschiebung, wie weit entfernt die verschiedenen Teile der Tasse von uns sind. So entsteht ein räumlicher Eindruck. Mich hat es übrigens immer gewundert, daß es möglich ist, mit einem Auge stereo zu sehen. Ein Auge allein liefert dem Gehirn nur ein Bild. Woher kommt dann die Information über die dritte Dimension? Die Antwort darauf, die ich beim Studium der Fachliteratur gefunden habe, zeigt, wie schlau das Gehirn ist. Es kombiniert nämlich verschiedene Informationen – die Schatten der Beleuchtung auf der Kaffeetasse, die Perspektive und natürlich auch das, was wir über unsere Umwelt wissen (daß nämlich Kaffeetassen in der Regel nicht flach sind) – und zieht daraus die richtigen Schlüsse.

Stereobilder gibt es seit mehr als 150 Jahren. Damals

begann man, zwei Fotografien aus leicht verschobenen Blickwinkeln zu machen, entsprechend der Winkel beider Augen zueinander, und ersann spezielle Apparate. Sie bewirken, daß das linke Auge nur die »linke« Aufnahme sieht und das rechte Auge nur die »rechte«. Im Gehirn wird daraus wieder ein einziges, eben dreidimensionales Bild. Wie aber schafft man es, die räumliche Information in ein einziges Bild zu packen? Wie kann nach längerem Betrachten der Wiese plötzlich eine Tasse über den Blumen schweben?

Um ein solches 3D-Bild zu entwerfen, braucht man einen Computer und Graphik-Programme. Zunächst wird eine plastisch wirkende Tasse konstruiert. Dazu verwendet man Grautöne: Je weiter entfernt ein Punkt der Tasse ist, um so dunkler ist er auch. Nun gilt es, die Tasse in einem Bild zu verstecken. Dazu entwirft man ein Motiv, das ein etwa sieben Zentimeter breites Band ausfüllt. Es muß so beschaffen sein, daß mehrere Bänder, nebeneinander gelegt, ein Gesamtbild ergeben – etwa eine Blumenwiese. Die Streifen sind sieben Zentimeter breit, damit die Augen beim Draufschauen jeweils einen Streifen sehen. Das heißt: Zu jedem Punkt, den das rechte Auge im rechten Streifen sieht, gibt es einen entsprechenden Punkt im linken Streifen. Nun kommt der eigentliche Trick: Die Punkte in zwei benachbarten Bändern werden mittels eines speziellen Programms leicht gegeneinander verschoben, entsprechend des Grautons (der Tiefe) der Tasse. Ohne spezielle Brille erfordert das Erkennen der räumlichen Dimension allerdings etwas Übung. Man muß durch das Bild hindurchschauen, als wenn man einen Gegenstand am Horizont fixieren würde. Dann nämlich zwingt man die Augen, ihre Gesichtsfelder nicht zu überlappen. Das linke Auge sieht nur das, was links von der Nasenspitze ist, das rechte Auge das, was sich rechts davon befindet – und das Gehirn macht aus den beiden Tassen eine einzige, die über der Wiese schwebt.

Wir sehen ein Bild, wir hören Musik, wir riechen die Blume – selbstverständlich? Nicht für alle Menschen. Die Rede ist nicht von jenen, die blind oder taub sind. Unter 25 000 Menschen gibt es einen Mann oder eine Frau, die Farben riechen, Wörter sehen oder Töne schmecken. Synästhesie nennen Fachleute das Phänomen, wenn die Sinne durcheinandergeraten. »Jeder Sprechlaut löste bei S. sofort ein prägnantes Bild aus, jeder Laut hatte für ihn seine eigene visuelle Form, seine eigene Farbe, seinen eigenen Geschmack«, beschreibt der berühmte russische Neurologe Alexander Lurija einen Synästhesisten in seinem Buch ›Der Mann, dessen Welt in Scherben ging‹. Das A zum Beispiel war für S. etwas Weißes, Langes. Töne bestimmter Frequenzen und Lautstärken empfand er als Silberstreifen oder als sattes Orange.

Wie die Vermischung der Sinne entsteht, ist völlig rätselhaft. Die meisten Forscher gehen davon aus, daß die Gehirne der Betroffenen sich von »normalen« Gehirnen unterscheiden. Zum Beispiel könnten sie Nervenbahnen enthalten, die das Seh- und das Hörzentrum verbinden. Ein Sinneseindruck, der über die Augen eingefangen wird, würde dann auch in den auditorischen Cortex gelangen und dort eine Empfindung auslösen. Das Gehirn wäre also gleichsam kreuzweise verschaltet. Doch nicht alle Wissenschaftler, die sich mit dem Phänomen beschäftigen, glauben, daß es Besonderheiten in den Gehirnen der Menschen gibt, die Farben schmecken oder Zahlen riechen. Richard Cytowic zum Beispiel, ein amerikanischer Neurologe, vermutet in seinem Buch ›Farben hören, Töne schmecken‹, daß Menschen mit Synästhesien völlig normale Verschaltungsmuster im Kopf haben. Cytowic erklärt das Phänomen so: Die Informationen, die zu den verschiedenen Sinneszentren gelangen, verlaufen hauptsächlich auf den normalen Bahnen. Dabei bestimmt ein Teil des Gehirns, das limbische System, welche Information wohin geht. Manchmal jedoch können die Signale »ihre« Bahnen verlassen und woanders hinwandern – ein visueller Reiz würde zum Beispiel in den Riechkolben gelangen. So etwas passiert in allen Gehirnen, glaubt Cytowic, doch nur die Menschen mit Synästhesien sind sich dessen bewußt.

Ob normales Gehirn oder nicht – verwirrend für die Forscher ist, daß die meisten Betroffenen Frauen sind. Könnte die Vermischung der Sinne etwas mit den Eigenarten weiblicher Gehirne zu tun haben? Um die Verwirrung perfekt zu machen: Unter Synästhesisten sind überdurchschnittlich viele Linkshänder. Linkshändigkeit ist jedoch eher etwas Männliches, weshalb sich Wissenschaftler derzeit keinen Reim darauf machen können, daß Händigkeit und Geschlecht bei Synästhesien eine Rolle spielen sollten.

Kommen wir noch einmal zurück zum »normalen« Sehen. Das Sehsystem ist ein gutes Beispiel dafür, wie während der Entwicklung des Gehirns sowohl die Natur als auch die Umwelt – das Angeborene und das Erlernte also – eine wichtige Rolle spielen. Manches ist genetisch angelegt und bei der Geburt bereits entwickelt. Die Nervenzellen sind vorhanden und etliche Verbindungen bereits geknüpft, so daß Signale von den Augen zum visuellen Cortex gelangen können. Insgesamt ist der Sehapparat jedoch keineswegs ausgereift. Ein Säugling trainiert ihn, indem er sich seine Umgebung anschaut. In der Regel funktioniert diese Entwicklung gut, manchmal ist sie jedoch gestört, zum Beispiel bei Kindern, die mit einer sogenannten Katarakte geboren werden. Eine der beiden Linsen ihrer Augen wird dann milchig, und auf der Netzhaut kann kein klares Bild entstehen. Katarakte werden behandelt, indem man die fehlerhafte Linse entfernt und durch eine künstliche Linse ersetzt oder auch Brillen verpaßt. Das ist an sich keine schwierige Operation. Bei Neugeborenen hat man sich jedoch lange Zeit gescheut, sie vorzunehmen, weil in diesem Alter jeder Eingriff ein gewisses Risiko beinhaltet. Man wartete früher also, bis die Kinder einige Jahre alt waren, und entfernte dann die Linse.

Das Ergebnis war enttäuschend: Trotz Brillen blieben diese Kinder auf dem betroffenen Auge weitgehend blind. Sie konnten teilweise keinen Kreis von einem Dreieck unterscheiden. Den Grund dafür kennt man heute: Wenn das Gehirn keine Signale empfängt, dann kann sich der visuelle Cortex nicht entwickeln. Die Nervenzellen können sich nicht spezialisieren, wichtige Verbindungen zwischen den Neuronen sterben ab – das Sehzentrum verkümmert regelrecht. Erwachsene, die an einer Katarakte leiden, haben dieses Problem nicht: Ihre Verbindungen im visuellen Cortex haben sich lange zuvor gebildet, und sie können mit einer künstlichen Linse sehr gut sehen.

Ähnlich ist es beim Hören. Ohne akustische Reize kann der entsprechende Bereich im Gehirn, der auditive Cortex, nicht reifen. Die Folgen reichen sogar noch weiter: Taube lernen nicht sprechen, weil sie nichts hören. Ein weiteres Beispiel für die Notwendigkeit, das Gehirn zu reizen, damit es richtig funktioniert: Asiatische Sprachen kennen nicht das »r« und »l« der Sprachen europäischen Ursprungs. Chinesen, Japaner oder Koreaner hören also praktisch nie diese Laute. Wer je Asiaten deutsch hat sprechen hören, weiß, wie schwer viele von ihnen sich tun, Wörter mit »r« auszusprechen – Rot klingt dann ein bißchen wie Lot. Japanische Babys dagegen, so haben Studien erwiesen, hören den Unterschied zwischen »r« und »l«, eine Fähigkeit, die sie mit zunehmendem Alter verlieren. Allerdings ist der »Verlust« des »r« nicht so gravierend wie eine Katarakte, weil sich Aussprache teilweise noch trainieren läßt. Gerade Kinder können, wie Untersuchungen von Wissenschaftlern an der Universität von British Columbia in Vancouver gezeigt haben, den Gurrlaut erlernen. Übrigens geht es Europäern, die Chinesisch lernen, ähnlich wie den Asiaten. Im Chinesischen gibt es Zischlaute, die wir kaum unterscheiden können: »tsch« und »dsch« klingen für unsere Ohren ziemlich ähnlich, ebenso wie »ts«, »tz«, »ds« und »dz«. Für die Chinesen jedoch sind diese Laute ebenso unterschiedlich wie für uns »r« und »l«.

Ebenso wie das Auge ist das Ohr ein Organ der Superlative. Wir können Töne zwischen 20 und 20 000 Hertz hören, das heißt: alle Schallwellen, die zwischen 20 und 20 000 mal pro Sekunde schwingen, werden vom Ohr noch registriert. Wir nehmen sehr leise Töne wahr, so leise, daß sich das Trommelfell dabei um nur einen Millionstel Millimeter bewegt. Gleichzeitig bearbeitet das Ohr Geräusche, die eine Milliarde mal lauter sind, ohne dabei dauerhaften Schaden zu nehmen.

Die sonderbar gebogenen Knorpel an unserem Kopf stellen eine Meisterleistung der Mechanik dar. Eine Schallwelle – eine Luftschwingung also – bewirkt eine Krümmung der feinen Haarzellen im Inneren des Ohrs. Diese Verformung setzen die Haarzellen in ein elektrisches Signal um, das an das Gehirn weitergeleitet wird. Damit ein solches Signal überhaupt entstehen kann, muß die Schallwelle zunächst durch den äußeren Ohrkanal wandern, bis sie auf das Trommelfell trifft. Der Kanal und auch das Mittelohr haben sich im Laufe der Evolution so geformt, daß Geräusche möglichst effizient an die Haarzellen gelangen. Das Trommelfell ist eine Membran, die das Ohr vor allzu lauten Geräuschen schützt: Mit Hilfe eines Muskels kann es seine Spannung verändern und dadurch kontrollieren, wieviel Schall in den mittleren Teil des Ohrs gelangt.

Das Mittelohr ist ein Hohlraum, in dem sich eine Kette von drei bizarr geformten Knöchelchen befindet: Hammer, Amboß und Steigbügel heißen sie wegen ihrer Form. Sie übertragen die Luftschwingung weiter zum Innenohr. Auf den ersten Blick erscheint das ziemlich kompliziert. Wozu braucht man Knochen, um den Schall zu übertragen? Der Grund ist folgender: Das Innenohr ist mit Flüssigkeit gefüllt. Würde die Schallwelle von der

Luft direkt auf die Flüssigkeit stoßen, so würde sie größtenteils reflektiert. Jeder, der schon einmal unter Wasser geschwommen ist, weiß, wie ruhig es dort ist, weil der Schall aus der Luft nicht in die Flüssigkeit eindringt. Deshalb wird die Luftschwingung über die Knöchelchen übertragen. Sie drücken gegen eine Öffnung im Innenohr, und die Schallwelle wandert ins Innere der Schnecke.

Die Schnecke, in der Fachsprache auch Cochlea genannt, sieht tatsächlich wie ein Schneckenhaus aus. Sie ist gefüllt mit einer wässrigen Flüssigkeit, und in der Mitte verläuft ein Kanal, der gleichsam mit einem Teppich ausgekleidet ist. Die Fasern des Teppichs heißen Härchen, und sie sitzen an der Spitze der sogenannten Haarzellen. Der Druck der Schallwelle läßt die Flüssigkeit durch die Schnecke strömen, und die Härchen biegen sich. Diese Bewegung bewirkt, daß sich Kanäle in den Haarzellen öffnen und geladene Atome passieren lassen: Ein elektrisches Signal ist entstanden.

Es ist unglaublich, wie empfindlich die Härchen sind. Bei den leisesten Tönen, die wir noch hören können, biegen sie sich nicht mehr als hundert Milliardstel Millimeter. Übrigens ist unsere Fähigkeit, leise Töne wahrzunehmen, nicht durch die Mechanik des Ohrs begrenzt, sondern durch die Geräusche, die das Blut verursacht, wenn es durch den Schädel strömt – vorausgesetzt, das Hörorgan ist jung und gesund. Mit zunehmendem Alter jedoch werden die meisten Menschen schwerhörig. Das liegt daran, daß die Haarzellen sich abnutzen. Ähnlich wie bei einem Fußabstreifer, dessen Fasern eingedrückt sind, nachdem Zehntausende Menschen darüber hinweggelaufen sind, nimmt der »Haarzellen-Teppich« im Laufe der Jahre Schaden. Ein Teil der Haarzellen stirbt ab, die Hörfähigkeit läßt nach. Aber auch Umwelteinflüsse können die Zellen schädigen, Lärm etwa oder Nikotin.

Eine Schallwelle kann aus einer oder aus mehreren überlagerten Frequenzen bestehen. Um Töne und Laute möglichst effizient zu erkennen, haben sich die einzelnen Haarzellen auf verschiedene Frequenzen spezialisiert: Die Haarzellen im vorderen Teil der Schnecke antworten auf hohe Frequenzen, während die hinteren am besten auf niedrige Frequenzen reagieren. Das ist übrigens der Grund dafür, warum ältere Menschen sich besonders schwer tun, hohe Töne zu hören. Weil die vorderen Haarzellen am stärksten beansprucht sind, sterben sie am schnellsten ab.

Am empfindlichsten hört unser Ohr mittlere Frequenzen zwischen 1000 und 3000 Hertz – nicht überraschend, denn ein Mensch muß nicht unbedingt zwischen den hohen Kreischtönen der Affen im Urwald unterscheiden können. Für ihn ist es viel wichtiger, daß er Sprache gut erkennt, und diese besteht vor allem aus Schallwellen zwischen 500 und 4000 Hertz. Bei tiefen Tönen läßt die Genauigkeit unseres Ohrs ebenfalls nach, was vermutlich unter anderem dazu dient, daß wir das niederfrequente Rauschen des Bluts in unserem Kopf nicht als störend empfinden.

Wie erkennen wir nun einen Ton? Ganz einig sind sich die Experten da noch nicht. Man vermutet heute, daß es im wesentlichen zwei Mechanismen gibt. Die Haarzellen sind abhängig von ihrer Lage in der Schnecke auf unterschiedliche Frequenzen spezialisiert. Eine Frequenz wird also bestimmte Härchen krümmen. So verursacht jeder Ton einen charakteristischen »Fingerabdruck« auf der Schnecke, einen Fingerabdruck, auf den wiederum spezialisierte Nervenzellen im Hörzentrum reagieren. Aus verschiedenen Gründen jedoch scheint das bei niedrigen Frequenzen anders zu funktionieren: Sie verursachen keinen räumlichen Fingerabdruck von elektrisch aktiven Haarzellen, sondern einen zeitlichen. Ähnlich wie bei einem Telephongespräch, bei dem die Schallwellen als eine Folge von elektrischen Pulsen übertragen werden, übersetzen Nervenzellen die Schwingung des hinteren (niederfrequenten) Teils der Schnecke in eine Sequenz elektrischer Signale. Neurone im Gehirn erkennen diese Zeitfolge dann als eine bestimmte Frequenz.

Laute Töne krümmen die Härchen stärker als leise. Umso kräftiger werden auch die Nervenzellen in der Cochlea angeregt – und die Neuronen im Gehirn signalisieren dann: »laut«. Ähnlich wie Zellen im visuellen Cortex ein Bild in Linien, Kanten und Farben zerlegen, haben sich die Neuronen im auditiven Cortex auf Lautstärke und Frequenzen spezialisiert. Weitere Nervenzellen im Hörzentrum sprechen nicht mehr auf Töne einer einzigen Frequenz an, sondern auf die Kombinationen verschiedener Laute. Andere Zellen können feststellen, woher der Schall kommt, indem sie die Signale beider Ohren verrechnen. Steht zum Beispiel jemand links hinter uns und ruft etwas zu, dann wird unser linkes Ohr etwas früher als das rechte die Töne hören. Zudem werden die Signale am rechten Ohr etwas leiser sein, weil sich zwischen Schallquelle und Ohr unser Kopf befindet und die Geräusche leicht dämpft.

Sowohl das rechte wie auch das linke Ohr leiten elektrische Impulse an beide Gehirnhälften. Deshalb können Menschen nach einem Gehirnschlag in der Regel noch gut hören, weil meistens nur eine Hemisphäre betroffen ist. Allerdings haben sie manchmal Probleme festzustellen, woher die Geräusche kommen. Das liegt daran, daß jedes Ohr seine bevorzugte Seite hat, zu der es verstärkt Informationen sendet: das linke zur rechten Hemisphäre und umgekehrt. Deshalb haben unsere Ohren auch bevorzugte Aufgaben. Zumindest bei Rechtshändern gilt, daß das rechte Ohr Sprache – eine typische Aufgabe der linken Gehirnhälfte – besser hört als das linke. Das linke Ohr tut sich wiederum leichter mit dem Erkennen von Melodien, was nicht überraschend ist, weil musikalische Fähigkeiten vor allem in der rechten Gehirnhälfte angesiedelt sind.

Bei einem Großteil der Menschen, die taub sind, ist nicht das Hörzentrum im Gehirn geschädigt, sondern das Ohr selbst. Hirntumore oder Durchblutungsstörungen, die so ausgedehnt sind, daß sie den gesamten auditiven Cortex betreffen, sind nämlich meist tödlich, da sie wichtige Nachbarbereiche in Mitleidenschaft ziehen. Wenn das Trommelfell oder Teile des Mittelohrs defekt sind, dann können sie den Schall nicht mehr richtig übertragen. Abhilfe schaffen in solchen Fällen ein Hörgerät oder eine Operation an Trommelfell oder Mittelohr. Schwieriger ist es, wenn die Schnecke nicht mehr richtig arbeitet: Gefäßinfarkte, Gifte, Entzündungen oder auch genetische Defekte führen bisweilen dazu, daß die Härchen oder Haarzellen einen Schaden davontragen, und die Schallreize nicht in elektrische Signale für das Gehirn umsetzen.

In den letzten Jahren haben zahlreiche Wissenschaftler daran gearbeitet, Tauben, deren Cochlea nicht richtig arbeitet, mit einer »Ersatz-Schnecke« zu helfen. Solange nämlich der Hörnerv intakt ist, kann man dessen Enden im Bereich der Schnecke elektrisch reizen, und Signale aus dem Ohr gelangen ins Gehirn. Dieses sogenannte Cochlea-Implantat besteht aus mehreren Teilen: einem elektronischen Sprachprozessor, der Schallsignale auffängt, analysiert und in Frequenzen zerlegt – ähnlich wie dies auch im Ohr geschieht. Diese Frequenzen werden kabellos zum Innenohr übertragen. Dort sitzt das eigentliche Implantat, eine Kapsel mit einem speziellen Mikrochip, der die Signale empfängt und dekodiert, das heißt in elektrische Reize umwandelt. Mikroelektroden, die an verschiedenen Stellen der Schnecke implantiert sind, nehmen diese Reize auf. Sie erfüllen den Job der Haarzellen: Jede winzige Elektrode ist nämlich für einen Frequenzbereich zuständig, abhängig davon, an welcher Stelle der Schnecke sie sitzt. Von den Mikroelektroden gelangen die Signale über den Hörnerv zum Gehirn.

Derzeit können Experten etwa 20 Mikroelektroden ins Ohr einpflanzen. Verglichen mit den rund 15 000 Haarzellen bedeutet das eine sehr grobe Reizung. Das ist ähnlich wie die Aufgabe, aus ein paar Stücken eines 1000-Teile-Puzzles zu erraten, um welches Motiv es sich dabei handelt. Sogar die Fachleute wundern sich teilweise, welche Erfolge sie trotzdem mit dem Implantat erzielen. Manche Patienten, für die Telefonieren unmöglich war, können mit der künstlichen Schnecke sogar wieder zum Hörer greifen. Ein großer Teil des Erfolgs hängt allerdings auch vom Willen der Betroffenen ab. Sie müssen nach dem Einbau des Cochlea-Implantats erst lernen, aus den Tönen, die für sie zunächst völlig ungewohnt klingen, etwas herauszuhören.

Künstliche Schnecken sind übrigens die ersten »neuronalen Prothesen«, die es heutzutage gibt. Darunter versteht man künstliche Glieder oder Sinnesorgane, die direkt an das Nervensystem angeschlossen werden. Manche Wissenschaftler glauben, daß man bald weitere neuronale Prothesen wird bauen können. So gibt es ein Projekt in Deutschland mit dem Ziel, eine künstliche Netzhaut zu entwickeln. Profitieren würden davon Menschen, die an der Krankheit »Retinitis Pigmentosa« leiden, einer langsamen Ablösung der Netzhaut, die schließlich zur Blindheit führt. Menschen dagegen, die von Geburt an blind sind, nützt eine künstliche Netzhaut nichts, weil sich in ihrem Gehirn nicht die entsprechenden Nervenzellen, die für das Sehen notwendig sind, entwickeln konnten. Bis es gelingen wird, eine solche Prothese ins Auge einzupflanzen, werden jedoch noch Jahre, wenn nicht Jahrzehnte vergehen.

Haben Frauen größere Ohren als Männer? Verschiedene Studien haben nämlich ergeben, daß Frauen besser hören. Genauer gesagt: Sie können leisere Töne vernehmen als Männer. Und für sie setzt der im Alter unvermeidliche Hörverlust erst später ein. Während Männer bereits ab etwa 32 Jahren Töne oberhalb von 2000 Hertz schlechter hören, trifft dies für Frauen erst Ende 30 zu.

Genau umgekehrt ist es beim Sehen. Männer sehen schärfer als Frauen. Letztere müssen bereits mit Mitte 30, spätestens mit 45 damit rechnen, daß ihre Sehkraft merklich nachläßt. Männer dagegen können sich eines besseren Augenlichts fast ein Jahrzehnt länger erfreuen.

Allerdings gibt es keine Hinweise darauf, daß Photorezeptoren oder andere Zellen in der Netzhaut von Frauen anders wären als die von Männern. Auch sind männliche und weibliche Ohren nicht unterschiedlich gebaut. Es scheint also, daß Geschlechtsunterschiede beim Wahrnehmen nicht auf die angeborenen Eigenschaften der Sinnesorgane zurückzuführen sind. Beim Hören könnte, zumindest mit zunehmendem Alter, die Umwelt eine Rolle spielen: Männer arbeiten sehr viel häufiger als Bauarbeiter, Mechaniker oder als Fabrikangestellte – alles Berufe mit einer hohen Lärmbelastung. Ihre Ohren können deshalb im Lauf der Jahre Schaden nehmen.

Größere Ohren haben Frauen also allenfalls im übertragenen Sinn. Aber es könnte noch eine Erklärung dafür geben, daß ihr Hörsinn empfindlicher ist. Frauen können mit Sprache besser umgehen, und Sprache – verbale Kommunikation im allgemeinen – erfordert auch gutes Hören. Mich jedenfalls hat es nicht überrascht herauszufinden, daß das »sprachliche« Geschlecht besser hört und das »räumliche« Geschlecht besser sieht. Ich vermute, daß das kein Zufall ist. Wer weiß, vielleicht gibt es eine Art positiver Rückkopplung: Je besser wir hören, umso eher nehmen wir Sprache auf. Um verbal zu kommunizieren, müssen wir uns wiederum anstrengen, gut zu hören. Das Sprachgefühl von Frauen könnte auch erklären, warum sie erotische Geschichten besonders reizvoll finden. Männer dagegen denken weniger sprachlich als räumlich-visuell, weshalb sie nackte Frauen lieber sehen als »hören« wollen.

»Nehmen Sie Milch, Mister Holmes?« fragte Tante Jane, als sie uns den Five O´Clock Tea in ihrem Garten in Saint Mary Mead servierte.

»Wenn ich bitten darf. Ihr Garten ist eine Augenweide. Nachdem ich Wochen im grauen London verbracht habe, ist der Blick auf Blumen und Bäume, Wiese und Wald Labsal für meine Seele. Ich könnte stundenlang einfach schauen.«

»Wenn ich hier sitze, mache ich oft die Augen zu. Ich lausche dem Vogelgezwitscher, den Bienen, dem Bach. Ich rieche die Blumen, die Blüten, das Gras und die feuchte Erde. Manchmal denke ich, daß ich den Ort erst erlebe, wenn ich mich auf meine Ohren und meine Nase verlasse. Die Stadt wirkt natürlich ganz anders, so viel Getümmel und Geschrei. Es ist alles sehr aufregend, aber wäre auf Dauer nichts für mich.«

»Bei mir ist es umgekehrt. So wie ich das Land schätze und genieße, nach drei Tagen sehne ich mich immer nach dem Londoner Straßenbild, nach dem Anblick seiner bunten Bürger, ja vielleicht sogar nach dem Dreck, der Sünde und vor allem nach dem Verbrechen.«

»Unterschätzen Sie nicht den Dorfbewohner, Mister Holmes. Seine Boshaftigkeit kommt bestimmt anders zum Ausdruck als die des Stadtmenschen, dennoch kann seine Seele ebenso schwarz sein wie die der schlimmsten Londoner Kriminellen.«

Diese Bemerkung schien Holmes seine gute Laune zu rauben. Er sagte nachdenklich: »Das würden Sie nicht sagen, würden Sie Professor Moriarty kennen.«

»Moriarty... Moriarty... Ich muß zugeben, der Name sagt mir gar nichts.«

»Das ist gerade das Geniale an ihm, ein reines Wunder. Der Mann macht London unsicher, und niemand hat von ihm gehört. Er hat einen Ehrenplatz in der Liste aller Verbrecher verdient.«

»Ist er denn einer von diesen Gangstern, die durch kaltblütige Gewalt die Konkurrenz und sogar die Polizei einschüchtern?« »An Kaltblütigkeit fehlt es ihm nicht, aber erst seine Intelligenz macht ihn wirklich gefährlich. Er ist ein Genie, ein Philosoph, der Napoleon des Verbrechens.«

»Nun, was ist es, Mister Holmes«, erwiderte meine Tante entsetzt, »reden Sie von einem Verbrecher oder von einem Genie? Wenn Ihr Professor wirklich so intelligent wäre, wie Sie das mit offener Bewunderung beschreiben, würde er nie den Weg des Verbrechens einschlagen.«

»Intelligenz ist eine Sache, Moral eine andere. Er ist von der Natur mit einer phänomenalen mathematischen Begabung beschenkt. Im Alter von 21 Jahren schrieb er eine Abhandlung über den binomialen Lehrsatz, die in ganz Europa Anerkennung gefunden hat.«

»Ich sehe das anders. Moriarty mag gewisse mathematische Fähigkeiten haben, aber es gibt auch so etwas wie eine moralische Intelligenz, die ihm anscheinend völlig abgeht. Ich finde, daß diese abstrakte Intelligenz heutzutage oft überbewertet wird. Da habe ich lieber ›horse sense‹, gesunden Menschenverstand!«

Es war mir immer peinlich, wenn sie so aufeinander losgingen. Ich versuchte das Thema zu wechseln. »Holmes, habe ich dir von der Imkerei auf der anderen Seite des Bachs erzählt? Wirklich ein erstklassiger Betrieb. Vielleicht schauen wir später mal vorbei.«

Beide lachten über meinen ungeschickten Beschwichtigungsversuch. Aber die Stimmung entspannte sich, wenn auch auf meine Kosten.

»Kannst du dir mich wirklich als Imker-Pensionär vorstellen, Watson?« spottete Holmes. »Aber wir werden vorbeischauen. Man weiß ja nie, was eine solche Imkerei alles bietet.

Was die Intelligenz betrifft, liebe Miss Marple, sind Ihre Einwände vielleicht doch berechtigt. Obwohl Moriarty auf Grund seines Verstandes durchaus als Chef des Geheimdienstes geeignet wäre, kann ich mir nichts Schrecklicheres vorstellen als den Professor an der Spitze von

Scotland Yard. Ich sehe, wir müssen uns ernsthaft der Frage stellen, was genau wir mit dem Begriff Intelligenz meinen.«

Kapitel 5

Macht der Hormone

Auf die Frage eines Reporters, ob sie glaube, daß Frauen intelligenter seien als Männer, soll die amerikanische Schauspielerin Bette Davis gesagt haben: »Natürlich glaube ich das. Haben Sie je eine Frau gesehen, die einem Mann wegen seiner schönen Beine hinterherläuft?«

Als ich diese Anekdote hörte, habe ich zunächst gelacht – wie man eben lacht, wenn man einen Witz erzählt bekommt. Ich fand sie witzig, doch nicht besonders tiefsinnig. Doch als ich später noch einmal darüber nachdachte, ging mir auf, daß Bette Davis' Spruch zur Intelligenz gar nicht so dumm ist. Er spiegelt nämlich eine Meinung wider, die viele Menschen teilen, ohne sich dessen direkt bewußt zu sein: daß Intelligenz etwas mit gesundem Menschenverstand zu tun hat. Nicht nur das – viele glauben auch, daß gute Eigenschaften, Humor oder Sensibilität mit überdurchschnittlicher Intelligenz zusammenhängen. Als intelligent gelten demnach nicht unbedingt diejenigen Kinder, die gute Noten in Mathematik haben, gleichzeitig jedoch ein mangelhaftes Sozialverhalten aufweisen.

Und was sagen die Experten, die »Intelligenzforscher« dazu? Ein Blick in die Fachliteratur zeigt, daß sie sich nicht einig sind. Für die einen ist Intelligenz eine meßbare Größe, eine Zahl – der Intelligenzquotient, kurz IQ –, für die anderen gibt es verschiedene Formen der Intelligenz, darunter auch die »intrapersonelle« (also die Person an sich und ihre Eigenschaften betreffend) und die »interpersonelle«, womit die sozialen Fähigkeiten gemeint sind. Vor allem in den USA, wo sowohl Kinder als auch Erwachsene sich immer wieder Intelligenztests unterziehen müssen, streiten Wissenschaftler heftig über Sinn und Unsinn der IQ-Werte.

Ein Blick zurück in die Geschichte der Intelligenzforschung kann teilweise erklären, wie es dazu kam, daß Forscher so unterschiedlicher Meinung sind. Einer der ersten, der sich Gedanken darüber machte, wie Intelligenz innerhalb einer Bevölkerungsgruppe variieren kann, war Francis Galton. Der junge Cousin des berühmten Evolutionsforschers Charles Darwin veröffentlichte 1869 eine Arbeit, mit der er zeigte, daß bestimmte intellektuelle Fähigkeiten immer wieder innerhalb von Familien auftreten. Galton versuchte auch, Intelligenz zu messen, indem er Tests entwarf. Allerdings ging er von der, wie sich später herausstellte, falschen Annahme aus, daß Intelligenz mit der Genauigkeit der Sinne – wie gut jemand hört oder sieht – einhergeht. Erfolgreicher war der französische Psychologe Alfred Binet. Er entwickelte Fragen, um bestimmte Fähigkeiten zu messen, etwa die, Analogieschlüsse zu ziehen oder Formen zu erkennen. Damit kam er den heutigen Intelligenztests ein weites Stück näher.

Bereits Ende des 19. Jahrhunderts waren Intelligenztests vor allem in den USA und den angelsächsischen Ländern verbreitet. Der wahre Durchbruch kam jedoch erst nach der Jahrhundertwende, als der ehemalige Offizier der britischen Armee, Charles Spearman, 1904 statistische Untersuchungen anstellte. Er fand heraus, daß Menschen, die bei einer Denkaufgabe – zum Beispiel eine geometrische Figur im Kopf drehen, eine Telefonnummer rückwärts aufsagen oder fünf Wörter finden, die alle mit Q anfangen – gut abschneiden, in der Regel auch gute Ergebnisse bei anderen Aufgaben erzielen. Nicht nur das: Egal, welche geistigen Fähigkeiten gemessen werden, die Ergebnisse für eine Person sind meistens ähnlich gut oder ähnlich schlecht. In der Fachsprache würde man sagen: sie sind positiv korreliert.

Wenn es diese positive Korrelation gibt, so argumentierte Spearman, dann muß es auch eine gemeinsame Ursache geben, so etwas wie eine »allgemeine« Intelligenz – die Fähigkeit zu denken. Spearman nannte diese allgemeine Intelligenz »g« (für general intelligence). Aus g wurde später der IQ, eine Art Mittelwert aus den Ergebnissen der verschiedenen Aufgaben eines Intelligenztests.

So weit so gut – doch es dauerte nicht lange, bis Intelligenztests für politische Zwecke mißbraucht wurden. Begeistert von der Idee, Menschen durch ihren IQ zu klassifizieren, erließen Politiker einiger US-Bundesstaaten Gesetze, nach denen geistig Zurückgebliebene sterilisiert werden sollten. Unter anderem angeregt durch die Vorschläge eines Professors für Psychologie, daß Immigranten aus Süd- und Osteuropa die mittlere amerikanische Intelligenz nach unten drücken würden, beschloß der Kongreß 1924 den »Immigration Restriction Act« – ein Gesetz, das Einwanderer aus Nord- und Mitteleuropa bevorzugte.

Auch heute streiten Wissenschaftler noch über die wahre Natur der Intelligenz, die Bedeutung der Tests und natürlich die gesellschaftlichen Folgen. Innerhalb der Forschergemeinde gibt es zwei Extreme: die Traditionalisten und die Radikalen. Die Traditionalisten sind jene, welche die Tradition Spearmans hochhalten. Sie sind im wesentlichen davon überzeugt, daß Intelligenz eine meßbare Größe ist. Viele unter ihnen glauben allerdings, daß Spearmans g sich aus mehreren Faktoren zusammensetzt: Nach den Studien des amerikanischen Psychologen Thurstone zum Beispiel lassen sich vor allem drei Komponenten ausmachen: eine sprachliche, eine quantitative (die Fähigkeit zu rechnen) sowie eine perzeptuelle (die Fähigkeit, räumliche Muster wahrzunehmen). Andere wiederum beschreiben Intelligenz als Produkt aus über 100 Faktoren.

Die Radikalen dagegen halten Intelligenz als zu komplex und abhängig von der Kultur, als daß man sie messen könnte. Sie lehnen die Existenz eines g-Faktors ab.

Der prominenteste Vertreter der Radikalen, der amerikanische Psychologe Howard Gardner, hat die Theorie der vielfältigen Intelligenzen entworfen. Er glaubt, daß es sieben an der Zahl gibt, die jeweils voneinander unabhängig sind: die linguistische, die musische, die logisch-mathematische, die räumliche, die körperliche sowie die bereits erwähnten inter- und intrapersonellen Intelligenzen. Im Grunde genommen kommen die Radikalen mit ihren Ideen dem nahe, was viele Menschen für Intelligenz halten: eben nicht nur geistige Fähigkeiten, sondern auch gesunder Menschenverstand, eine ausgeglichene Persönlichkeit und soziale Fähigkeiten.

Bei der Diskussion um Intelligenz geht es, neben der Bedeutung von Spearmans g, vor allem darum, ob das, was wir im Kopf haben, erblich ist oder nicht. Während in den 30er Jahren die meisten Wissenschaftler davon ausgingen, daß Intelligenz größtenteils in den Genen verankert ist, und sie debattierten, ob und welche (beschränkte) Rolle die Umgebung spielt, schlug in den 60er und 70er Jahren das Pendel in die andere Richtung aus. Man schrieb die Intelligenz eines Menschen ausschließlich der Umwelt – Familie oder Schule etwa – zu. Das vergangene Jahrzehnt dagegen brachte eine Wiedergeburt genetischer Theorien: Viele Wissenschaftler vermuten heute, daß Intelligenz etwa zur Hälfte erblich und zur Hälfte auf die Umwelt zurückzuführen ist. Wenn es auch sehr unterschiedliche Meinungen gibt – die Mehrheit der Forscher heutzutage zählt sich eher zu den Traditionalisten. Unter Intelligenz verstehen sie die rationale Intelligenz – im Gegensatz zu der emotionalen oder sozialen Intelligenz, der Fähigkeit etwa, die eigenen Gefühle sowie die anderer Menschen zu erfassen oder komplexe soziale Situationen zu bewerten. Die Wissenschaftler betonen, daß rationale Intelligenz eine komplexe geistige Fähigkeit ist. Demnach ist jemand intelligent, wenn sie oder er unter anderem Schlüsse ziehen, Probleme lösen, abstrakt denken und planen kann. Übrigens sprechen viele von ihnen lieber von »kognitiven Fähigkeiten«, weil dieser Begriff nicht mit Ideologie und Erwartungen befrachtet ist. Diese Wissenschaftler sind davon überzeugt, daß IQ-Tests kognitive Fähigkeiten zuverlässig messen. In den USA, wo die meisten Menschen mindestens einmal in ihrem Leben einen Intelligenz-Test machen müssen, gilt ein IQ von 100 Punkten als durchschnittlich. Drei Prozent der US-Bürger erzielen einen IQ von über 130, was als Marke für Hochbegabung gilt, weitere drei Prozent liegen mit einem IQ von unter 70 am unteren Ende der Skala.

Was aber ist mit Männern und Frauen? Welches der beiden Geschlechter schneidet beim Intelligenztest besser ab? Die Antwort klingt zunächst überraschend, wenn wir uns daran erinnern, daß es gewisse Geschlechtsunterschiede bei sprachlichen und räumlichen Fähigkeiten gibt: Frauen und Männer erzielen nämlich im Durchschnitt dieselbe Punktzahl. Der Grund dafür ist folgender: Die Tests sind so angelegt, daß beide Geschlechter insgesamt gesehen gleich gut abschneiden. Das heißt: Fragen, bei denen zum Beispiel Frauen eindeutig im Vorteil sind, werden erst gar nicht gestellt, oder aber es werden zum Ausgleich Aufgaben eingefügt, bei denen Männer wiederum besser sind.

Bei den meisten Fragen, die das Kombinationsvermögen oder die Fähigkeit testen, Schlußfolgerungen zu ziehen, erzielen beide Geschlechter im Durchschnitt dieselbe Punktezahl. Zum Beispiel:

Schreiben Sie die nächste Zahl hin: 10–21–43–87 – . . . (Antwort: 175)

Unterstreichen Sie das Wort, das nicht zu den anderen paßt: Schaf – Trompete – Kuh – Löwe – Tiger (Antwort: Trompete)

Vervollständigen Sie das Wort in der Klammer, entsprechend der Beziehung zwischen den Buchstaben in der ersten Zeile:

NA (VORHANG) RO
NU (H . . . . Z . . . . . G) IE   (Antwort: Heizung)

Wenn Männer und Frauen bei einem Intelligenztest insgesamt gleich gut abschneiden, wie soll man dann überhaupt Geschlechtsunterschiede studieren? Der beste Weg
besteht darin, bestimmte kognitive Fähigkeiten zu untersuchen, zumal Intelligenz kein einheitliches Konzept ist,
sondern sich, wie wir gesehen haben, aus mehreren Faktoren zusammensetzt. Einige wichtige Faktoren haben
wir bereits kennengelernt: Sprache, die Fähigkeit zu
rechnen und räumlich-visuelle Wahrnehmung. Diese drei
sind nicht nur wichtige »Bausteine« der Intelligenz, sondern gelten auch als jene kognitiven Fähigkeiten, bei
denen die größten Unterschiede zwischen den Geschlechtern auftreten.

Die Sprache: Frauen gelten gemeinhin als das
»schwatzhafte« Geschlecht. Ob das tatsächlich stimmt,
bezweifeln etliche Forscher, die sich mit Kommunikation
beschäftigen, wie wir später sehen werden. Fest steht
jedoch, daß Frauen Sprache als solche besser beherrschen. Sie erzielen bei sprachlichen Tests im Durchschnitt höhere Punktzahlen als Männer. Das heißt, sie
sind besser in Grammatik, ihr Wortschatz ist größer – sie
finden schneller Synonyme und tun sich leichter, zum
Beispiel fünf Substantive zu nennen, die alle mit L beginnen –, in Lesen, Rechtschreibung und Verständnis übertreffen sie ebenfalls die Männer. Das macht sich übrigens
bereits im zarten Kindesalter bemerkbar. Zwar ist nicht
erwiesen, daß Mädchen früher sprechen lernen. Im Alter
zwischen einem und fünf Jahren aber sind sie in der Regel sprachlich weiter fortgeschritten als Jungen. Die Pubertät verstärkt noch einmal den Geschlechtsunterschied
in sprachlichen Fähigkeiten.

Daß Jungen und später Männer sprachlich gesehen das
schwächere Geschlecht sind, wird auch durch andere
Beobachtungen deutlich: Jungen stottern häufiger und

haben mehr Schwierigkeiten beim Lesenlernen. Nach einem Schlaganfall, der die sprachlichen Zentren im Gehirn verletzt hat, erholen Männer sich langsamer als Frauen.

Wenn Frauen so gut mit Sprache umgehen können, so werden Sie jetzt vielleicht fragen, warum gibt es dann nicht mehr weibliche Dichter? Dafür ließen sich viele Gründe nennen, und wir werden später noch auf psychosoziale Ursachen für Geschlechtsunterschiede zurückkommen. Vielleicht sind Frauen sprachlich weniger kreativ, was in den Tests möglicherweise nicht zum Ausdruck kommt. Oder sie fühlen sich gefangen in ihrer Geschlechterrolle und nutzen deshalb ihre Talente weniger als Männer. Immerhin galt das Schriftstellertum, von einigen Ausnahmen abgesehen, jahrhundertelang als Domäne der Männer, und es ist erst 150 Jahre her, daß die Französin Aurore Duphin unter dem Namen George Sand ihre Bücher publizierte.

Als ich studierte, spielten viele meiner Kommilitonen (alles Physiker und Mathematiker) zwischen den Vorlesungen eine Runde Schach. Blitzschach, bei dem zwischen den Zügen immer eine Uhr läuft, war besonders beliebt, und ich war voller Bewunderung für die Spieler, die innerhalb von Sekunden über ihren Zug entschieden. Noch eindrucksvoller fand ich »Blindschach« – eine Variante, die gespielt wurde, wenn kein Brett vorhanden war. Die Beteiligten hatten das Brett und die Figuren im Kopf und sagten einfach »Rössl von e8 auf d6«.

Seitdem ist Blindschach für mich der Inbegriff »räumlich-visueller Fähigkeiten«: Dieser Begriff klingt für Laien ziemlich abstrakt und ist in der Tat etwas schwammig. Er umfaßt die Fähigkeiten, sich Gegenstände im Kopf vorzustellen und Bilder sowohl in ihrem Zusammenhang zu erkennen als auch bestimmte Details herauszusuchen.

Ein paar Beispiele für räumlich-visuelle Tests: Auf einem Blatt Papier sind drei Würfelpaare gezeichnet. Sie

Welche der drei Figuren ist mit der linken identisch?

Links ist ein gefaltetes Stück Papier das gelocht wurde.
Wo befinden sich nach dem Entfalten die Löcher?

Finden Sie die Figur links in einem der Muster wieder.

Abbildung 6: Aufgaben, die räumliches Vorstellungsvermögen erfordern

haben jeweils Buchstaben auf den Seiten. Sie müssen nun entscheiden, ob die Paare aus den gleichen Würfeln bestehen. Dazu müssen Sie im Kopf einen der beiden Würfel drehen. Eine andere Aufgabe (Abbildung 6): Ein quadratisches Stück Papier wird zu einem Rechteck gefaltet. Anschließend wird an einer Stelle ein Loch durch beide Papierlagen hindurch gedrückt und das Papier entfaltet. Sie bekommen eine Zeichnung des gefalteten Papiers mit einem Loch gezeigt sowie mehrere Skizzen eines Quadrats mit zwei Löchern und müssen herausfinden, welches davon die Löcher an der richtigen Stelle hat. Dazu müssen Sie wiederum im Geiste das Papier auseinanderklappen und sich vorstellen, wo sich dann die zwei Löcher befinden.

Viele Kinder kennen eine andere Variante eines räumlich-visuellen Tests: In einem ziemlich komplizierten Bild mit vielen Details sollen sie zum Beispiel eine darin versteckte Katze finden. Oder aus den Bruchstücken des Umrisses eines Gegenstands müssen sie herausfinden, daß es sich dabei um eine Zahnbürste handelt.

Wenn auch nicht alle Studien über räumlich-visuelle Fähigkeiten zu den gleichen Ergebnissen kommen – zusammenfassend kann man sagen, daß Frauen im Durchschnitt schlechter abschneiden als Männer. Das gilt sowohl für das räumliche Vorstellungsvermögen als auch für die Fähigkeit, die Zusammenhänge zwischen Objekten wahrzunehmen. Im Durchschnitt wohlgemerkt, denn über eine einzelne Person sagen diese Ergebnisse schlichtweg gar nichts aus. Ihre Freundin oder Tochter kann deshalb trotzdem ein gutes räumliches Vorstellungsvermögen haben und sich ohne Probleme in einer fremden Stadt zurechtfinden oder in Sekundenschnelle ein schwieriges Puzzle legen, während Ihr Sohn bereits mit zwei Jahren komplizierte Sätze baut und Ihr Freund ein Fremdsprachengenie ist. Alle Ergebnisse, von denen hier die Rede ist, sind keine Beobachtungen, die man an einer kleinen Gruppe macht, sondern sie gelten nur, wenn man eine ausreichend große Anzahl von Menschen testet.

Männer sind also besser als Frauen bei den geschilderten Aufgaben. Aber um wieviel übertreffen sie das andere Geschlecht? Das läßt sich mit einer Zahl ausdrücken, d genannt, welche die Größe von Geschlechtsunterschieden in kognitiven Fähigkeiten mißt. Für jene, die sich in Statistik auskennen: d ist die Zahl der Standardabweichungen, die zwischen den mittleren Punktzahlen liegt, die Männer und Frauen bei einer bestimmten Aufgabe erzielen. Für jene, die lieber nichts mit Statistik zu tun haben wollen, reicht es aus zu wissen, daß der Wert von d mit der Größe der Unterschiede zusammenhängt. Wenn d gleich null ist, dann heißt das: Es gibt keine Geschlechtsunterschiede. Unterschiede zwischen Männern und Frauen gelten als gering, wenn d kleiner ist als 0,25. Diese Zahl folgt übrigens nicht aus irgendeiner Formel, sondern ist eher eine allgemein akzeptierte Daumenregel. Ist d größer als 0,8, dann sprechen Experten von einem großen Unterschied.

Nehmen wir zum Beispiel die Körpergröße. Männer sind bekanntermaßen größer als Frauen, und in diesem Fall ist d gleich zwei. Das heißt, etwa jeder zwanzigste Mann ist kleiner als die durchschnittliche Frau. Anders ausgedrückt: Wenn 50 Frauen und 50 Männer ihrer Größe nach in zwei Gruppen aufgeteilt werden, dann besteht die Gruppe der 50 größten Personen aus 45 Männern und nur fünf Frauen.

Die Unterschiede bei kognitiven Fähigkeiten sind natürlich sehr viel geringer als die bei Körpermerkmalen. Bei sprachlichen Tests liegt d, je nach der Aufgabe, zwischen 0,1 und 0,5. Im Mittel gesehen sind die Geschlechtsunterschiede mit d gleich 0,25 also eher gering. Erheblich größer sind sie bei den räumlich-visuellen Fähigkeiten. Dabei ist d typischerweise gleich 0,8. Das heißt, in der Gruppe von 100 Männern und Frauen wären unter den 50 besten 33 Männer und 17 Frauen.

Unter den zehn besten wären acht Männer und zwei Frauen.

Und was ist mit der dritten Kategorie kognitiver Fähigkeiten, in der Geschlechtsunterschiede auftreten? Die Experten bezeichnen sie mit dem Adjektiv »quantitativ«, und gemeint ist im Grunde genommen nichts anderes als Mathematik. Zwar schneiden Mädchen bei Rechenaufgaben – zum Beispiel: Was ist 13 mal 14 dividiert durch 7 minus 17? – besser als Jungen ab. Umgekehrt ist es jedoch bei allen anderen mathematischen Problemen, wie Geometrie oder Textaufgaben der Art: »Vorausgesetzt, daß nur 60 Prozent aller Schößlinge überleben, wieviele müssen gepflanzt werden, damit 660 Bäume wachsen?«

Unter Jungen ist das Leistungsspektrum größer, schreiben Larry Hedges und Amy Novell von der Universität von Chicago in einer Auswertung von sechs großen Untersuchungen, die vor kurzem in der Fachzeitschrift ›Science‹ erschienen ist. Anders ausgedrückt: Die Jungen stellen viele der besten und der schlechtesten Schüler, während Mädchen eher im Mittelfeld liegen. Wirklich ausgeprägt sind den zwei Forschern zufolge nur die Leistungsunterschiede in Mathematik und in handwerklichen Aufgaben, bei denen Jungen besser sind, sowie im Schreiben, wo Mädchen besser abschneiden. Eine Abnahme der Geschlechtsunterschiede während der letzten Jahrzehnte konnten Hedges und Novell nicht beobachten.

Die Studie, die Geschlechtsunterschiede in Mathematik am eindrucksvollsten belegt, ist jene der amerikanischen Psychologin Camilla Benbow. Acht Jahre lang hatte ihr Doktorvater Julian Stanley von der renommierten Johns Hopkins Universität in Baltimore Informationen über besonders begabte Sieben- und Achtklässler gesammelt – Jungen und Mädchen, die zu den besten fünf Prozent bei einem standardisierten Mathematik-Test gehören, dem sich alle amerikanischen Schüler unterziehen müssen. Diese rund 10 000 Kinder (etwa 5700 Jungen und 4300 Mädchen) wurden dann nochmals in Mathematik getestet: Sie bekamen die Aufgaben des sogenannten Scholastic Aptitude Test, kurz SAT, vorgelegt, ein Test, der meistens Voraussetzung für den Eintritt in eine amerikanische Universität ist. Obwohl sie nie die entsprechenden Kurse in Mathematik belegt hatten, erzielten die Jungen und Mädchen in diesem Fach ähnliche Ergebnisse wie vier bis fünf Jahre ältere Schulabgänger.

Als Camilla Benbow die Testnoten im Hinblick auf Geschlechtsunterschiede untersuchte, fand sie etwas sehr Interessantes. Die Jungen erzielten im Durchschnitt auf einer Skala von 800 Punkten 30 bis 35 Punkte mehr als die Mädchen. Das allein überraschte sie nicht so sehr, denn es war von anderen Untersuchungen mit älteren Schülern bekannt, daß es einen solchen Geschlechtsunterschied gibt. Bislang hatte man diesen dadurch erklärt, daß Jungen mehr Mathematik-Kurse belegen als Mädchen (in den USA können die Schüler ab der 7. Klasse ihren Stundenplan teilweise selbst zusammenstellen). Das Spektakuläre von Benbows Untersuchung ist jedoch, daß, je besser die Schüler abschneiden, umso größer der Anteil an Jungen wird. 500 Punkte beim SAT sind für Schulabgänger nur ein Durchschnittswert, für 13- bis 14jährige allerdings ein Top-Ergebnis. Unter den getesteten Kindern, die über 500 Punkte erzielten, waren zweimal so viele Jungen wie Mädchen. Bei über 600 Punkten fand Benbow die vierfache Zahl an Jungen. Und unter jenen, die auf über 700 Punkte kamen, war das Verhältnis 13 zu 1.

Insgesamt ist d im Fall der mathematischen Leistungen von Hochbegabten gleich 0,5. Für jene, die sich wundern, daß ein mittelgroßer Effekt so extreme Unterschiede hervorbringen kann: Die Verteilung der Punkte für Mädchen und Jungen folgt einer glockenförmigen Kurve, die an den Enden, also bei den sehr schlechten oder sehr guten Noten, abflacht. Es ist normal, daß die Geschlechtsunterschiede sich dort am stärksten bemerkbar machen.

Die Ergebnisse von Camilla Benbow lassen sich schwerlich durch Umwelteinflüsse erklären. Die Jugendlichen mußten nämlich Aufgaben lösen, die sie noch nie in der Schule durchgenommen hatten. Die Testergebnisse hingen also weniger davon ab, was sie gelernt hatten, als von ihrer Fähigkeit, ein neues Problem zu lösen. Aber, so könnte man argumentieren, vielleicht waren die Mädchen weniger motiviert, gute Ergebnisse zu erzielen. Immerhin gilt Mathematik als Jungen-Fach, und die Mädchen waren aufgewachsen, ohne daran zu denken, daß sie später Ingenieurin oder Naturwissenschaftlerin werden wollten. Gegen diesen Erklärungsversuch spricht, daß Camilla Benbow parallel zu den Tests die Schüler und deren Eltern befragte. Die Eltern gaben an, daß sie die Vorliebe ihrer Töchter für Mathematik förderten, und die Mädchen bestätigten, Mathematik zu mögen und auch, daß sie bei ihrer Neigung von ihren Eltern unterstützt wurden.

Manche Forscher haben vorgeschlagen, daß die Geschlechtsunterschiede in Mathematik nur eine Folge der unterschiedlichen räumlich-visuellen Fähigkeiten sind. Einiges spricht für diese Hypothese. Höhere Mathematik umfaßt Geometrie, Topologie sowie Differential- und Integralrechnung – alles Gebiete, die räumliches Vorstellungsvermögen erfordern. Mädchen sind, wie bereits erwähnt, zwar überdurchschnittlich gut im Rechnen, aber schlechter als Jungen in anderen Bereichen der Mathematik. Mathematikerinnen wählen einer Studie der National Science Foundation zufolge (dem amerikanischen Pendant der Deutschen Forschungsgemeinschaft) ihre Spezialgebiete vor allem in Algebra und Statistik – in Fächern also, die weniger mit räumlichen Gebilden als mit Zahlen zu tun haben. Schließlich finden mehrere Untersuchungen einen Zusammenhang zwischen den Ergebnissen bei mathematischen und räumlich-visuellen

Tests. Diejenigen Studenten, die gute Noten bei ersteren erzielen, schneiden in der Regel auch bei letzteren gut ab, während schlechte Noten ebenfalls meist gekoppelt auftreten.

Obwohl die Wissenschaftler in vielen Details noch nicht übereinstimmen, so sind sie sich doch in zwei Punkten einig, die man auf den vereinfachten Nenner bringen kann: Männer haben ein besseres räumliches Vorstellungsvermögen und Frauen bessere sprachliche Fähigkeiten. Hiermit hört aber die Einstimmigkeit bereits auf. Warum gibt es Geschlechtsunterschiede bei kognitiven Fähigkeiten? Sind sie groß genug, um zum Beispiel zu erklären, warum es so wenige Mathematikerinnen und weibliche Ingenieure gibt? Stellen Sie diese Fragen zwei Forschern, die sich darüber Gedanken gemacht haben, dann ist die Wahrscheinlichkeit, daß Sie sehr unterschiedliche Antworten erhalten, ziemlich groß.

Das ist alles biologisch bedingt, würde der eine Experte, nennen wir ihn Weiß, sagen. Intelligenz ist größtenteils in den Genen verankert. Außerdem gibt es die Geschlechtshormone, die bestimmen, wie sich das Gehirn organisiert. Bei der Geburt eines Menschen ist im wesentlichen festgelegt, ob *sie* ein ausgeprägtes Sprachzentrum hat oder ob sich *seine* rechte Gehirnhälfte besonders gut entwickelt hat und er daher mathematisch begabt ist.

Falsch, würde Experte Schwarz dagegen sagen. Schon als Babys werden Mädchen und Jungen unterschiedlich behandelt. Die Mütter reden viel mit den Mädchen, während sie die Jungen durch Bewegungen und Spielzeug stimulieren. Später bekommen die Mädchen Puppen in die Hand gedrückt, die Jungen dagegen dürfen mit Bauklötzen spielen. Ist es da verwunderlich, daß sie bessere räumliche Fähigkeiten entwickeln? Ein Mädchen soll angepaßt sein, und es ist gar nicht schlimm, wenn sie schlechte Noten in Mathematik hat, weil auch ihre Mutter dieses Fach immer schrecklich fand. Eltern, Schule und Gesellschaft – sie zwingen Kinder in Geschlechter-rollen, und was wir als Erwachsene werden, ist nur die Folge davon.

Das sind die extremen Standpunkte. Ich gebe zu, daß Sie sich heutzutage wahrscheinlich schwer tun würden, radikale Experten vom Schlag Weiß und Schwarz zu finden. Die meisten Forscher, selbst wenn sie dazu nei-gen, entweder Biologie oder Umwelt als Hauptursache für Geschlechtsunterschiede zu sehen, wissen, daß die Wirklichkeit nicht schwarzweiß ist. Sie wissen, daß Bio-logie und Umwelt (was im Englischen so treffend mit »Nature and Nurture«, wörtlich: Pflege, umschrieben wird) nicht mit Töpfen mit weißer und schwarzer Farbe zu vergleichen sind, die sich nicht mischen lassen. Viel-mehr werfen sie eine reiche Palette an Grautönen ab.

Bevor wir näher darauf eingehen, wollen wir etwas ge-nauer Ursachenforschung betreiben. Welche Aspekte der Geschlechtsunterschiede lassen sich auf das Konto der Biologie verbuchen, welche auf das Konto der Umwelt?

Zunächst die biologischen Hypothesen. Manche For-scher haben lange danach gesucht, sie aber nicht gefun-den: ein Gen für räumlich-visuelle Fähigkeiten und eines für sprachliche Fähigkeiten. Nach etwa zwei Jahrzehnten haben die meisten Wissenschaftler es aufgegeben, weiter nach genetischen Ursachen zu suchen – wenn es sie gibt, dann müssen sie viel komplizierter sein als die Existenz eines einzelnen Gens, das von Generation zu Generation weitergegeben wird. Die Hinweise darauf sind schlicht-weg nicht überzeugend.

Mittlerweile konzentriert sich die Ursachenforschung auf Unterschiede im Gehirn, bedingt durch Geschlechts-hormone. Erinnern Sie sich noch daran, wie der zunächst geschlechtslose (einmal abgesehen von den unterschiedli-chen X- und Y-Chromosomen in den Zellen) Embryo zu einem männlichen oder weiblichen Fötus wird? Eingelei-tet wird diese Entwicklung durch die männlichen Ge-schlechtshormone. Aber nicht immer bekommen die

Föten die von der Natur vorgesehene »richtige« Menge an Hormonen mit. In seltenen Fällen produziert eine ihrer Hormondrüsen, die sogenannte Nebenniere, zu viele Androgene, also männliche Geschlechtshormone – ein genetischer Defekt, der in der Fachliteratur als Nebennierenrinden-Hyperplasie bekannt ist. Wie wir im Kapitel über die Geschlechtsentwicklung gesehen haben, schadet den männlichen Föten die Überdosis an Androgenen nicht, während Mädchen teilweise mit männlichen Geschlechtsorganen auf die Welt kommen. Mit einer Operation und (in weniger schweren Fällen) einer Hormonbehandlung kann man die weiblichen Geschlechtsorgane der Säuglinge wieder herstellen.

Ganz läßt sich die Entwicklung im Mutterleib jedoch nicht rückgängig machen. Denn, wie man heute vermutet, beeinflussen die Geschlechtshormone nicht nur das Geschlecht an sich, sondern sie prägen auch das Gehirn, und, so die Hypothese, die kognitiven Fähigkeiten.

Mädchen mit dem Hormondefekt sind wunderbare Testfälle, um Ursachenforschung zu betreiben. Weil sie bald nach der Geburt äußerlich wieder Mädchen sind, kann man schwerlich behaupten, sie würden von ihren Eltern, Geschwistern oder Lehrern nicht als solche behandelt. Sie ermöglichen es also, den Einfluß der Geschlechtshormone – der Biologie – zu studieren, ohne daß es die lästige Vermischung mit der Umwelt gibt.

Bereits in den siebziger Jahren hatten Wissenschaftler beobachtet, daß Mädchen mit dem angeborenen Hormondefekt viel körperliche Energie hatten, gerne draußen spielten und typisches Jungen-Spielzeug bevorzugten, kurzum, daß sie eher jungenhaft waren. Diese Studien wurden allerdings lange Zeit kritisiert, weil sie nicht »blind« gemacht wurden. Das heißt, die Experimentatoren, welche die Mädchen beobachteten, wußten, daß sie an dem Hormondefekt litten. Daher ist es möglich, daß die Erwartungen der Studienleiter die Ergebnisse verfälschten.

Die amerikanischen Wissenschaftlerinnen Sheri Berenbaum und Melissa Hines haben deshalb vor einigen Jahren die Experimente wiederholt. 26 Mädchen und 11 Jungen zwischen drei und acht Jahren, alle mit Nebennierenrinden-Hyperplasie, sowie 30 nicht betroffene Jungen und Mädchen nahmen an der Studie teil. Die Forscherinnen ließen die Kinder in einem Zimmer spielen, in dem verschiedenes Spielzeug lag: »Typische« Mädchensachen wie Puppen, eine Puppenküche und ein Telefon; Bauklötze, Autos und ein Helikopter als »Jungenspielzeug« sowie neutrale Spielsachen wie Bücher und ein Puzzle. Die Kinder wurden gefilmt, und Beobachter, die nichts über sie wußten, mußten an Hand der Aufnahmen bestimmen, wie lange die Jungen und Mädchen mit welchen Sachen spielten. Das Ergebnis bestätigte die früheren Studien: Die Mädchen mit dem Hormondefekt verbrachten wesentlich mehr Zeit mit Bauklötzen und Autos und interessierten sich weitaus weniger für Puppen als ihre Altersgenossinnen ohne Hormonprobleme. Die Jungen, deren Androgenspiegel vor der Geburt außergewöhnlich hoch war, verhielten sich dagegen wie erwartet, das heißt, sie bevorzugten das gleiche Spielzeug wie ihre »normalen« Geschlechtsgenossen.

Um sicherzugehen, daß sich in ihr Experiment nicht doch ein Umwelteffekt eingeschlichen hatte, versuchten Berenbaum und Hines herauszubekommen, ob die Eltern der betroffenen Mädchen diese eher zu jungenhaftem Verhalten ermutigten. Die Frage »Ermutigen Sie Ihre Tochter, sich wie ein Mädchen zu verhalten?« beantworteten ebenso viele Eltern der Mädchen mit Hormon-Anomalie sie Eltern der Kontrollgruppe mit ja.

Andere Studien mit Kindern, die in der Gebärmutter abnormalen Hormonkonzentrationen ausgesetzt waren, deuten ebenfalls darauf hin, daß Testosteron die Entwicklung räumlich-visueller Fähigkeiten begünstigt. XY-Frauen, Frauen also, die ihren Chromosomen nach männlich sind, jedoch weibliche Geschlechtsorgane haben, weil ihr Körper nicht auf Androgene anspricht, schneiden bei räumlich-visuellen Tests überdurchschnittlich schlecht ab. Gleiches gilt für Frauen mit dem Turner-Syndrom, die nur ein X-Chromosom haben. Sie kommen ohne Keimdrüsen auf die Welt, haben also weder Hoden noch Eierstöcke, was bedeutet, daß sie sehr geringe Mengen an Geschlechtshormonen, seien sie männlich oder weiblich, abbekommen. Turner-Frauen tun sich extrem schwer, zum Beispiel Landkarten zu lesen, und erzielen bei vielen Tests, bei denen es um räumliches Vorstellungsvermögen geht, schlechte Ergebnisse. Übrigens sind manche ihrer Sprachfähigkeiten unterentwickelt, und sie haben Probleme, Gefühle in den Gesichtern anderer zu erkennen – Dinge, die Frauen normalerweise leicht fallen. Deshalb spekulieren manche Forscher, ob Östrogene, die weiblichen Geschlechtshormone also, ebenso wie Androgene wichtig für die Entwicklung bestimmter kognitiver Fähigkeiten sind.

Männliche Geschlechtshormone, vor allem Testosteron, verhelfen also Männern dazu, daß sie gut Karten lesen oder geometrische Figuren im Kopf drehen können und daß sie besser in Mathematik sind als Frauen. Aber wann und wie wirkt Testosteron auf das Gehirn? Erinnern wir uns doch einmal an das Kapitel über die beiden Gehirnhälften. Sprache spielt sich bei den meisten Menschen vor allem links ab, während räumlich-visuelle Fähigkeiten in der rechten Hemisphäre angesiedelt sind. Männer benutzen bei kognitiven Aufgaben eine Gehirnhälfte stärker als die andere, während bei Frauen beide Hemisphären gleichzeitig aktiv sind. Und: Testosteron bremst möglicherweise das Wachstum der linken Hemisphäre.

Wenn wir nun die Puzzlestückchen »Testosteron«, »Gehirnhälften« und »gute räumlich-visuelle Fähigkeiten« zusammenfügen, dann ergibt sich folgendes Bild: Der Grundstein für Geschlechtsunterschiede wird in der Gebärmutter gelegt. Männliche Föten haben mehr Testosteron als weibliche Föten. Das Geschlechtshormon bewirkt, daß die linke Gehirnhälfte langsamer heranreift als die rechte. Letztere wird vergleichsweise stärker, weshalb sich die Gehirnregionen für räumlich-visuelle Aufgaben besser entwickeln können. Möglicherweise kommt es auch zu einem Wettbewerb zwischen den Gehirnhälften: Wenn weibliche Babys beim Sprechenlernen beide Hemisphären benutzen, dann machen sich die Sprachzentren sozusagen auf beiden Seiten des Gehirns breit. Es gibt also weniger Platz, damit sich räumliche Fähigkeiten entwickeln können.

So sieht, grob gezeichnet, das Bild aus, das Wissenschaftler, die nach biologischen Ursachen für Geschlechtsunterschiede suchen, heute von der Entwicklung des Gehirns und der kognitiven Fähigkeiten zeichnen. Man kann sich denken, daß es keineswegs fertig gemalt ist und noch viele weiße Flecken aufweist. Aber soviel scheint sicher zu sein: Das Bild stellt einen Fötus im Mutterleib dar.

In den letzten Jahren allerdings hat dieses Bild eine neue Dimension erhalten. Geschlechtshormone, so glauben die renommierte Expertin für Geschlechtsunterschiede Doreen Kimura und ihre Kollegin Elizabeth Hampson, beeinflussen kognitive Fähigkeiten nicht nur, indem sie das Gehirn im Mutterleib prägen, sondern sie wirken auch nach der Geburt. Wie gut wir bei bestimmten Aufgaben eines Intelligenztests abschneiden, hängt demzufolge auch davon ab, welche Hormone gerade im Körper sind. Kimura und Hampson haben diese Hypothese getestet, indem sie Frauen zu verschiedenen Zeitpunkten ihres Zyklus sprachliche und räumliche Aufgaben gestellt haben. Sie fanden heraus, daß Frauen besser bei »frauenspezifischen« und schlechter bei »männerspezifischen« Aufgaben abschneiden, wenn ihr Östrogenspiegel hoch ist. Anderseits ist ihr räumliches Vorstellungsvermögen am besten während der Periode, wenn die weiblichen Geschlechtshormone einen Tiefstand erreicht haben.

Aber auch Männer unterliegen den kanadischen Psychologinnen zufolge solchen Schwankungen in ihren kognitiven Fähigkeiten. Sie erstrecken sich allerdings nicht über einen Monat, sondern über die Jahreszeiten. Es ist seit längerem bekannt, daß Männer (zumindest jene, die in der nördlichen Hemisphäre der Erde leben) im Herbst höhere Testosteronspiegel aufweisen als im Frühjahr – möglicherweise ein Überbleibsel aus früheren Zeiten, in denen es aus Gründen der Überlebenschancen günstiger war, Kinder im Herbst zu zeugen. Die Wissenschaftlerinnen fanden, daß im Herbst die Männer bei räumlich-visuellen Tests besser abschnitten als im Frühjahr.

Andere Wissenschaftler sehen diese Ergebnisse allerdings mit Skepsis. Manchen ist unwohl bei der Vorstellung, daß Frauen abhängig vom Zeitpunkt ihrer Periode unterschiedlich »intelligent« sein sollen. Ähnlich wie das »Prämenstruelle Syndrom« zuweilen als universelle Erklärung dafür mißbraucht wird, daß Frauen manchmal gereizt oder aggressiv sind, könnten die Schwankungen in kognitiven Fähigkeiten überbewertet werden. Schwerwiegender ist der Einwand, daß völlig unklar ist, wie die Hormone auf das Gehirn wirken. Könnten schwankende Östrogenspiegel dazu führen, daß die zwei Hemisphären in unterschiedlicher Weise an Aufgaben beteiligt sind? Beeinflussen Geschlechtshormone Botenstoffe und Verbindungen im Nervengeflecht? Man weiß es nicht genau, aber ausgeschlossen ist es nicht. Eine der wenigen Wissenschaftlerinnen, die sich in Deutschland mit Geschlechtsunterschieden beschäftigt hat, ist Gabriele Heister. Die Psychologin, die mittlerweile an der Universität Tübingen arbeitet, hat Hinweise dafür gefunden, daß bei Frauen die Arbeitsteilung der linken und rechten Gehirnhälfte im Verlauf des Zyklus schwankt. Demnach könnten Frauen, wenn ihr Östrogenspiegel niedrig ist, ein eher »männliches« Muster von Rechts-Links-Asymmetrie haben.

Ganz anders lauten die Fragen und Antworten der »Umwelt-Fraktion«. Auch haben ihre Anhänger, wenn sie die Ursachen der Geschlechtsunterschiede erforschen, ein anderes Bild im Kopf als ihre biologisch orientierten Kollegen: Nicht ein kleines Wesen, friedlich eingebettet in der Gebärmutter, sondern ein Baby, das inmitten einer Schar von Menschen steht, die alle an ihm herumzerren: Eltern und Großeltern, Nachbarn und Freunde – sie alle machen aus dem ahnungslosen »geschlechtslosen« Neugeborenen einen Jungen oder ein Mädchen, später einen Mann oder eine Frau.

In der Tat sind unterschiedliche Rollen, Erfahrungen und Erwartungen so verbreitet in unserer Gesellschaft, daß wir sie häufig gar nicht mehr wahrnehmen. Und die Grundsteine werden früh gelegt, wenn auch noch nicht im Mutterleib, so doch gleich nach der Geburt. Bereits in den ersten sechs Lebenswochen werden männliche Babys anders als weibliche behandelt, wie Studien gezeigt haben. Jungen werden öfter auf den Arm genommen, mit Mädchen dagegen spricht man häufiger. Später beeinflussen Eltern ihre Kinder durch das Spielzeug, das sie ihnen kaufen. Mädchen erhalten in den ersten Lebensjahren verhältnismäßig mehr Puppen, während Jungen mit Bauklötzen und Autos bedacht werden. Ältere Jungen bekommen häufiger naturwissenschaftlich orientiertes Spielzeug wie Mikroskope oder Chemiebaukästen geschenkt.

Wenn Kinder in die Schule kommen, dann haben sie bereits ein- bis zweitausend Stunden vor dem Fernseher verbracht und am Bildschirm typische Geschlechterrollen beobachtet. Von zu Hause wissen sie, daß Mama putzt, kocht, bügelt und auf die jüngeren Geschwister aufpaßt, während Papa im Büro, an der Tankstelle oder im Labor arbeitet.

Im Schulzimmer sind Jungen die Draufgänger. Tatsache ist, daß sie das Klassenzimmer dominieren und die Aufmerksamkeit des Lehrers auf sich ziehen, während

Mädchen ruhig sitzen und ihre Hand heben. Studien haben gezeigt, daß selbst Lehrer, die von sich angeben, daß sie Jungen und Mädchen gleich behandeln, in der Wirklichkeit des Klassenzimmers anders handeln. Für Mädchen ist es kein Makel, schlechte Noten in Mathematik zu erzielen, und viele von ihnen empfinden möglicherweise sogar eine Art sozialen Druck, nicht zu gut in diesem typischen Jungenfach zu sein.

Wen wundert es da noch, daß Jungen besser in Mathematik als Mädchen sind und Männer die besseren Landkartenleser? Es gibt so viele psychosoziale Gründe für Geschlechtsunterschiede in kognitiven Fähigkeiten, daß wir eigentlich gar keine Hormone brauchen, um diese zu deuten, argumentieren manche Forscher. In der Tat, einiges spricht auch für diese These. Wie anders sollte man erklären, daß die Anzahl der Frauen in technischen Berufen zunimmt? Und wie, daß Frauen – obwohl sie doch den Männern in sprachlichen Fähigkeiten überlegen sind – als Rechtsanwälte, Richter, Journalisten und Schriftsteller immer noch unterrepräsentiert sind?

Darauf gibt es tatsächlich keine »biologischen« Antworten. Und trotzdem, so meine ich, sprechen starke Gründe dafür, daß die Biologie ihre Finger im Spiel hat. Daß Mädchen, die als Föten überdurchschnittlich viel Testosteron abbekommen haben, in ihren Spieleigenschaften Jungen ähneln, läßt sich schwerlich auf das Konto der Umwelt verbuchen, ebensowenig, daß XY-Frauen ein schlechtes räumliches Vorstellungsvermögen haben. Schützenhilfe für die »biologische Front« kommt auch von den Linkshändern. In einer Studie haben Wissenschaftler einen Zusammenhang zwischen der bevorzugten Hand und kognitiven Fähigkeiten gefunden: Linkshändige Männer schnitten schlechter als rechtshändige Geschlechtsgenossen bei räumlich-visuellen Aufgaben ab, während sie besser in den sprachlichen Tests waren. Wenn Sie sich daran erinnern, daß Linkshänder stärker beide Gehirnhälften für Sprache nutzen, dann fügen sich diese Ergebnisse gut in das Gesamtbild ein: Wenn die Hemisphären sich beim Sprechen und bei der Verarbeitung von Sprache die Arbeit teilen – das ist bei Frauen und bei Linkshändern der Fall – dann büßt die rechte Gehirnhälfte ein wenig von ihren räumlich-visuellen Fähigkeiten ein.

Jene, die einfache Antworten lieben, werden jetzt vermutlich frustriert sein. Denn eigentlich haben weder die Biologie noch die Umwelt einen klaren Sieg errungen. Selbst wenn, wie ich meine, die Waage ein wenig zu Gunsten der Biologie ausschlägt, so kann diese bei weitem nicht alleinige Ursache für Geschlechtsunterschiede in Schule oder Beruf sein. Denn dafür sind die Unterschiede in den kognitiven Fähigkeiten wiederum zu gering. Außerdem sind die Fähigkeiten, Gebilde im Kopf zu drehen oder Umrisse zu einer Figur zu ergänzen doch ziemlich speziell – sie mögen jemandem zu besseren Noten in Mathematik verhelfen, aber sie allein können nicht die Dominanz der Männer in naturwissenschaftlichen und technischen Berufen erklären. Außerdem: Die Verknüpfungen zwischen Biologie und Umwelt sind zu eng, um solche einfachen Zusammenhänge herzustellen. Gene und Erziehung bilden ein Netz, das sich nicht auflösen läßt, weil es an zu vielen Stellen Knoten hat.

Nehmen wir das Beispiel eines kleinen Jungen. Androgene geben den Anstoß dafür, daß er seine rechte Hemisphäre stärker nutzt als die linke und deshalb eher ein räumlicher als ein sprachlicher Typ ist. Gleichzeitig behandelt ihn seine Umgebung als Jungen; er spielt mit Bauklötzen und Autos. Sein Vater ist stolz auf ihn, weil er gut im Rechnen ist. Was er daraus lernt? Vermutlich doch, daß es für ihn vorteilhaft ist, räumliche Strategien zu nutzen.

Ich muß zugeben, daß diese Entwicklung etwas Erschreckendes hat. Die Geschlechtshormone bestimmen, wie sich unser Gehirn organisiert, und die Umwelt verstärkt die Entwicklung noch. Sollen Mädchen demnach den Kopf in den Sand stecken und ihr Schicksal, in manchen Dingen eben schlechter als Jungen zu sein, akzeptieren?

Dagegen sprechen neuere Erkenntnisse aus der Gehirnforschung. Wie Forscher zunehmend entdecken, sind unsere kleinen grauen Zellen wesentlich stärker trainierbar als bislang angenommen. Gerade in den ersten Lebensjahren, aber auch noch später, sind die Nervenzellen keineswegs fest verdrahtet. Die Verbindungen zwischen den Neuronen können sich weiterhin verändern, so daß das Gehirn aufnahmefähig bleibt. Insbesondere lassen sich auch räumliche Fähigkeiten üben, wie zahlreiche Studien mit 3 bis 14 Jahre alten Kindern und Jugendlichen gezeigt haben. Auch Erwachsene haben durchaus noch eine Chance: Amerikanische Forscher wollten herausfinden, ob Frauen auch die Voraussetzungen haben, Offiziere der US-Luftwaffe zu werden. Unter anderem ließen sie Männer und Frauen bestimmte Manöver an einem Flugsimulator trainieren. Frauen brauchten im Durchschnitt zwar länger als Männer, um dieselben Aufgaben zu meistern. Aber nach dem Training waren sie ebenso gut.

»Anatomie ist Schicksal« hat Sigmund Freud gesagt. Ich denke, man muß diesen Satz revidieren: Anatomie, und dazu gehört auch die Anatomie des Gehirns, mag zwar zu einem gewissen Grad Schicksal sein, aber wir haben dieses Schicksal in der Hand, oder vielmehr im Kopf.

Es war ein heiterer Sonntagnachmittag, und wir gönnten uns eine Pause von unseren Recherchen. Als wir durch den Hyde Park spazierten, führte neben uns ein junger Mann einen Hund aus. Plötzlich riß dieser sich los und rannte zu einer Frau in 100 Fuß Entfernung. Dort angelangt, drehte er sich auf der Stelle um und jagte zu dem Mann zurück. Dieses Spiel wiederholte er mehrere Male, bis die zwei Menschen sich trafen und umarmten.

»Ich schätze die Geschwindigkeit des Hundes auf 12 Meilen pro Stunde und die seiner Besitzer auf 3 Meilen pro Stunde«, sagte Holmes. »Sage mir, Watson, wie weit ist der Hund gelaufen?«

»Er ist viermal so schnell wie die Frau gelaufen, und zusammen haben sie in der ersten Etappe 100 Fuß zurückgelegt. Davon gehen also vier Fünftel auf das Konto des Vierbeiners, das heißt zunächst mal 80 Fuß. Als er zu dem Mann zurückgelaufen ist, waren es demnach... Nein, das kann nicht stimmen, denn sein Herrchen hat sich während dieser Zeit ja auch bewegt. Ich fürchte, ich bin schon am Ende, Holmes.«

»Exzellent, Watson! Du hast dich zumindest nicht von der lästigen Umrechnung zwischen Meilen und Fuß irritieren lassen. Als der Hund die Frau erreichte, hatten sich Mann und Frau je 20 Fuß bewegt. Der Hund mußte seine Leistung wiederholen, aber nur auf einer Strecke von 60 Fuß, statt 100. Also war die zweite Etappe vier Fünftel von 60, oder 48 Fuß.«

»Dann hat sich bei jeder Umkehrung die Strecke auf drei Fünftel reduziert.«

»Uns bleibt nur noch, die Summe zu bilden, eins plus drei Fünftel plus drei Fünftel zum Quadrat plus drei Fünftel hoch drei, undsoweiter, um dann das Ergebnis mit 80 Fuß zu multiplizieren. Das ergibt...«

»Zweihundert Fuß«, unterbrach ihn meine Tante. Holmes drehte sich erstaunt zu ihr. »Ich bewundere Sie maßlos, Mister Holmes. Kopfrechnen war noch nie meine

Stärke, aber Sie können sogar unendliche Summen ohne Papier und Bleistift ausführen.«

»Ich bitte Sie, Miss Marple. Für eine Frau sind Sie eine außerordentliche Mathematikerin. Denn 200 Fuß stimmt genau. Sie müssen die Rechnung sogar schneller als ich gemacht haben.«

»Keineswegs. Mit dem Rechnen komme ich in der Tat sehr schnell durcheinander. Aber wenn ein Hund viermal schneller ist als ein Mann, der 50 Fuß zurücklegt, muß er in der gleichen Zeit 200 Fuß laufen. Vier mal fünfzig schaffe ich gerade noch im Kopf.«

»Touché, Holmes«, sagte ich. »Sie hat nicht nur die Lösung gefunden, sondern einen genialen Beweis dafür. Kann es sein, daß sie intelligenter ist als du?«

»Unsinn, John! Ich konnte die Rechnung von Mister Holmes gar nicht nachvollziehen. Deswegen war mein Kopf frei, um zufällig den einfachen Weg zu entdecken. Aber nicht jedes Problem hat so eine einfache Lösung.«

»Trotzdem ist es mir peinlich, nur den direkten und nicht sofort den einfachen Weg gesehen zu haben. Nein, nein, Miss Marple, das war eine großartige Leistung, zu der nur wenige Menschen in der Lage sind. Ich zähle mich zu dieser Handvoll, selbst wenn ich vorhin nicht besonders aufmerksam war. Meinem Bruder Mycroft und Professor Moriarty würde ich auch zutrauen, das Hundeproblem lösen zu können, ebenfalls meinem Pariser Kollegen, Monsieur Auguste Dupin, der seinen Ruhm durch die Aufklärung des Mordes in der Rue Morgue erlangte.«

»Sie müssen mich entschuldigen, Mister Holmes. Ich wohne in einem Dorf und erfahre nicht immer alles, was sich auf dem Kontinent ereignet. Ich entnehme Ihrem Ton, daß dieser Mord besonders schwierig zu lösen war?«

»Für die Polizei schon. Die bestialische Weise, auf der die zwei Frauen umgebracht wurden, das offensichtliche Fehlen eines Fluchtwegs für den Täter, die viertausend Franc Gold, die er nicht mitgenommen hat – diese Ungereimtheiten stellten unüberwindbare Hürden für die durchaus kompetente Gendarmerie dar. Aber wahre Analytiker wie Monsieur Dupin oder meine Wenigkeit brauchen genau solche ausgefallene Indizien. Sie erleichtern die Auflösung ungemein.«

»Ich verstehe. Aber erzählen Sie mir doch mehr von dem mysteriösen Mordfall der Rue Morgue.«

»Nun, das Geheimnisvolle daran waren die zwei Stimmen, die zahlreiche Zeugen vernommen hatten. Die eine gehörte nach einstimmiger Aussage einem Franzosen, aber die andere war nicht zu identifizieren. Jemand meinte, es wäre französisch, der nächste dachte spanisch. Andere tippten auf holländisch, deutsch, englisch, italienisch oder russisch. Das hat die Polizisten völlig aus dem Konzept gebracht. Monsieur Dupin hat sofort die Bedeutung dieser Verwirrung erkannt.«

»Es wäre nicht unbedingt überraschend, daß jeder auf eine andere Sprache setzt, wenn sie wirklich allen fremd war, sagen wir arabisch oder serbokroatisch. Was mich verblüfft, ist der Zeuge, der behauptete, die Stimme sei französisch.«

»Sie haben eine Nase für die entscheidende Frage. Dieser Zeuge war eben kein Franzose, sondern ein Holländer, der der Sprache seiner Wahlheimat nicht mächtig war.«

»Dann kann die Sprache auch nicht holländisch gewesen sein.«

»Genau. Unter den Zeugen waren auch noch ein Italiener, ein Engländer und ein Spanier. Keiner konnte die Sprache als seine eigene identifizieren. Monsieur Dupin hat daraus geschlossen, daß die Laute aller Wahrscheinlichkeit nach nicht die eines Menschen waren. Damit sollte er recht behalten. Den Mord hatte kein Mensch, sondern ein Orang-Utan verübt. Ein Matrose hatte das Tier auf Borneo gefangengenommen und nach Paris gebracht, wo es entkam. Die Geräusche, welche die Zeugen als eine zweite menschliche Stimme vernahmen, waren die Äußerungen eines Tieres.«

Kapitel 6

Mit beiden Seiten sprechen

Tiere laufen, schwimmen und fliegen. Sie sehen, hören, riechen, schmecken und fühlen. Sie lieben und hassen sich. Sie verständigen sich mit Mimik und Gebärden. Aber sie können – im Gegensatz zum Menschen – nicht reden. Selbst unsere nächsten Verwandten, die Schimpansen, mit denen wir 98 Prozent unseres Erbgutes teilen, beherrschen nur eine Laut- und Gestensprache, die sehr viel ärmer als die menschliche Sprache ist. Nur weil Menschen sprechen und zuhören, lesen und schreiben können, hat sich ihre Kultur so weit entwickelt. Sprache führt dazu, daß Wissen sich vermehrt; denn Erfahrungen können von einer Generation zur nächsten überliefert werden, sei es mündlich oder schriftlich. Sprache ist aber nicht nur ein Mittel zur Verständigung, sondern entscheidend im Prozeß des Erkennens, schreibt der berühmte russische Neurologe Alexander Lurija in seinem Buch ›Der Mann, dessen Welt in Scherben ging‹. Sprache organisiert, so Lurija, unsere innere Welt. Der französische Biologe und Nobelpreisträger Jacques Monod meinte sogar, daß Sprache das Ei gewesen ist, aus dem die Henne Mensch geboren wurde. »Die Sprache könnte den Menschen erschaffen haben, vielmehr als der Mensch die Sprache«, hat Monod gesagt.

Kein Wunder also, daß zahlreiche Gehirnforscher sich für Sprache interessieren. Sie versuchen herauszufinden, wie wir einen einfachen Satz wie »Paul gibt Anna den Apfel« in Bruchstücke zerlegen und analysieren, um seinen Inhalt zu verstehen. Sie erforschen, wie unser Gehirn einen Satz aus Wörtern zusammenbaut und die Muskeln im Kehlkopf anweist, diesen zu sprechen. Daß Sprechen ziemlich kompliziert ist, zeigt die Beobachtung bei kleinen Kindern. Es dauert rund ein Jahr, bis sie ein Wort herausbringen, zwei Jahre, bis sie zwei Wörter zusammensetzen, und drei Jahre, bis sie Sätze bilden. Wie einfach ist dagegen Sehen, Hören, Laufen oder Essen.

Sprache ist, wie wir bereits gesehen haben, auch eine geschlechtsspezifische Fähigkeit. Frauen schneiden bei bestimmten Sprachtests besser ab als Männer. Nicht nur das: Frauen wird vorgeworfen, daß sie besonders viel reden. Und das seit Jahrhunderten: »Die Zunge einer Frau wedelt wie der Schwanz eines Lamms«, zitiert die britische Linguistin Jennifer Coates in ihrem Buch über Geschlechtsunterschiede in der Sprache ein altes englisches Sprichwort. »Où femme y a, silence n'y a – Wo eine Frau ist, gibt es keine Ruhe«, lautet die französische Version desselben Vorurteils. Dieses gilt noch heute. Zwar nicht in der Öffentlichkeit, auf Rednertribünen oder in Versammlungen – da bleibt das »geschwätzige« Geschlecht noch eher stumm. Dafür sprechen Frauen angeblich umso mehr im Treppenflur mit und über die Nachbarn, beim Kaffeeklatsch oder am Telefon.

Reden Frauen nicht nur mehr, sondern auch anders als Männer? Einige Linguistinnen wie die Amerikanerin Deborah Tannen glauben, daß Männer und Frauen verschiedene Sprachstile haben, ähnlich wie Menschen unterschiedlicher Kulturen. Solche Sprachstile sind vermutlich nicht bereits bei der Geburt in den Gehirnen verankert, sondern sie haben eher soziale und psychologische Ursachen. Wohl könnte es aber sein, daß – weil männliche und weibliche Gehirne anders organisiert sind – Frauen nicht nur bei bestimmten sprachlichen Tests besser abschneiden, sondern möglicherweise insgesamt mit Sprache besser umgehen können als Männer.

Wie ist Sprache entstanden und wann haben Menschen begonnen zu sprechen? Das wird wohl immer ein Rätsel bleiben. Gesprochene Wörter hinterlassen schließlich keine Fossilien oder Fußabdrücke. Dementsprechend unterschiedlich sind auch die Schätzungen der Wissenschaftler, die nach dem Ursprung von Sprache suchen. Sie reichen von 50 000 bis mehreren 100 000 Jahren. Die amerikanische Forscherin Marjorie LeMay hat eine Spur verfolgt, die davon ausgeht, daß Sprache größtenteils in einer Gehirnhälfte angesiedelt ist. So weiß man, daß fast alle Rechtshänder sowie über zwei Drittel der Linkshänder mit der linken Hemisphäre sprechen und Sprache verstehen. Das zeigt sich sogar in der Anatomie des Gehirns: Bestimmte Bereiche sind links größer als rechts. Weil sie mehr Platz beanspruchen, beulen sie auch den Schädelknochen etwas stärker aus.

Marjorie LeMay hat Schädelknochen auf Asymmetrien hin untersucht und bei vielen Exemplaren ein Ungleichgewicht zwischen links und rechts gefunden. Das älteste war 500 000 Jahre alt. Es könnte also sein, daß die Anlagen für Sprache sich bereits vor einigen 100 000 Jahren gebildet haben. Aus verschiedenen Gründen vermuten Forscher jedoch, daß Sprache selbst erst vor frühestens 100 000 Jahren entstanden ist. Der Kehlkopf zum Beispiel hat erst vor etwa 50 000 Jahren eine Form und Größe erreicht, die flüssige Sprache überhaupt ermöglichen.

Um sich zu verständigen, benutzen Affen Laute und Gesten. Bei den meisten Rhesusaffen steuert die linke Gehirnhälfte die Entstehung der Laute, mit denen die Tiere Furcht, Zuneigung oder Aggression ausdrücken, wie amerikanische Anthropologen kürzlich herausgefunden haben. Auch Schimpansen haben asymmetrische Gehirne. Bedeutet das, daß menschliche Sprache aus der Kommunikation zwischen Affen entstanden ist? Dazu gibt es verschiedene Theorien. Die einen besagen im wesentlichen, daß Affen sich im Lauf ihrer Evolution aufgerichtet hätten, vor allem, um ihre Gliedmaßen zur Verständigung zu benutzen. Aus dieser Gebärdensprache habe sich gesprochene Sprache entwickelt. Die anderen sehen den Menschen als Nachkommen von Affen, welche instinktiv Laute verwendeten, um vor Gefahren zu warnen oder um Sexualpartner zu werben. Möglicherweise liegt, wie so oft, die Wahrheit dazwischen: Sowohl Laut- als auch Gebärdensprache könnten Vorläufer für die menschliche Form der Kommunikation gewesen sein.

Falls diese Vorstellung zutrifft, würde sie zugleich eine Antwort auf ein Rätsel der Gehirnorganisation liefern. Fast jeder Mensch hat eine bevorzugte Hand, mit der er ißt, schreibt und Aufgaben erledigt, die Fingerspitzengefühl im wörtlichen Sinn erfordern. Diese Hand wird von der entgegengesetzten Gehirnhälfte gesteuert, bei Rechtshändern also von der linken Hemisphäre. Bei Rechtshändern liegen dort auch die Sprachzentren, während manche Linkshänder mit der rechten Hemisphäre, andere mit beiden Gehirnhälften sprechen. Wenn sich Sprache gleichzeitig aus den Schreirufen und Gebärden der Affen entwickelt hat, dann wäre es nicht verwunderlich, daß auch die Sprachzentren des Menschen in der Gehirnseite liegen, welche zugleich die bevorzugte Hand kontrolliert.

Auf diesen Zusammenhang stützen sich sogar manche Forscher, wenn sie nach dem Ursprung von Sprache fahnden. Sie untersuchen Steinwerkzeuge und versuchen, daraus zu schließen, für welche Hand sie gehauen wurden. Über die Jahrtausende hinweg haben sich die Formen der Werkzeuge zu Gunsten der rechten Hand verändert. Vor etwa zwei Millionen Jahren soll es unter den Hominiden noch knapp 50 Prozent Linkshänder gegeben haben. Im Laufe der Zeit nahm ihre Zahl jedoch ab. Vor etwa 70 000 Jahren sind den Werkzeugstudien zufolge bereits 70 Prozent der Vorfahren des heutigen Menschen Rechtshänder gewesen. Parallel zu dieser Verschiebung hätte sich die Sprache entwickelt und, zumindest bei den meisten Menschen, in der linken Gehirnhälfte breitgemacht. Daß Sprache und Hand mehr miteinander zu tun haben, als es auf den ersten Blick erscheint, zeigt auch die Organisation im Zentrum für Motorik des Gehirns. Bewegungen der Hand und der Sprechmuskeln werden von benachbarten Gruppen von Nervenzellen gesteuert.

Im Münchner Zoo gibt es ein großes Freigelände für Makaken. Mindestens 50 Äffchen mit der lustigen Schnauze und dem rosa Gesäß tummeln sich dort. Sie spielen miteinander, turnen über die Felsen und klauen sich gegenseitig das Futter. Dabei kreischen sie manchmal so laut, daß man sein eigenes Wort kaum verstehen kann. Die Makaken, ebenso wie andere Affen, benutzen Laute, um ihre Gefühle auszudrücken. Dabei ist weniger die Hirnrinde aktiv, also der aus Sicht der Evolution »jüngste« Teil des Gehirns, der beim Menschen besonders ausgeprägt ist und seine Sprache kontrolliert. Die Laute der Makaken entspringen vielmehr dem limbischen System, eine Struktur tief im Inneren des Gehirns, die unter anderem Gefühle kontrolliert.

Der Gehirn- und Verhaltensforscher Detlev Ploog vom Max-Planck-Institut für Psychiatrie in München hat dies eindrucksvoll mit Totenkopfäffchen nachgewiesen. Diese südamerikanischen Äffchen haben ein besonders breites Repertoire an Lauten: Sie können knurren, zwitschern, schreien und piepen. Um herauszufinden, wo die »Sprachzentren« der Affen sitzen, stimulierten Detlev Ploog und seine Mitarbeiter zwei verschiedene Teile ihres Gehirns: das limbische System sowie den Cortex. Dazu bauten die Wissenschaftler den Tieren winzige Elektroden ein, die sich mit Hilfe von Radiowellen ansteuern ließen. Wenn die Forscher unterschiedliche Stellen im limbischen System reizten, begannen die Totenkopfäffchen zu gackern oder kreischen. Die Hirnrinde dagegen konnten sie soviel reizen wie sie wollten, die Tiere blieben stumm.

Auch wenn Menschen aus Angst, Wut oder Lust schreien und stöhnen, »entstehen« diese Laute in ihrem limbischen System. Doch diese Form der Kommunikation ist ziemlich beschränkt. Mit gesprochener Sprache können wir mehr als Gefühle ausdrücken. Wir sprechen von Zeit, vom Jetzt, vom Gestern und vom nächsten Jahrtausend. Wir reden über Angst oder Wut und können damit viel mehr sagen als nur, daß wir ängstlich oder wütend sind. Unsere Sprache ist also ungleich kreativer als die Laute der Totenkopfäffchen oder der Makaken.

Zwischen Makaken und Menschen liegen viele Millionen Jahre der Evolution. Was aber ist mit unseren nächsten Verwandten, den Menschenaffen? Können sie sprechen lernen? Schimpansen und Menschen ähneln sich sehr stark in ihrem Erbgut, wie man in den letzten Jahren herausgefunden hat: Etwa 98 Prozent ihrer Gene stimmen überein. Natürlich erklären 98 Prozent der Gene nicht 98 Prozent des Verhaltens. Aber die große Überlappung deutet darauf hin, daß Schimpansen uns ähnlicher sind, als wir es vielleicht vermuten.

Mittlerweile weiß man, daß Schimpansen allein aus dem Grund, daß ihr Kehlkopf dazu nicht geeignet ist, nicht sprechen lernen können. Ähnlich wie bei Neugeborenen liegt ihr Kehlkopfeingang auf derselben Höhe wie ihr Mund. Bei Kleinkindern senkt sich mit der Zeit der Kehlkopf, und der Stimmapparat nimmt die für den Menschen charakteristische rechtwinklige Form an. Bei Schimpansen und anderen Affen dagegen bleibt der Stimmapparat in Form eines flachen Bogens. Nur die rechtwinklige Form aber ermöglicht es, wie Forscher herausgefunden haben, die Vokale i, a und u zu produzieren, weshalb Menschen ziemlich viele komplexe Laute hervorbringen. Wenn Schimpansen auch nicht sprechen, so benutzen sie doch Gebärden, um sich zu verständigen. Können sie zumindest eine Zeichensprache lernen?

Mit vier Jahren beherrschte Washoe etwa 160 Wörter. Sie kannte die Zeichen für Gegenstände wie Vogel oder Hand. Sie benutzte Adjektive wie heiß oder grün, und sie kannte den Unterschied zwischen mehr und weniger. Das Schimpansen-Weibchen war von dem Forscherpaar Allen und Beatrice Gardner von der Universität Nevada (im Distrikt Washoe) wie ein Kind aufgezogen und dabei trainiert worden, die amerikanische Taubstummensprache »Ameslan« zu lernen. Washoe lernte sehr schnell. Nicht nur das: Nach einer Weile kombinierte sie Zeichen, wie es auch ein- bis zweijährige Kinder tun. Eines ihrer ersten Zeichen war »Kitzeln«, weil sie sich so gerne kitzeln ließ. Nachdem sie während einer Kitzeltour das Zeichen für »mehr« gelernt hatte, verlangte sie beim Essen nach »mehr Banane«.

Menschliche Sprachen benutzen eine Grammatik. Das heißt, ob Polynesier, Mongolen oder Westeuropäer, sie alle konstruieren Sätze nach bestimmten Regeln. Jede Grammatik unterscheidet zum Beispiel zwischen Subjekt, Objekt und Verb. Der bekannte amerikanische Linguist Noam Chomsky ist sogar der Meinung, daß es eine universelle Grammatik gibt, die sich unter der französischen, englischen und deutschen Grammatik verbirgt. Chomsky vermutet, daß Kinder von Geburt an diese Regeln in ihrem Kopf haben. Grammatik würden wir also nicht von unseren Eltern, Geschwistern oder Freunden lernen, sie wäre vielmehr angeboren.

Zwar hat man bislang kein »Grammatik-Gen« gefunden. Aber die Besonderheit der »K«-Familie deutet darauf hin, daß der Umgang mit den abstrakten Regeln der Sprache zumindest teilweise vererbt wird. In England lebt eine Familie, deren Mitglieder vielfach Probleme mit Grammatik haben. 16 Kinder und Erwachsene der »K-Familie« setzen Wörter zu einem sonderbaren Kauderwelsch zusammen, zum Beispiel: »Ich gehen auf der Straße« oder »Carol ist weint in der Kirche«. Manche Grammatikregeln, die bereits dreijährige Kinder beherrschen (etwa daß Hunde die Mehrzahl von Hund ist), kennen die Betroffenen nicht.

Zurück zu den Schimpansen. Angespornt durch Washoes Sprachbegabung wollten Forscher herausfinden, ob die Menschenaffen ihre Zeichen nach grammatikalischen Regeln aneinanderfügen. Das Schimpansenweibchen Sarah wurde trainiert, sich mit Hilfe von Plastikchips auszudrücken. Sie lernte damit, Sätze zu formen. Sie konnte Sätze verneinen, Fragen stellen und »Wenn-dann«-Konstruktionen verstehen. Sarah lernte zum Beispiel, daß man ein Messer braucht, um einen Apfel zu schneiden, und daß ein Tuch naß wird, wenn man es ins Wasser wirft.

Schimpansen (übrigens auch Gorillas) können also ihre Zeichen strukturieren und ein wenig Grammatik in ihrer Gebärdensprache verwenden. Sie können, wie wir gesehen haben, einen Wortschatz erlernen, wenn auch nur einen begrenzten (vierjährige Kinder beherrschen immerhin etwa 3000 Wörter, während Washoe es nur auf 160 brachte). Damit scheinen sie die Grenzen ihrer Fähigkeit allerdings erreicht zu haben. Viele Sprachforscher betonen, daß die erlernte Zeichensprache der Schimpansen sehr »mechanisch« ist. Der Schimpanse Nim Chimpsky zum Beispiel »spricht« nicht kreativ, wie sein Trainer Herbert Terrace meint, sondern, indem er dessen Sprache nachahmt. Ob Washoes Konkurrenten nicht so gut abschneiden wie das Schimpansenweibchen aus Nevada, weil sie anders trainiert worden sind – Washoes Pflegeeltern haben zum Beispiel in ihrer Gegenwart nur Zeichensprache benutzt – ist nicht ganz klar. Noch heute streiten Sprachforscher darüber, wie primitiv oder elaboriert die Zeichensprache der Menschenaffen ist. Eines hat das Studium der Schimpansen jedoch deutlich gemacht: Will man Sprache erforschen, so können Tiere nur begrenzt als Modelle für den Menschen dienen.

Während ich dieses Kapitel schreibe, lallt Claire vor sich hin. Sie schiebt immer wieder ihre Zunge heraus und produziert dabei Laute wie »Wadalada« oder »Lebadaba«. Manchmal kann sie schon sehr betont »wawa« sagen. Meine Tochter macht, wie ich der Fachliteratur entnehme, eine völlig normale Entwicklung durch. Als Neugeborenes hat sie »limbische« Laute – sprich: Schreien – benutzt, um Angst, Müdigkeit oder Schmerz zu signalisieren. Mit sechs Monaten begann sie zu lallen.

Nun ist sie neun Monate alt, und es sollte bald ein Wendepunkt einsetzen. Sie wird aufhören zu babbeln und wird ba, ae oder la sagen. Wenn sie sich weiterhin normal entwickelt, wird Claire zunehmend die Erwachsenen um sich herum nachahmen, und ihr Gehirn wird mehr und mehr Kontrolle über ihre Sprache gewinnen. Mit zwei Jahren wird sie zwei Wörter zusammensetzen, mit zweieinhalb bis drei Jahre sogar drei Wörter – ähnlich wie Washoe, die drei Zeichen kombinieren konnte. Spätestens wenn Claire acht Jahre alt sein wird, kann sie sich sprachlich an einem Erwachsenen messen. Natürlich wird sie weniger Wörter kennen, doch ihre Sätze werden grammatikalisch korrekt sein.

Ob deutsche oder amerikanische Kinder, ob kleine Japaner oder Finnen – sie alle folgen dieser Sprachentwicklung. Manche lernen schneller sprechen als andere, im Durchschnitt jedoch erreichen sie die erwähnten Meilensteine im gleichen Alter. Eltern, die ihren Kindern früh das Sprechen beibringen wollen, sind meist wenig erfolgreich: Die Sprößlinge lernen in der Regel auch nicht schneller, wenn mit ihnen besonders viel gesprochen wird. Ebenso machen geistig Behinderte, wenn auch etwas langsamer, die normale Sprachentwicklung durch. Allerdings scheint mit der Pubertät eine Art Schallmauer erreicht zu sein. Wenn ein behindertes Mädchen als Zwölf- oder Dreizehnjährige erst das zwei-Wörter-Stadium erreicht hat, dann wird sie durch Training zwar ihren Wortschatz noch erweitern. Sie wird aber vermutlich nicht Sätze mit viel mehr als zwei Wörtern bilden können.

Erwachsene Japaner tun sich, wie bereits im Kapitel über Sehen und Hören erwähnt, schwer, »l« und »r« zu unterscheiden. Japanische Babys dagegen können diese Laute auseinanderhalten – eine Fähigkeit, die sie später verlieren. Ähnliches gilt für alle Neugeborenen, egal welche Sprache ihre Eltern und Geschwister sprechen. Sie können zunächst alle möglichen Laute unterscheiden, selbst wenn diese in ihrer Muttersprache gar nicht vorkommen. Es scheint also, als ob es in ihrem Gehirn eine Art Gesamtrepertoire von Lauten gibt. Diejenigen Laute, die sie immer wieder hören, lernen sie nachzusprechen, und sie schreiben sich in ihrem Gehirn fest. Die anderen werden aus dem Repertoire gelöscht. Ähnlich ist es übrigens bei Vögeln. Nach der Geburt zwitschern die Jungen noch und produzieren dabei eine große Vielfalt von Tönen. Mit zunehmendem Alter lernen sie den für ihre Art typischen Gesang, und ihr Repertoire schrumpft auf ein paar Töne zusammen.

Ein Totenkopfäffchen, das von einer stummen Mutter aufgezogen wird, läßt trotzdem nach seiner Geburt die typischen Schreie seiner Art hören, wie Detlev Ploog herausgefunden hat. Sein Gehirn ist also für die Kommunikation vorbereitet. Das gilt vermutlich auch für den Menschen: Weil Neugeborene alle Laute unterscheiden können und Kinder aller Kulturen dieselbe sprachliche Entwicklung durchmachen, nimmt man an, daß die Sprachzentren bei der Geburt bereits angelegt sind. Sprache ist also größtenteils eine angeborene Fähigkeit, die sich allerdings erst durch die richtige Stimulation entwickelt. Babys, die taub geboren werden, lernen nicht sprechen, und Kinder, die in jahrelanger Isolation leben, kommen über ein bestimmtes Sprachniveau nicht hinweg. Ein Mädchen namens Genie, das in der Fachliteratur immer wieder als extremes Beispiel für Sprachentzug genannt wird, wurde in Kalifornien entdeckt, als sie dreizehn Jahre alt war. Bis dahin hatte sie praktisch isoliert gelebt und war stets bestraft worden, wenn sie einen Laut von sich gab. Trotz intensiven Trainings hat Genie nicht richtig sprechen gelernt, und sie benutzte Kindersprache, selbst wenn sie »erwachsene« Gedanken äußerte.

Claires Gehirn ist also seit neun Monaten auf Sprache vorbereitet – vermutlich sogar schon länger. Bereits in der 31. Schwangerschaftswoche sind, wie man mittlerweile weiß, die linke (sprachliche) und rechte Hemisphäre von Föten nicht mehr symmetrisch. Was aber genau ist es im Gehirn, das uns sprechen und auch andere verstehen läßt? Wie funktioniert Sprache?

Das herauszufinden, war und ist gar nicht einfach. Man kann schließlich nicht mit Elektroden, also mit Drähten, in die Gehirne von Versuchspersonen stechen und die Signale ihrer Nervenzellen messen, während sie sprechen. So verfahren Forscher mit Katzen oder Affen, wenn sie das Seh- oder Hörzentrum studieren. Wegen solcher Tierexperimente weiß man auch sehr viel über den visuellen und auditiven Cortex, und zwar nicht nur, wo die wichtigen Zentren sitzen, sondern auch, wie die beteiligten Nervenzellen miteinander verbunden sind. Weil Tiere jedoch nicht sprechen, ist wenig darüber bekannt, wie Sprache auf der Ebene der Neuronen abläuft. Trotzdem weiß man mittlerweile, wo die wichtigen Sprachzentren im Gehirn liegen.

Ein Schulfreund meines Mannes, Will Chipman aus Mississippi, wollte vor einiger Zeit in seiner Garage einen alten Schrank abbeizen. Vermutlich war er etwas unvorsichtig beim Umgang mit dem Lösungsmittel, vielleicht war die Garage nicht ausreichend belüftet. Jedenfalls wurde ihm danach ziemlich schlecht. Als es ihm auch am nächsten Tag noch nicht besser ging, ließ er sich ins Krankenhaus bringen. Dort diagnostizierten die Ärzte einen Gehirnschlag. Das Auffallende an Will war, daß er nur noch langsam sprechen konnte und immer wieder nach Wörtern suchte. Er konnte sich an keine Namen erinnern, noch nicht einmal an den Vornamen seiner Frau Cindy. Auch die Erinnerung an Hauptwörter schien ihm verlorengegangen zu sein. Als er nach seinem Krankenhausaufenthalt mit einer Sprachtherapie begann, so erzählte mir Will bei unserem Besuch, bestand seine erste Hausaufgabe darin, ein Buch aus dem Regal zu holen. Mindestens zehnmal, so berichtete er, habe er Cindy gefragt: »Was sollte ich holen?« »Ein Buch«, antwortete sie. »Ein Buch«, wiederholte Will, und fünf Sekunden später hatte er es wieder vergessen.

Will wußte, was ein Buch ist. Das Problem war auch nicht, daß sein Gedächtnis nicht mehr funktionierte. Er konnte sich ja daran erinnern, daß er etwas holen sollte. Aber er kannte einfach nicht das Wort für diesen rechteckig geformten Stapel von Papier zwischen zwei Pappdeckeln. Offensichtlich war durch den Gehirnschlag ein Teil von Wills Sprachzentrum geschädigt worden. Bei unserem letzten Besuch in Mississippi, ein halbes Jahr nach dem Unfall, konnte Will wieder ziemlich flüssig sprechen. Auch die Namen seiner meisten Freunde waren ihm wieder geläufig. Je länger er sie gekannt hatte, umso eher konnte er sich an die Namen erinnern. Mich dagegen – wir hatten uns bei dieser Gelegenheit zum ersten Mal getroffen –, fragte er mehrere Male, wie ich heiße.

Patienten wie Will sind für Sprachforscher sehr wichtig. Genauer gesagt brauchen die Wissenschaftler Menschen, deren Gehirne geschädigt sind, weil sich ein Tumor ausgebreitet oder eine Arterie verstopft hat und die Nervenzellen nicht mehr ausreichend mit Sauerstoff versorgt werden. Weil man eben nicht ohne weiteres mit Elektroden den Neuronen beim Sprechen »zuhören« kann, stellten verletzte Gehirne bis vor kurzem die einzige Möglichkeit dar, Theorien über Sprache zu entwerfen und diese zu testen.

Das Studium von Sprachstörungen hat eine lange Tradition, die mit den alten Ägyptern begann, die bereits vor einigen tausend Jahren ihre Beobachtungen auf Papyrus niederschrieben. Mit den Untersuchungen des französischen Nervenarztes Paul Broca Mitte des vergangenen Jahrhunderts bekam die Erforschung der Sprache neue Impulse.

Broca stellte fest, daß der sprachlose Tan-Tan, den wir bereits zu Beginn des Buches kennengelernt haben, eine Hirnschädigung hatte, und zwar an einer Stelle im unteren Stirnlappen. Dort muß die Fähigkeit zu sprechen lokalisiert sein, schloß daraus der französische Forscher, und dieser Teil des Gehirns heißt seitdem Brocasches Areal.

Tan-Tan litt vermutlich an einer Broca-Aphasie. Eine Aphasie ist der Fachausdruck für eine Störungen in den Sprachzentren des Gehirns und bedeutet wörtlich: Sprachlosigkeit. Menschen mit Aphasien haben Probleme, Sprache zu verstehen oder selbst zu sprechen, ohne daß sie Defizite in ihren Sinnen oder ihrer Motorik haben. Jemand, der nicht spricht, weil er zum Beispiel taub ist oder weil seine Sprechmuskeln gelähmt sind, gilt nicht als aphasisch.

Ein Patient mit einer Broca-Aphasie spricht sehr wenig, im schlimmsten Fall gar nicht. Wenn er es versucht, redet er stockend, im Telegramm-Stil. Er benutzt selten Artikel oder Funktionswörter wie »der«, »in«, »über« oder »manche«, dafür – im Gegensatz zu Will Chipman – umso mehr Hauptwörter. Ein Mann mit Broca-Aphasie, der seinem Arzt erklären sollte, warum er im Krankenhaus war, sagte zum Beispiel: »Ah. . . Montag. . . Vater und Paul (der Name des Patienten) . . . und Vater. . . Krankenhaus. . . zwei. . . ah. . . Ärzte. . . dreißig Minuten . . . Krankenhaus.«

Die meisten Menschen mit Broca-Aphasie verstehen gesprochene oder geschriebene Sprache gut. Das Gegenteil gilt für jene Patienten, die an einer Wernicke-Aphasie leiden. Diese Sprachstörung betrifft ein anderes Sprachzentrum, das nach dem deutschen Sprachforscher und Zeitgenossen Brocas, Karl Wernicke, benannt ist. Das Sprachverständnis von Wernicke-Aphasikern ist sehr schlecht. Sie können zwar flüssig sprechen, ihre Sätze sind meist jedoch merkwürdig, wenn nicht sogar ziemlich unsinnig. Ein Patient zum Beispiel, der nach seinem Befinden gefragt wurde, antwortete mit einem Kauderwelsch, der kaum Hauptwörter enthielt, dafür viele Präpositionen: »Ja, das kann ich Ihnen sagen, daß ich Beschwerden habe. Na ich muß mal anders. . . ich glaube man sollte bei Null beginnen und nicht bei oben. Es ist so: gegenüber früher möcht ich erst einmal sagen über den ganz großen Beginn erst mal als ich ankam ist es natürlich ganz entschieden...«

Eine Wernicke-Aphasie tritt auf, wenn das Wernicke-Areal, das sich im hinteren oberen Schläfenlappen befindet, geschädigt ist. Die von Broca und Wernicke zuerst beschriebenen Bereiche sind die zwei wichtigsten Sprachzentren des Gehirns. Um zu verstehen, wie sie gemeinsam am Sprechen beteiligt sind, stellen Sie sich folgende Aufgabe vor: Sie sollen einen Gegenstand, der auf einem Tisch steht, benennen. Das Objekt erregt zunächst die Zellen in Ihrer Netzhaut. Sie übermitteln dem Gehirn Signale, die im Sehzentrum auf Form, Farbe und Tiefe hin analysiert werden. Im sogenannten Assoziationscortex, einem Bereich des Gehirns, der verschiedene Informationen zusammenfügt, wird der optische Reiz als eine Tasse erkannt. Vom Assoziationscortex wandert daraufhin ein Signal zum Wernicke-Areal. Dort, so vermutet man, wird das Konzept einer Tasse, das in Ihrem Kopf entstanden ist, in das Wort »Tasse« umgeschrieben. Das ist deshalb möglich, weil das Wernickesche Sprachzentrum eine Art Lexikon ist, das die »Gedächtnisspuren« geschriebener und gesprochener Wörter enthält. Mit Hilfe des Wernicke-Areals können Sie sich also auch vorstellen, wie das Wort »Tasse« auf einem Stück Papier geschrieben aussieht.

Die Tasse, die nun als Wort in Ihrem Kopf existiert, wandert über ein Bündel von Nervenfasern zum Brocaschen Areal. Es ist ebenfalls ein Lexikon. In ihm sind die Wörter als Folge von Bewegungen der Sprachmuskeln abgelegt. Das Wort »Tasse« wird im Brocaschen Areal in Laute umgesetzt, die als gesprochene »Ta-ss-e« aus Ihrem Mund herauskommen. Das Brocasche Sprachzentrum kann aber noch mehr: Es übersetzt mehrere zusammenhängende Konzepte in die korrekte grammatikalische Form. Wir können deshalb nicht nur »Tasse« sagen, sondern zum Beispiel: »Die Tasse steht auf dem Tisch.«

Genau das fällt einem Patienten mit Broca-Aphasie schwer. Er hat zwar die Tasse erkannt und gesehen, daß sie auf dem Tisch steht. Er ist jedoch unfähig, aus dieser Erkenntnis einen korrekten Satz zu konstruieren. Bei dem Wernicke-Aphasiker kommt es gar nicht soweit. Bei ihm wird das visuelle Konzept der Tasse nicht in ein gesprochenes oder geschriebenes Konzept übersetzt.

Will Chipman, mein Bekannter aus Mississippi, hatte nach seinem Gehirnschlag weder eine Broca- noch eine Wernicke-Aphasie. Seine Störung wird als anomische Aphasie bezeichnet und sie tritt auf, wenn ein bestimmter Bereich hinter dem Wernicke-Areal geschädigt ist. Ein anomischer Patient versteht gut und kann bei Unterhaltungen auch fast normal sprechen. Er versagt jedoch, wenn er Gegenstände benennen oder die Namen von Personen finden soll.

Die drei genannten Sprachstörungen sind beileibe nicht die einzigen Formen von Aphasien. Es gibt eine verwirrende Vielfalt davon, und nicht immer sind die Symptome so klar, wie in der Fachliteratur beschrieben. Das ist auch nicht verwunderlich. Selten ist genau der Bereich betroffen, der eine bestimmte Aufgabe erfüllt. Ein Tumor kann zum Beispiel neben dem Brocaschen Zentrum sitzen und nur Teile davon so schädigen, daß die Nervenzellen dort nicht mehr richtig funktionieren. Ein Gehirnschlag wird möglicherweise nicht nur Wernickes Areal betreffen, sondern zusätzlich noch einen Teil der Verbindung zum Brocaschen Areal.

Dieses Modell – das Brocasche Zentrum ist für die Produktion von Sprache zuständig, das Wernicke Areal dagegen für die Perzeption von Sprache – ist auf große Resonanz unter den Sprachforschern gestoßen. In den letzten Jahren hat sich jedoch das Bild etwas gewandelt. Eine Reihe von Untersuchungen deutet nämlich darauf hin, daß bei vielen Patienten die strikte Trennung zwischen einer Störung der Produktion von Sprache einerseits und der Perzeption andererseits gar nicht existiert.

Die Leipziger Sprachforscherin Angela Friederici nimmt mittlerweile an, daß sich in der Gegend um das Brocasche Zentrum hochautomatisierte Vorgänge abspielen, die es uns erlauben, blitzschnell grammatikalische Fehler aufzuspüren. Dort sind, so vermutet Friederici, jene Schaltkreise von Nervenzellen beheimatet, die für eine korrekte Beachtung der Grammatik sorgen – sowohl beim Sprechen als auch beim Verstehen. Diese Schaltkreise springen sehr schnell auf Fehler in der Syntax an, also auf einen unvollständigen Satz wie »Der Freund wurde im besucht« – ein Effekt, den verschiedene Forscher überprüft haben. Zu diesem Zweck haben sie die elektrischen Ströme im Gehirn mittels Elektroden gemessen, die an der Schädeldecke befestigt werden. Elektro-Enzephalographie (EEG) heißt diese Methode. Sie liefert ein grobes Bild der elektrischen Ströme im Inneren des Gehirns und damit der gemittelten Aktivität von vielen Nervenzellen. Menschen, die den Satz »Der Freund wurde im besucht« in ihrer Muttersprache hören, weisen alle dasselbe charakteristische elektrische Gehirnmuster auf. Das gilt nicht nur für Deutsche, sondern auch für Holländer und Amerikaner – ein Beweis dafür, daß hochautomatisierte Sprachprozesse immer im vorderen Teil des Gehirns angesiedelt sind.

Wenn dagegen Versuchspersonen entscheiden müssen, ob der Satz »Der Honig wurde ermordet« korrekt ist, dann dauert das länger als das Aufspüren von grammatikalischen Fehlern. Auf dem EEG erkennt man, daß die Hirnaktivität erst später einsetzt. Vor allem aber schlagen die Nervenzellen im hinteren Teil der linken Hemisphäre Alarm, also in der Gegend des Wernickeschen Areals. Dort befinden sich Angela Friederici zufolge jene Schaltkreise, die semantische (auf das Verständnis bezogene) Inhalte verarbeiten.

Nach ihrem Gehirnschlag konnte die 66jährige Patientin Liane K. sich zwar noch flüssig ausdrücken. Das, was sie ihren Mitmenschen mitteilte, war jedoch voller

Fehler. Außerdem verstand sie andere sehr schlecht – kurzum, sie zeigte typische Symptome einer Wernicke-Aphasie. Dabei konnte Liane K. gar nicht sprechen, sie war nämlich seit dem Alter von sechs Monaten taub und demzufolge auch stumm. Um sich zu verständigen, benutzte sie Ameslan, die amerikanische Gebärdensprache. Ameslan ist ziemlich komplex, und die Menschen, die es benutzen, können sich damit sehr gut unterhalten. Das geht so weit, daß sie sogar »Zeichenwitze« reißen. Lianes Gehirnschlag hatte allerdings nicht das Wernicke-Areal getroffen, sondern den sogenannten linken Scheitellappen, einen Bereich des Gehirns, der daran beteiligt ist, eine Folge von Handbewegungen zu steuern.

Taubstumme und sprechende Aphasiker mit denselben Symptomen haben in der Regel unterschiedliche Schädigungen im Gehirn erlitten. Trotzdem vermuten Forscher mittlerweile, daß es in der linken Hemisphäre ein auf Sprache im weitesten Sinn spezialisiertes System gibt. Amerikanische Wissenschaftler testeten mehrere Taubstumme, die kurz zuvor einen Gehirnschlag erlitten hatten. Sie mußten »sprachliche« sowie räumlich-visuelle Aufgaben (die typischerweise die rechte Gehirnhälfte beanspruchen) lösen. Die Patienten mit einer Schädigung der rechten Hemisphäre hatten Schwierigkeiten mit den visuellen Tests, sie benutzten die Zeichensprache aber ohne Probleme. Bei jenen mit einer Läsion in der linken Gehirnhälfte war es genau anders herum: Sie schnitten bei den visuellen Aufgaben gut ab, taten sich jedoch teilweise sehr schwer beim Gebrauch von Ameslan – ein Hinweis darauf, daß auch Zeichensprache von der linken Hemisphäre übernommen wird.

Fast alle Rechtshänder und auch ein Großteil der Linkshänder sprechen, wie wir im Kapitel über die zwei Gehirnhälften gesehen haben, mit ihrer linken Hemisphäre. Das bedeutet jedoch nicht, daß die rechte Hemisphäre beim Sprechen »stumm« bleibt. Ihr ist es zu verdanken, daß wir sowohl unsere eigenen Gefühle ausdrücken können als auch die Emotionen unseres Gesprächspartners erkennen. Das melodische Auf und Ab der Sprache sowie freundliche oder aggressive Gesten werden von der rechten Gehirnhälfte erzeugt beziehungsweise von ihr verstanden.

»Was ging da vor sich? Gelächter kam von der Aphasiker-Station, gerade als die Rede des Präsidenten begann, und sie waren doch alle so begierig gewesen, den Präsidenten sprechen zu hören«, schreibt der Neurologe und Psychiater Oliver Sacks in dem Bestseller ›Der Mann, der seine Frau mit einem Hut verwechselte‹. Offenbar waren die Patienten, die an schwerwiegenden Aphasien litten, von der Rede des amerikanischen Präsidenten Ronald Reagan sehr belustigt. Sie konnten kein Wort verstehen und doch krümmten sich die meisten von ihnen vor Lachen.

Aphasiker mögen kein Wort verstehen, aber häufig können sie zur großen Überraschung ihrer Verwandten und Freunde einer Unterhaltung ziemlich gut folgen. Sie hören den Ton der Stimme, die Intonation und Melodie – kurz die Prosodie –, und sie sehen die Gesten des Sprechenden. So ist zu verstehen, was Sacks' Patienten zum Lachen brachte: die Grimassen, die falschen Gesten und die Töne in der Stimme des ehemaligen Schauspielers, der sein Handwerk immer noch gut beherrschte. Diese emotionale Färbung, so meint Oliver Sacks, klang in den Ohren der für Sprachtönung und Gesten so sensiblen Aphasiker einfach falsch.

Früher konnte man das Ausmaß von Schädigungen im Gehirn nur feststellen, nachdem die Patienten gestorben waren. Heute gibt es ausgefeilte Techniken, um einen Blick unter die Schädeldecke zu werfen und die Läsionen auf den Millimeter genau zu lokalisieren. Sogenannte Computer- und Kernspin-Resonanz-Tomographen zeigen deutlich, wo Krebszellen sitzen oder Nervenzellen und Fasern abgestorben sind, weil sie von der Blutzufuhr abgeschnitten wurden. Nicht nur das: Diese bildgebenden Verfahren, wie sie in der Fachsprache heißen, haben der Sprachforschung einen weiteren Impuls gegeben. Sie ermöglichen den Wissenschaftlern, gesunden Gehirnen beim Sprechen oder Erkennen von Wörtern und Sätzen gleichsam zuzuschauen.

Kernspin-Resonanz ist ein physikalischer Effekt, der darauf beruht, daß manche Atome und Moleküle kleinen Magneten ähneln. Die Kernspin-Resonanz-Tomographie (siehe auch Kapitel 3) nutzt diesen Effekt aus, um Gewebe mit unterschiedlichen Eigenschaften sichtbar zu machen. Normalerweise verwenden vor allem Ärzte diese Methode, um sehr kleine Tumoren, die auf einem herkömmlichen Computer-Tomogramm nicht deutlich hervortreten, ausfindig zu machen. Neuerdings benutzen auch Gehirnforscher das Verfahren, um besonders aktive Bereiche zu bestimmen. Mit gewissen Tricks werden auf einem Kernspin-Tomogramm nämlich jene Gebiete sichtbar, die viel Sauerstoff verbrauchen, weil die Nervenzellen dort elektrisch aktiv sind. Damit kann man herausfinden, welche Teile des Gehirns für bestimmte Aufgaben zuständig sind. 38 Männer und Frauen nahmen an dem Test eines amerikanischen Wissenschaftler-Teams teil. Sie mußten Paare von Wörtern mit ähnlicher Bedeutung bilden, herausfinden, ob zwei Folgen von Buchstaben dieselben Muster von aneinandergereihten Groß- und Kleinbuchstaben hatten, sowie entscheiden, ob bestimmte Wörter sich reimten. Gleichzeitig wurde mit einem Kernspin-Gerät eine Durchblutungs-Karte ihrer Gehirne angefertigt.

Bei den Tests, bei denen es hauptsächlich darum ging, Buchstabenfolgen auf dem Papier zu untersuchen, zeigten die Männer und Frauen ähnliche Durchblutungsmuster. Anders sah jedoch das Ergebnis bei dem Reimversuch aus: Während die Männer nur die linke Seite ihres Gehirns benutzten (alle Versuchspersonen waren Rechtshänder), zeigten sich in den weiblichen Gehirnen auch helle Flecken in der rechten Hemisphäre. Die Frauen hatten also bei der Aufgabe, bei der sie die Wörter nicht nur lesen, sondern auch hören mußten, neben ihrer linken auch die rechte Hemisphäre beansprucht. Die amerikanischen Wissenschaftler schließen daraus, daß Frauen gesprochene Sprache anders verarbeiten als Männer.

Das Ergebnis fügt sich gut in das Bild ein, das Forscher, die Geschlechtsunterschiede studieren, heute von der Arbeitsweise des Gehirns haben. Demnach sind Männer stärker »lateralisiert« als Frauen, das heißt, ihre Gehirnhälften sind weniger gleichmäßig ausgelastet. Vor allem wenn sie sprechen und Sprache hören, benutzen rechtshändige Männer hauptsächlich die linke Hemisphäre (bei Linkshändern ist es etwas komplizierter, siehe das Kapitel über die beiden Gehirnhälften). Weibliche Rechtshänder dagegen lassen zum Teil auch die Nervenzellen ihrer rechten Gehirnhälfte arbeiten.

Möglicherweise ist das aber nur ein Teil des gesamten Bildes. Wenn Männer einen Schlaganfall in ihrer linken Hemisphäre erleiden, dann haben sie danach häufiger als Frauen Probleme mit der Sprache. Das ist nicht überraschend, denn sie benutzen ja beim Sprechen hauptsächlich ihre linke Gehirnhälfte. Warum aber leiden dann Frauen mit einem Schlaganfall in der rechten Hemisphäre nicht häufiger an Aphasien als Männer? Wenn sie tatsächlich ihre rechte Gehirnhälfte bei der Sprache stärker beanspruchen, dann müßten sich Schädigungen dort auswirken, argumentiert Doreen Kimura. Die kanadische Wissenschaftlerin, eine der weltweit bekanntesten Experten von Geschlechtsunterschieden im Gehirn, hat versucht, darauf eine Antwort zu finden.

Dabei hat sie folgendes herausgefunden: Frauen leiden im Durchschnitt häufiger als Männer an Aphasien, wenn der vordere Teil ihres Gehirns betroffen ist. Nun gilt für beide Geschlechter, daß nach einem Schlaganfall öfters Bereiche im hinteren Gehirn betroffen sind als im vorderen – aus Gründen, die mit der Beschaffenheit der Hirnarterien zusammenhängen. Die kanadische Psychologin erklärt sich das so: Frauen leiden insgesamt weniger an Sprachstörungen, nicht weil sie mit beiden Gehirnhälften sprechen und verstehen, sondern weil innerhalb einer Hemisphäre ihre Sprachzentren anders angeordnet sind als die der Männer. Die für das Sprechen und Verstehen wichtigen Areale würden weiter vorne im Gehirn liegen. Deshalb, so glaubt Kimura, sind ihre Sprachzentren nach einem Schlaganfall seltener betroffen und Aphasien weniger häufig.

Doreen Kimura streitet nicht ab, daß Frauen ihre rechte Gehirnhälfte bei sprachlichen Aufgaben mehr beanspruchen als Männer. Sie vermutet aber, daß es zusätzlich zu der Asymmetrie zwischen den Hemisphären Geschlechtsunterschiede bei der Organisation innerhalb einer Hemisphäre gibt, daß also die Sprachzentren innerhalb der linken Gehirnhälften bei Frauen und Männern unterschiedlich angeordnet sind.

Die geringere Lateralisierung von Mädchen und Frauen könnte erklären, warum sie sprachlich gesehen das stärkere Geschlecht sind. Frauen schneiden bei Sprachtests besser als Männer ab, wie wir im Kapitel über Intelligenz bereits gesehen haben. Vor allem, wenn es darum geht, schnell Wörter zu finden, die mit einem bestimmten Buchstaben anfangen, sind sie den Männern überlegen. Daß die Organisation des Gehirns dabei eine Rolle spielt, zeigt eine Studie mit Frauen. Die amerikanische Wissenschaftlerin Melissa Hines hat 28 Frauen verschiedene Aufgaben lösen lassen. Unter anderem mußten sie ihren Wortfluß unter Beweis stellen. Gleichzeitig wurde mittels Kernspin-Resonanz die Form und Größe ihres Balkens gemessen, dem größten Bündel von Nervenfasern, das die beiden Gehirnhälften verbindet.

Diejenigen Frauen, die ein großes Splenium (der hintere Teil des Balkens) hatten, erzielten besonders gute Ergebnisse bei dem Test, und umgekehrt. Es könnte also eine »anatomische« Ursache für Sprachfähigkeiten geben, mutmaßen Melissa Hines und ihre Kollegen. Unklar ist allerdings noch, ob das Splenium sprachbegabter Frauen besonders groß ist, weil die Gehirnteile, die es verbindet, groß sind. Möglich wäre auch, daß Frauen mit großem Splenium bei den Tests besser abschneiden, weil bei ihnen schneller Informationen von einer Hemisphäre zur anderen gelangen.

Auf eine ganz andere Ursache für Geschlechtsunterschiede in der Sprache deuten die Ergebnisse von Sandra Witelson hin. Die kanadische Forscherin hat, wie bereits erwähnt, vor kurzem die Gehirne von fünf Frauen und vier Männern untersucht, die alle an Krebs gestorben waren. Was sie fand, ist überraschend: Obwohl Frauen weniger Gehirnmasse besitzen, haben sie in einem bestimmten Bereich mehr Nervenzellen. Dieser Bereich liegt genau dort, wo das Gehirn Sprache verarbeitet. Sind Frauen also bei sprachlichen Tests besser als Männer, weil sie über mehr »Sprach«-Neuronen verfügen? Möglicherweise. Doch Sandra Witelson warnt davor, ihre Ergebnisse als Beweis für Geschlechtsunterschiede in kognitiven Fähigkeiten zu deuten, bevor nicht andere Wissenschaftler sie reproduziert haben. Ganz abgesehen davon, daß, wie bereits im zweiten Kapitel erwähnt, überhaupt nicht klar ist, ob mehr Nervenzellen mit einer höheren Leistungsfähigkeit einhergehen.

Mädchen zwischen einem und fünf Jahren sind sprachlich etwas fitter als Buben. Daß sie früher sprechen lernen, wird häufig hervorgebracht, obwohl die wissenschaftlichen Untersuchungen darüber zu unterschiedlichen Ergebnissen kommen. Aber allein die Existenz eines solchen Vorurteils könnte bewirken, daß sich ein kleiner Vorteil eines Geschlechts verstärkt. Ich selbst zum Beispiel ertappe mich immer wieder dabei, meine Tochter Claire zum Sprechen zu ermutigen. Jedesmal, wenn sie auch nur den Mund öffnet, um etwas zu lallen, sage ich etwas oder brabble zurück. Bei ihrem älteren Bruder Lorenz habe ich das weitaus weniger häufig gemacht. Nicht überraschend also, falls Claire später Sprache als eine effiziente Strategie betrachtet wird, um zu kommunizieren.

So ähnlich erklären sich auch manche Psychologen den sprachlichen Vorteil von Frauen. Ihre Hypothese ist in der Fachliteratur als »Bent Twig« eingegangen, was soviel bedeutet wie gebogenes Stöckchen – in Analogie zu einem alten englischen Sprichwort, das besagt: »Wie das Stöckchen gebogen ist, so wächst der Baum.« Die Bent Twig-Hypothese nimmt an, daß Mädchen früher oder mehr sprechen als Jungen. Als Folge davon benutzen sie häufiger Sprache, um soziale Kontakte herzustellen, wogegen Jungen eher ihre Muskeln spielen lassen. Auch in ihrem Umgang mit Gegenständen verwenden Mädchen mehr Wörter. Jungen wiederum entwickeln ihre visuellen Fähigkeiten, weil sie mehr herumrennen und ihre Umgebung auskundschaften.

Wenn Frauen eher auf ihre sprachlichen als auf ihre visuellen Fähigkeiten setzen, dann ist die Tatsache, daß ihre Gehirne symmetrischer sind, Ausdruck strategischer und nicht biologischer Unterschiede, so die Verfechter der Bent Twig-Hypothese. Sie drehen also den Spieß um. Eine ausgewogenere Gehirnorganisation wäre nicht die Ursache dafür, daß Frauen das verbale Geschlecht sind, sondern sie würde aus der weiblichen Vorliebe für Wörter folgen. Allerdings erklärt die Bent Twig-Hypothese nicht, warum bereits Kleinkinder sich bezüglich Sprache unterscheiden, sie läßt also offen, wer oder was das Stöckchen, aus dem später der Baum wird, gebogen hat.

Frauen und Männer verwenden Sprache anders, sagen Gehirnforscher. Frauen und Männer verwenden eine andere Sprache, sagt Deborah Tannen. Sie ist Soziolinguistin, eine Sprachforscherin also, die nach gesellschaftlichen Ursachen für Geschlechtsunterschiede in der Kommunikation sucht. In ihrem Bestseller ›Du kannst mich einfach nicht verstehen‹ beschreibt Tannen treffend, wie in der Konversation zwischen Männern und Frauen sich die Anschauung über Beziehungen widerspiegelt, zum Beispiel mit folgendem Dialog:

»Er: Ich bin sehr müde. Ich habe letzte Nacht nicht gut geschlafen.

Sie: Ich habe auch nicht gut geschlafen. Eigentlich schlafe ich immer schlecht.

Er: Warum versuchst du, mich herabzusetzen?

Sie: Das tue ich doch gar nicht. Ich versuche nur, dir zu zeigen, daß ich dich verstehe.«

Indem sie dem Mann sagt, daß auch sie Probleme hat, will die Frau Nähe zeigen. Der Mann dagegen wertet ihre Antwort als Versuch, ihn schlechtzumachen. Männer sprechen und hören eine Sprache der Unabhängigkeit und des Status, Frauen sprechen und hören eine Sprache der Nähe und der Verbindung, lautet die zentrale These Deborah Tannens. Während Frauen nach dem Motto »Magst du mich?« kommunizieren, fragen Männer dagegen »Respektierst du mich?« Auch durch ihre Körpersprache signalisieren die Geschlechter Unabhängigkeit beziehungsweise Nähe. Jungen und Männer drehen sich bei Unterhaltungen häufig von ihrem Gegenüber weg und schauen ihm nicht ins Gesicht. Dagegen setzen sich Mädchen und Frauen nah zusammen und stellen so körperliche Nähe her.

Wer Tannens Buch gelesen hat, wird sich darin wiederfinden. Ich zum Beispiel verstehe jetzt, warum mein Vater beim Autofahren so ungern nach dem Weg fragt. Mein Mann handelt ähnlich. Lieber verfährt er sich, als anzuhalten, das Fenster herunterzukurbeln und sich die Richtung zeigen zu lassen. Er würde damit seine Unabhängigkeit aufgeben und einem Fremden gegenüber zugeben, daß er etwas nicht weiß. Die meisten Frauen dagegen (mich eingeschlossen) finden gar nichts dabei, nach dem Weg zu fragen.

Frauen und Männer verwenden Sprache, als ob sie zu verschiedenen Kulturen gehören würden, sagt Deborah Tannen. Für osteuropäische Juden, so schreibt sie, dient ein freundschaftlicher Streit dazu, sozialen Kontakt herzustellen oder zu pflegen. Menschen anderer Herkunft würden ein solches Wortgefecht dagegen als aggressiv empfinden. Deutsche Studenten, so zitiert sie eine Studie, halten amerikanische Kommilitonen für schlecht informiert und uninteressiert, weil sie mit neuen Bekannten ungern über Politik diskutieren. Letztere beurteilten die Deutschen als aggressiv, weil sie Menschen, die sie gerade erst kennengelernt haben, zu einem Streit über amerikanische Außenpolitik provozieren.

Wie schwierig die Kommunikation zwischen Menschen verschiedener Kulturkreise sein kann, kann man auch in China erfahren. Ein Chinese eröffnet das Gespräch mit einem Fremden immer mit ein paar Standardfragen. Er erkundigt sich nach dem Familienstand, nach Kindern, dem Wohnort und dem Beruf. Es würde ihm jedoch nie in den Sinn kommen, genauer nachzufragen, worin etwa die Tätigkeit seines Gegenübers besteht. Das käme einem Affront gleich. Ein Deutscher dagegen fragt nach, um sein Interesse zu bekunden. So wie Menschen verschiedener Kulturen sich mißverstehen, weil sie anders mit Sprache umgehen, glaubt Deborah Tannen, so reden die Geschlechter aneinander vorbei.

Auch andere Soziolinguistinnen haben beschrieben, wie die Wertvorstellungen von Männern und Frauen sich in der unterschiedlichen Art zu sprechen zeigen. Die Britin Jennifer Coates betont, daß Männer in ihrer Sprache Macht ausdrücken, während Frauen Solidarität und Unterstützung vermitteln. Das zeige sich bereits bei Kindern, die miteinander spielen, so Coates. Während Jungen sagen würden »Gib mir das« oder »Verschwinde«, pflegten Mädchen meist einen respektvolleren Umgangston: »Sollen wir damit zusammen spielen?« oder »Mußt du nicht nach Hause gehen?«

Und was ist mit der vermeintlichen Geschwätzigkeit? Wissenschaftliche Untersuchungen widersprechen durch die Bank der weit verbreiteten Vorstellung ständig plappernder Frauen. Männer, so zitiert Jennifer Coates diverse Studien, reden mehr als Frauen bei beruflichen Besprechungen, bei Fernsehdiskussionen, und sogar im privaten Bereich. Bei einem Experiment sollten Männer und Frauen Bilder beschreiben. Während Frauen für jedes Bild etwa dreieinhalb Minuten verwendeten, redeten die Männer viermal so lange. Wenn die wissenschaftliche Erkenntnis dagegen spricht, warum hält sich der Mythos der geschwätzigen Frauen so lange? Frauen hat man jahrhundertelang aus dem öffentlichen Leben verbannt, erklärt Jennifer Coates, und von ihnen erwartet, daß sie schweigen. Männern dagegen wird automatisch das Recht zu sprechen eingeräumt.

Wenn sie reden, dann sprechen Frauen vor allem über Kinder und persönliche Beziehungen – nicht überraschend, wenn man bedenkt, daß sehr viele Frauen sich vor allem ihrer Familie widmen. Männer dagegen unterhalten sich über Sport, Politik und Autos – Themen, die sie als wichtig betrachten, während Kindererziehung eher als nebensächlich gilt. Auch deshalb wären Frauen mit dem Makel der Geschwätzigkeit behaftet, so Jennifer Coates, redeten sie doch vor allem über die trivialen Dinge des Lebens.

»Ja, die Leute schwätzen. Und andere Leute, besonders junge, finden das schlimm und oft bösartig. Aber lassen Sie mich als alte Frau eines sagen: Geschwätz ist in neun von zehn Fällen wahr. Das ist es, was die Leute daran so ärgert.«

Das war ein bißchen viel für Holmes. Als naher Verwandter verspürte ich die Pflicht, sie zu bremsen. »Ja, die geniale Vermutung«, fing ich an. Es half nicht.

»Nein, nicht das, ganz und gar nicht! Es ist nicht Genialität, sondern eine Frage von Übung und Erfahrung. Wißt ihr noch, als wir im Britischen Museum mit diesem Ägyptologen geredet haben? Bei jedem Papyrus konnte er nach einem kurzen Blick sagen, aus welcher Zeit das Schriftstück stammt oder ob es eine Fälschung aus Birmingham war. Er konnte keine Regel dafür nennen, er wußte es einfach. Er hat sich sein Leben lang mit solchen Sachen beschäftigt. Und genau das meine ich. Die sogenannten ›überflüssigen Weiber‹ haben viel freie Zeit, und ihr Hauptinteresse gilt den Menschen. Und so werden sie allmählich zu Experten auf dem Gebiet der Menschenkenntnis.«

Meine Tante mußte unterbrechen, um Luft zu holen. Holmes ergriff seine Chance. »Meine liebe Miss Marple, ich bemühe mich, Rücksicht auf Ihren geschlechtsspezifischen Sprachstil zu nehmen. Aber wir wollen doch eine wissenschaftliche Diskussion führen.«

»Ich weiß, daß ich leicht vom Thema abschweife, aber ich kann mich so darüber aufregen, was die Leute über uns alte Frauen sagen. Und kommen Sie nicht mit Ihrer Wissenschaft. Ich kenne Gelehrte, die genauso gern schwätzen wie alte Tanten; nur was sie sagen, interessiert keinen. Vorletzten Donnerstag hatten wir in unseren Gartenverein eine wissenschaftliche Kapazität auf dem Gebiet der Ölbaumgewächse eingeladen, Syringa sowieso. Der Mann kannte sich fast so gut aus wie meine Nachbarin Mrs. Rutherford. Trotzdem ist die ganze Versammlung bei seinem Vortrag eingeschlummert, bis ich ihn fragte, ob er nicht auch fände, daß der Flieder im Frühling einfach herrlich duftet.«

»Und war er beleidigt?« fragte Holmes.

»Im Gegenteil. Nachdem er kurz, aber begeistert über die Schattierungen der Fliederbäume in seinem eigenen Garten gesprochen hatte, war die menschliche Verbindung wiederhergestellt. Er wußte, daß er uns nicht mit seinen Details über Syringa und der vermeintlichen Objektivität eines Wissenschaftlers beeindrucken mußte.«

»Wollen Sie damit sagen, daß die Wissenschaft auf ihre Objektivität verzichten soll?«

»Dann dürfte sie sich nicht mehr Wissenschaft nennen. Nein, ich schätze einen nüchternen Blick auf die Tatsachen. Dennoch meine ich, daß die Wissenschaft manchmal die Gefühlswelt zu wenig beachtet. Sie versucht die menschliche Seele in einen rationellen und einen emotionalen Teil aufzuspalten.«

»Wie Dr. Jekyll und Mr. Hyde, von denen wir vorher geredet haben. Die zwei Seiten seiner Seele waren nicht nur gutartig und bösartig, sie waren auch gewissermaßen denkend und fühlend. Leider beschäftigte Mr. Hydes Gehirn nicht der Flieder, sondern Mord und Totschlag. Und das Präparat von Dr. Jekyll hat das angeborene Böse unkontrolliert entweichen lassen.«

»Das angeborene Böse, Mister Holmes? Glauben Sie wirklich, ein Baby hätte etwas Böses an sich? Dr. Jekyll hat in seinem langen Leben von anderen und von sich selbst gelernt, das Falsche zu tun, genau wie er gelernt hat, sich nobel zu verhalten. Es war das erlernte Böse, das von seiner Erfindung freigesetzt wurde.«

Kapitel 7

Die Natur der Gewalt

Kalifornien, im Jahr 1966. Nachdem er seine Frau und seine Mutter getötet hatte, stieg Charles Whitman auf einen Turm und erschoß die Aufsichtsperson und 14 weitere Menschen, 24 wurden verletzt. Whitman starb schließlich selbst durch eine Polizeikugel. Monate vor dem Blutbad hatte er einen Psychiater aufgesucht und geklagt, daß er seit einiger Zeit gegen Mordimpulse zu kämpfen habe. Diese würden so verrückte Formen annehmen, daß er manchmal wünschte, auf einen Turm zu steigen und Menschen zu erschießen. Als Whitman obduziert wurde, entdeckten die Gerichtsmediziner eine walnußgroße, bösartige Krebsgeschwulst im mittleren Teil des Schläfenlappens.

England, im Jahr 1993. Zwei Jungen im Alter von elf Jahren haben die Schule geschwänzt und schlendern durch ein Einkaufszentrum. Dort entführen sie den zweijährigen James Bulgar, den seine Mutter kurz alleine gelassen hat, um in einem Geschäft etwas zu besorgen. Einige Tage später wird James auf einem Bahngleis aufgefunden – er wurde von den beiden Jungen zu Tode geprügelt. Viele Menschen waren darüber erschüttert, nicht nur in Großbritannien, sondern auch in Deutschland. Man diskutierte über die Ursache des Mordes, über die Rolle gewalttätiger Fernsehsendungen und der Erziehung allgemein.

Zwei Fälle extremer Aggression, deren Motive weitgehend ungeklärt sind und es wohl auch bleiben werden. Die Gründe, die der Mordlust zugrunde gelegt werden, sind jedoch völlig entgegengesetzt. Bei Charles Whitman vermutet man eine biologische Ursache, nämlich einen Tumor. Er könnte die Zentren im Gehirn, die Aggression kontrollieren, lahmgelegt haben. Im Fall Bulgar wird angenommen, daß die jugendlichen Mörder in ihrem Verhalten gestört sind, aber nicht etwa, weil ihr Gehirn krank ist, sondern weil sie vermutlich orientierungslos in einer gewalttätigen Gesellschaft aufgewachsen sind.

Auf Aggression und ihre Ursachen werden wir später zurückkommen. Auch darauf, daß die meisten Gewalttäter Männer sind und daß im Tierreich, von einigen Ausnahmen abgesehen, die Männchen aggressiver sind als die Weibchen – weshalb man vermutet, daß Aggression mit dem Geschlechtshormon Testosteron zusammenhängt.

Seit jeher haben Philosophen den Menschen als eine Kreatur angesehen, die zwischen zwei Polen lebt: ihren Gefühlen und Trieben einerseits, ihrem Verstand und ihrer Vernunft andererseits. Angst, Ärger, Freude, Traurigkeit, Wut und Aggression hat man lange Zeit als die »animalische« Seite des Menschen betrachtet, als seine Schwäche, die Vernunft und das Fehlen von Gefühlen dagegen als Stärke. Parallel dazu wurde vermutet, daß Gefühle und Triebe dem sogenannten limbischen System entspringen, einem tief gelegenen und aus Sicht der Evolution älteren Teil des Gehirns. Verstand und Geist wären dagegen in der Großhirnrinde (Cortex) angesiedelt – in dem Bereich also, der beim Menschen viel Platz einnimmt und verhältnismäßig sehr viel größer ist als bei allen Tieren. »Wir als rational-corticale Wesen sind Reiter ohne Sattel und Zügel auf dem wilden Pferd des limbischen Systems« hat der Bremer Hirnforscher Gerhard Roth den vermeintlichen Gegensatz zwischen Vernunft und Gefühlen beschrieben.

Mittlerweile weiß man, daß diese Trennung des Gehirns – hier Emotionen, dort Verstand – so nicht stimmt. Die Gefühlswelt ist nicht nur im limbischen System angesiedelt, sondern sie beansprucht auch die Hirnrinde. Ebenso gilt, daß das limbische System mehr ist als »nur« ein emotionales Gehirn, daß es vielmehr auch für rationales Handeln wichtig ist.

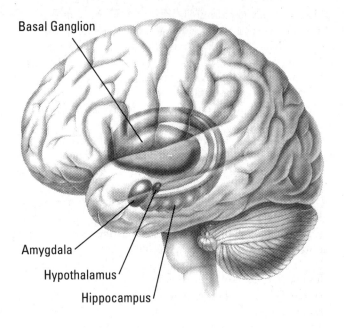

Basal Ganglion

Amygdala

Hypothalamus

Hippocampus

Abbildung 7: Das limbische System mit Hypothalamus

Das limbische System (Abbildung 7) darf man sich nicht als einen Gewebeklumpen vorstellen. Es besteht vielmehr aus mehreren zusammenhängenden Strukturen mit seltsamen Namen: zwei »Mandelkerne« (einer der rechten Hemisphäre zugeordnet, der andere der linken) oder fachsprachlich auch Amygdala; das »Seepferdchen« oder Hippocampus, das so heißt wegen seiner geschwungenen Form. Zum limbischen System, früher auch Riechhirn genannt, gehört übrigens auch der Riechkolben, der die Signale der Nervenzellen in der Nase empfängt. Möglicherweise lautet deshalb eine gängige Redensart in der Umgangssprache »Ich kann ihn nicht riechen«, was soviel heißt wie »er ist mir zutiefst unsympathisch«.

Vor über 50 Jahren machten der Psychologe Heinrich Klüver und der Neurochirurg Paul Bucy ein wichtiges Experiment. Sie entfernten einem Makaken den seitlichen unteren Teil des Gehirns, genauer gesagt beide Schläfenlappen. Damit büßte das Tier einen großen Bereich seines limbischen Systems ein. Der Affe, zuvor eher wild und voller Furcht vor Menschen, wurde zahm und verlor seine Angst. Gleichzeitig steckte er alles, was er finden konnte, in den Mund und fraß Dinge, die er zuvor abgelehnt hätte. Auch sein Sexualverhalten war wie gewandelt. Er masturbierte häufig und war ständig auf der Suche nach gleichgeschlechtlichen Partnern, wobei er nicht nur Makaken-Männchen, sondern auch Tiere einer fremden Art wählte.

Spätestens seit diesem Experiment ist klar, daß das limbische System eine wichtige Rolle bei Emotionen spielt. Weitere Beobachtungen bestätigen das: Babys, die ohne Großhirnrinde, aber mit limbischem System geboren werden, zeigen Gefühle, indem sie weinen oder lächeln. Elektrische Reizungen des limbischen Systems können zu spontanen Gefühlsausbrüchen führen. Das weiß man zum Beispiel von Epileptikern. Vor 30 oder 40 Jahren gab es noch nicht wie heute Computer- oder Kernspin-Tomographie, mit denen man sehr genaue

Aufnahmen des Gehirns machen kann. Deshalb mußten die Ärzte vor Operationen zu anderen Mitteln greifen. Bevor ein Neurochirurg einem Epileptiker denjenigen Bereich des Gehirns entfernte, von dem die übermäßige elektrische Erregung ausging, reizte er mit feinen Drähten das umliegende Gewebe. Damit konnte er genau feststellen, wie ausgedehnt der epileptische »Herd« ist. Auf diese Weise hat man auch viel darüber gelernt, wo bestimmte Funktionen des Gehirns lokalisiert sind. Sticht man nun Patienten mit Elektroden in das limbische System und erregt durch Stromstöße ihre Nervenzellen, so berichten sie von aufkommenden Gefühlen: von Angst und Furcht, von Freude, Ärger und Wut, auch von Liebe und Zuneigung. Auch erfahren manche Menschen Halluzinationen oder déjà-vu-Erlebnisse: Déjà vu heißt »schon gesehen«, es kommt ihnen also vor, als ob sie ein Erlebnis zum zweiten Mal durchlebten.

Noch sind Gehirnforscher weit davon entfernt zu verstehen, was sich genau im limbischen System abspielt, wenn wir glücklich oder traurig sind. Doch sie vermuten, daß ein Teil des »emotionalen Gehirns«, nämlich die Mandelkerne, eine Art Pforte auf dem Weg von den Sinnen zu den Gefühlen sind. Die Mandelkerne bewerten Sinnesreize und verbinden sie mit einem Gefühlszustand. Möglicherweise war Charles Whitman in der Bewertung seiner Umgebung extrem gestört. Den Tumor des Massenmörders entdeckten die Gerichtsmediziner nämlich etwa dort, wo sich die Mandelkerne befinden.

Er kam nach Hause, durchgefroren und in trüber Stimmung, erzählt der französische Schriftsteller Marcel Proust in seinem Roman ›In Swanns Welt‹. Zunächst will er nichts zu sich nehmen, läßt sich dann aber doch von seiner Mutter überreden, eine Tasse Tee zu trinken und ein Madeleine zu essen – ein typisch französisches Plätzchen in Form einer Muschelschale. Proust gibt einige Krümel der Madeleine auf einen Löffel voller Tee und schiebt ihn in den Mund. Plötzlich macht sich ein lustvolles Vergnügen in ihm breit, dessen Ursprung er sich zunächst nicht erklären kann – bis er sich daran erinnert, wie er als Kind Sonntag morgen in das Zimmer seiner Tante kommen und ein Stückchen Madeleine, in Tee getränkt, essen durfte.

Ein einziger Sinneseindruck läßt Gefühle Revue passieren: Die Sinnesreize, die das Gehirn des kleinen Marcel am Sonntag morgen im Zimmer seiner Tante verarbeitete, haben seine Mandelkerne als angenehm bewertet. Dicht neben den Mandelkernen, im limbischen System, befindet sich der Hippocampus. Er, speichert Gedächtnisinhalte und ruft sie wieder ab. Dabei vermutet man, daß die Gedächtnisinhalte selbst nicht dort, sondern in verschiedenen Teilen der Großhirnrinde abgelegt sind. Menschen, deren Hippocampus zerstört ist, können sich an vieles nicht mehr erinnern, und haben große Probleme, sich Dinge zu merken, also neues Wissen abzuspeichern.

Marcel Prousts Hippocampus hat also nicht nur die Erlebnisse im Zimmer der Tante gespeichert, sondern zugleich die angenehme Empfindung, die sie bewirkten. Das ist deshalb möglich, weil die Gedächtnisspeicher unseres Gehirns assoziativ arbeiten, wie es in der Fachsprache heißt. Wenn mehrere Dinge sozusagen in einer Schublade abgelegt werden, dann reicht es oft aus, eines davon herauszuholen, um sich an die anderen zu erinnern. Die Madeleine in Tee getränkt gehörte für Proust zum Sonntag morgen sowie zu einem angenehmen Gefühl. Er mußte nur diesen Geschmack verspüren, um damit das angenehme Gefühl hervorzurufen und sich auch an die Erlebnisse im Zimmer seiner Tante zu erinnern.

Die Umgebung nehmen wir mit unserer Großhirnrinde wahr, indem wir sehen, hören, riechen, schmecken und fühlen. Eine emotionale Bedeutung erhalten die Umweltreize jedoch erst, wenn sie in den Mandelkernen aufbereitet, bewertet und mit einer Empfindung versehen werden. Ebenso wie es Verbindungen von der Großhirnrinde zum limbischen System gibt, sendet dieses ständig Informationen zurück zu den Sinneszentren. Das erklärt auch, weshalb Sinnesreize vom jeweiligen Gefühlszustand abhängen. Das Bild ›Der Schrei‹ des depressiven norwegischen Malers Edward Munch, auf dem man eine Gestalt sieht, die mit schreckverzerrtem Gesicht und weit geöffnetem Mund vor etwas flieht, wird einem Betrachter, der etwas traurig ist, sehr düster erscheinen und ihn sicher nicht froher stimmen. Ist derselbe Betrachter dagegen glücklich, so wird das Bild, wenn auch nicht positiv, jedoch ganz anders auf ihn wirken.

Wenn Frauen und Männer in unterschiedlichen Gefühlswelten leben, wie die gängigen Vorurteile besagen, kann man das an ihren Gehirnen erkennen? Eine Studie des amerikanischen Forschers Ruben Gur und seiner Kollegen von der Medizinischen Hochschule in Philadelphia könnte darauf hindeuten. Die Wissenschaftler ließen ihre Versuchspersonen 30 Minuten lang in einem ruhigen Zimmer mit Dämmerbeleuchtung liegen. Sie sollten dabei »an gar nichts denken«, so die Vorgabe der Experimentatoren. Die 37 Männer und 24 Frauen erhielten eine Spritze mit radioaktivem Zucker, der sich eine Zeitlang in jenen Zellen anreichert, die besonders viel Energie verbrauchen – die also hart arbeiten. Mit Hilfe der im bereits beschriebenen Methode der Positronen-Emissions-Tomographie, kurz PET, machten die Forscher Aufnahmen des Gehirns und registrierten so die besonders aktiven Bereiche.

Bei den Männern waren das vor allem »primitive« Teile des limbischen Systems, die aus der Sicht der Evolution älter und vor allem mit Handlungen beschäftigt sind. Frauen dagegen wiesen eher in einem entwicklungsgeschichtlich jüngeren Bereich elektrische Aktivität auf. Dort, so glaubt Gur, spielen sich die Prozesse ab, die zu symbolischen Handlungen führen. »Wenn ein wütender Hund hochspringt und beißt, dann ist das eine eindeutige Handlung«, beschreibt Ruben Gur den Unterschied, »wenn er dagegen nur knurrt und seinen Schwanz einzieht, dann ist das symbolisch.« Vielleicht erklärt die Differenz im elektrischen Grundmuster des Gehirns, warum Männer eher brüllen oder zuschlagen, wenn man sie beleidigt, Frauen dagegen durch subtile Körpersprache ausdrücken, daß sie sich schlecht behandelt fühlen. Gurs PET-Studie ist allerdings nicht unumstritten. Denn was bedeutet es, »an nichts zu denken«? Auch die Coautorin der Veröffentlichung im Wissenschaftsjournal ›Science‹, Lyn Mozley, sagt, daß es praktisch unmöglich ist, an nichts zu denken. Mozley hat selbst an dem Experiment teilgenommen und, wie sie später zugibt, teilweise dabei gedacht: »Wann ist das Ganze endlich vorbei?«

Der Affe, dem Klüver und Bucy unter anderem die Mandelkerne entfernt hatten, war zahm und furchtlos geworden. Er zeigte überhaupt wenig Emotionen – nicht überraschend, nach dem, was man mittlerweile über die Rolle dieses wichtigen Teils des limbischen Systems weiß. Bei dem Makaken gab es keine funktionierende Verbindung mehr zwischen den Reiz- und den Gefühlszentren. Die vielfältigen Reize der Umwelt konnten bei ihm kaum mehr Emotionen wecken. Menschen, deren Mandelkerne geschädigt sind, reagieren ähnlich. Sie wirken lust- und gefühlslos, als ob die Welt keinerlei Reize mehr böte. Es scheint fast, als ob bei ihnen die Verbindung zwischen Außenwelt und Innenwelt defekt ist.

Anfang der 50er Jahre wollten James Olds und sein damaliger Doktorand Peter Milner etwas über die neurologischen Grundlagen von Wachheit und Bewußtsein herausfinden. Dazu implantierten die Forscher von der McGill Universität im kanadischen Montreal Ratten feine Drähte ins Gehirn und reizten bestimmte Nervenzellen. Bei einem Tier haben sie mit der Elektrode nicht richtig getroffen, jedenfalls beobachteten Olds und Milner ein außergewöhnliches Verhalten. Die Ratte lief immer wieder zu der Stelle, an der sie den Stromstoß erhalten hatte, als ob sie nicht genug davon bekommen konnte. Ein späteres Experiment, bei dem die Ratte – die Elektrode an derselben Stelle implantiert – selbst auf eine Taste drücken konnte, um sich einen Stromstoß zu versetzen, bestätigte die Beobachtung: Der Stromstoß rief bei dem Tier lustvolle Gefühle hervor, und es drückte nun fortwährend die Taste, bis zu einem Zustand völliger Erschöpfung.

Olds und Milner hatten mit ihrer falsch plazierten Elektrode den Hypothalamus erwischt. Das kirschkerngroße Organ liegt in der Nähe der Mandelkerne. Obwohl er weniger als ein Prozent des gesamten Gehirngewichts ausmacht, gibt es kaum eine Verhaltensweise, an der der Hypothalamus nicht beteiligt ist – angefangen vom Essen, Schlafen, über die Kontrolle des Blutdrucks, der Körpertemperatur und der Atmungsfrequenz bis hin zum Sexualverhalten. Olds und Milner hatten die Elektrode offensichtlich in ein Gebiet eingepflanzt, das angenehme Gefühle hervorruft, in ein Lustzentrum also.

Seit diesem Experiment haben zahlreiche Forscher solche Selbstreizungsversuche an Ratten und anderen Tieren gemacht. Zum Beispiel hat man im Hypothalamus »Freßzentren« oder »Durstzentren« entdeckt. Wenn sie die Gelegenheit dazu haben, dann reizen die Ratten lieber diese Punkte, als sich am Futternapf oder einer Trinkquelle zu versorgen. Andere Bereiche des Hypothalamus scheinen eher mit Unlust oder negativen Gefühlen einherzugehen. Diese Zentren reizen die Ratten nur einmal und nicht wieder. Auch aggressives Verhalten, zum Beispiel das Angreifen eines Artgenossen, kann man mit einem wiederholten Stromstoß an geeigneten Stellen im Hypothalamus erreichen.

Ganz genau wissen die Gehirnforscher noch nicht, welche Rolle der Hypothalamus bei Gefühlen spielt. Sicher ist jedoch, daß es zwischen ihm und dem limbischen System vielfältige Verbindungen gibt. Das zeigt sich auch an den Körperreaktionen, die mit unseren Emotionen einhergehen. Wer kennt ihn nicht, den be-

rühmten Knoten im Magen oder das plötzliche Herz-
klopfen? Der Mund wird trocken, Schweiß bildet sich
auf der Haut, und die Beine zittern. All dies, nur weil wir
glücklich sind darüber, eine geliebte Person zu sehen.
Oder auch wütend, weil jemand uns den Parkplatz, den
wir seit einer Viertelstunde suchen, soeben wegge-
schnappt hat. Überraschend ist das nicht: Der Hypothalamus ist, wie bereits erwähnt, an den grundlegenden
Regulierungsmechanismen des Körpers – Atmung, Herzschlag oder Blutdruck – beteiligt, und er tauscht ständig
Informationen mit dem limbischen System aus.

Der Arbeiter Phineas Gage war 25 Jahre alt, als er 1868
bei Bahnarbeiten in Neu-England ein Loch in einem
Felsen mit Dynamit füllte und das Pulver mit einer Eisenstange festdrückte. Die Ladung explodierte und trieb
Gage die Eisenstange durch den Schädel. Sie hinterließ
ein Loch, das sich durch den Stirnlappen zog. Keine
Stunde nach dem Unfall war Gage wieder auf den Beinen
und berichtete einem Chirurgen, was geschehen war. Er
überlebte weitere 12 Jahre, allerdings mit schweren Verhaltensstörungen. Der Mann, der zuvor als durchschnittlich intelligent, energisch und ausdauernd galt, schien
aus dem Gleichgewicht geraten zu sein. Er war un-
beständig und wankelmütig, gleichzeitig kapriziös und
manchmal starrsinnig. Er schmiedete immerfort neue
Pläne, die er kurz darauf zu Gunsten anderer Projekte
verwarf. Kurzum, Phineas Gage schien nach der Verletzung seines linken Stirnlappens eine andere Persönlichkeit angenommen zu haben.

Aus vielen anderen Beobachtungen von Patienten und
auch von Affen weiß man mittlerweile, daß der vordere
Teil des Gehirns (genauer gesagt: der sogenannte orbito-
frontale Cortex) am Planen von Handlungen und Lösen
von Aufgaben wesentlich beteiligt ist. Der orbito-
frontale Cortex löst und lernt bestimmte Aufgaben, indem er durch Versuch, Irrtum und belohnten Erfolg
Entscheidungen trifft. Auch ist dieser Bereich des Ge-

hirns dazu da, einmal gelerntes Verhalten zu korrigieren und sich auf ein anderes Verhalten umzustellen.

Psychologen kennen den Kartensortiertest, einen Standardtest für Patienten. Dabei geht es darum, Spielkarten nach wechselnden Regeln zu ordnen, zum Beispiel nach Zahlen oder Farben. Patienten mit einer Schädigung der Stirnlappen schneiden bei diesem Test schlecht ab, weil sie Probleme haben, sich auf neue Regeln umzustellen. Deshalb hat man vermutet, daß es zwischen dem orbito-frontalen Cortex Verbindungen zum limbischen System geben muß, das, wie wir gesehen haben, Umweltreize bewerten kann und damit auch indirekt das Verhalten beeinflußt. In der Tat verlaufen zahlreiche Nervenfasern zwischen dem limbischen System und dem orbito-frontalen Cortex, weshalb es nicht überraschend ist, daß Menschen mit Schäden der Stirnlappen auch in ihrem Gefühlsleben gestört sind. Meistens sind sie unbekümmert und zeigen wenig Emotionen.

»Der Mensch als cortical-rationaler Reiter ohne Sattel und Zügel auf dem wilden Pferd des limbischen Systems« ist also ein falsches Bild. Unsere Großhirnrinde ist nicht die logische, rationale »Maschine«, welche die immer wieder heftig aufbrodelnen Gefühle des limbischen Systems bändigen muß. Vielmehr stehen beide Teile des Gehirns in ständigem Dialog und sie bilden eine Einheit des Verstands und der Emotionen.

London, 1935: Beim zweiten Treffen der Neurologischen Gesellschaft berichtet der Forscher Jacobsen von Schimpansen, denen man den Stirnlappen entfernt hatte. Nach einer solchen Lobotomie (Lobe ist der englische Ausdruck für Lappen) wurden die Tiere zahm und ruhig. Nach Jacobsens Vortrag stand der portugiesische Neuropsychiater Egas Moniz auf und fragte, ob eine frontale Lobotomie psychiatrischen Patienten mit Angstzuständen helfen könnte. Jacobsen war etwas schockiert von dem Vorschlag, hatte er doch nicht daran gedacht, bei Menschen größere Teile des Gehirns zu entfernen. Doch

Moniz beharrte auf seiner Idee und begann bald mit Operationen. Wie Moniz berichtete, waren die ersten Eingriffe erfolgreich: Die psychiatrischen Patienten, die er operierte, zeigten sich ruhiger und kooperativer als vorher. Zahlreiche Chirurgen griffen die Methode auf, und das Verfahren wurde sehr populär. Auf der Liste der »Kranken«, die man glaubte damit behandeln zu können, standen nicht nur Schizophrene und Depressive, sondern auch Homosexuelle und Gewaltverbrecher.

Bald wurde der Eingriff vereinfacht: Man machte nur noch zwei kleine Schnitte in die Schläfen und stach mit einem Messer hinein. Dieses wurde hin und her bewegt, um die Nervenfasern, die den Frontalcortex mit der restlichen Großhirnrinde verbinden, durchzuschneiden – eine einfache Prozedur, die man Leukotomie nannte und welche das Verfahren noch populärer machte als zuvor. Schließlich wurde es soweit verfeinert, daß die Chirurgen, um Narben zu vermeiden, das Messer durch die Augenhöhlen einführten. Schätzungen besagen, daß etwa 40 000 Patienten allein in den USA sich einer Lobotomie oder Leukotomie unterzogen.

Für die Chirurgen waren diese Operationen profitabel, für viele Patienten jedoch ein Fiasko. Zwar waren sie tatsächlich ruhiger geworden und litten nicht mehr unter Angstzuständen. Dafür traten jene Symptome auf, die auch die Affen mit einer Läsion der Stirnlappen gezeigt hatten. Sie hatten Schwierigkeiten, Handlungen zu planen und sich umzustellen, wenn es die Situation erforderte. In den schlimmeren Fällen kam es zu Persönlichkeitsänderungen und epileptischen Anfällen.

Psychochirurgie nennt man Eingriffe wie die Lobotomie. Sie haben das Ziel, Verhalten zu verändern – im Gegensatz zur Neurochirurgie, bei der es darum geht, Tumore zu entfernen oder Störungen des Blutkreislaufs im Gehirn zu beseitigen. Psychochirurgie hat man seit den fünfziger Jahren, nachdem die Folgen der Lobotomie deutlich wurden, kaum mehr betrieben. Auch die

Entwicklung von Medikamenten, der Neuroleptika und der Benzodiazepine insbesondere, machten die Eingriffe überflüssig. In den letzten Jahren hat das Interesse an Psychochirurgie zugenommen, und Neurochirurgen nehmen wieder Eingriffe vor. Nicht sehr viele allerdings: In den USA sind es ein paar hundert Fälle jährlich. Dabei werden in der Regel nur sehr kleine, begrenzte Bereiche innerhalb des limbischen Systems oder des Hypothalamus zerstört, Bereiche, die von ihrer Größe nicht zu vergleichen sind mit einem ganzen Stirnlappen. Das ist auch deshalb möglich, weil man heutzutage sehr viel genauer über die Anatomie des Gehirns und dessen Funktionen Bescheid weiß als früher. Die Behandelten sind meistens Menschen, die an sehr intensiven und andauernden Emotionen leiden, und denen man nicht über Jahre hinweg Medikamente geben will. Dazu gehören Personen mit schweren Depressionen, zwanghafter Besessenheit sowie extremen Angstzuständen.

Dennoch sind psychochirurgische Eingriffe nach wie vor umstritten. Die Forscher Bryan Kolb und Ian Wishaw von der Universität von Lethbridge in Kanada schreiben in ihrem Buch ›Neuropsychologie‹, daß bei vielen Patienten mit Kanonen auf Spatzen geschossen würde. Für manche sei es zwar eine Kur, so Kolb und Wishaw, jedoch eine Kur mit einem zu hohen Preis. Noch weiß man in der Tat zuwenig darüber, was passiert, wenn eine Stelle im Gehirn geschädigt wird, und welche Funktionen dabei in Mitleidenschaft gezogen werden. Auch ist kaum bekannt, wie sich das Gehirn nach Läsionen wieder erholt. In der Medizin ist es normalerweise üblich, die Wirkungen und Nebenwirkungen von Medikamenten oder Eingriffen zu testen, indem man sogenannte Kontrollstudien macht. Das heißt: Eine Gruppe von Patienten nimmt eine bestimmte Arznei ein, die andere ein Placebo – ein wirkungsloses Scheinmedikament also. Später vergleicht man, wie die zwei Gruppen von Patienten sich fühlen oder welche Nebenwirkungen aufgetreten sind. Gerade bei Psychopharmaka kann auch ein Patient seine eigene Kontrolle spielen: Man kann die Substanz ein paar Wochen geben und dann absetzen, um die Wirkung zu studieren. Psychochirurgische Eingriffe dagegen lassen sich nicht rückgängig machen. Außerdem ist es schwierig, Kontrollstudien zu machen, da es zu wenige Patienten gibt, die man an genau denselben Stellen im Gehirn operiert.

Ein schönes Bild oder romantische Musik rufen in uns Emotionen hervor. Bei Marcel Proust reichte der Geschmack von ein paar Plätzchenkrümeln im Tee aus, um angenehme Gefühle in ihm zu wecken. Ebenso wie Sinneseindrücke können aber auch chemische Stoffe unser Gefühlsleben beeinflussen. Da reicht oft schon eine kleine Pille aus, um Ängste aufzulösen oder Hochstimmung zu vermitteln. Wie ist es möglich, daß wenige Gramm einer Substanz unsere Emotionen verändern? Wie funktioniert die Chemie der Gefühle?

Als Wissenschaftler die Lustzentren im Hypothalamus, welche die Ratten mittels Stromstößen immer wieder reizten, genauer untersuchten, machten sie eine interessante Entdeckung: Die Nervenzellen dort enthielten besonders viele Kontaktstellen für Dopamin, einem der wichtigsten Botenstoffe im Gehirn. Gibt man den Ratten einen sogenannten Dopamin-Antagonisten – eine Substanz, welche die Wirkung von Dopamin blockiert, indem sie die entsprechenden Kontaktstellen besetzt –, so hören die Tiere auf, sich selbst zu reizen. Ohne Dopamin ist das Lustgefühl weg.

Auch Drogen, Kokain zum Beispiel, können angenehme Gefühle verschaffen. Der Grund ist folgender: Kokain ist ein Dopamin-Agonist, das heißt, die Droge erhöht die Wirkung von Dopamin. Ähnliches gilt für Medikamente, welche die Stimmung heben, die sogenannten Psychostimulantien. Die bekannteste Substanz ist Amphetamin. Sie bewirkt, daß die Kontaktstellen der Nervenzellen, die Synapsen, Dopamin und den ähnlich

wirkenden chemischen Botenstoff Noradrenalin in größeren Mengen ausschütten. Normalerweise werden diese
Botenstoffe ziemlich schnell wieder an den Synapsen
»eingefangen«. Auch das verhindern die Psychostimulantien – sie erhöhen also künstlich den Pegel von Dopamin
und Noradrenalin. Das verbessert nicht nur die Stimmung, sondern steigert auch den Antrieb und hemmt den
Hunger, weshalb die Wirkstoffe als Appetitzügler verwendet werden. Sie erhöhen auch die Aufnahme- und
Lernfähigkeit. Leider machen die Psychostimulantien bei
höheren Mengen und über längere Zeit eingenommen
süchtig, weshalb sich der regelmäßige Konsum zumindest bei psychisch gesunden Menschen nicht empfiehlt.

Eine weitere Klasse von Medikamenten, die sogenannten Benzodiazepine, erhöhen auch die Rate, mit der die
Ratten ihre Lustzentren reizen. Allerdings wirken sie
nicht auf den Botenstoff Dopamin, sondern auf die
Gamma-Aminobuttersäure, kurz GABA. GABA ist der
wichtigste hemmende Neurotransmitter im Gehirn, das
heißt, er bewirkt, daß elektrische Signale nicht von einer
Zelle zur anderen geleitet, sondern vielmehr unterdrückt
werden. Benzodiazepine heften sich an die GABA-Rezeptoren und aktivieren diese. Sie machen damit den
Rezeptor empfindlicher für den Neurotransmitter und
verstärken die hemmende Wirkung von GABA. Benzodiazepine, deren bekannteste Vertreter Diazepam
(Markenname: Valium) und Chlordiazepoxid (Librium)
sind, lösen Angstzustände auf, indem sie die elektrische
Erregung innerhalb der Teile des Gehirns, die für das
Angsterleben zuständig sind, hemmen. Allerdings unterdrücken sie dabei auch andere elektrische Signale. Die
Folge ist, daß Benzodiazepine Gefühle generell dämpfen,
sie machen weniger aggressiv, gleichzeitig jedoch auch
etwas lethargisch. Ebenso wie Psychostimulantien können Benzodiazepine, über längere Zeit und in hohen
Dosen eingenommen, süchtig machen.

Emotionen spüren wir nicht nur in uns, sondern wir

lassen sie auch nach außen. Häufig durch Worte, weil Sprache unser wichtigstes Kommunikationsmittel ist. Allerdings reichen Worte allein meist nicht aus, um Gefühle auszudrücken. Die Betonung der Sätze und die Mimik des Gesichts sind für unsere Gesprächspartner sehr aufschlußreich – das zeigt das Beispiel der im vorangegangenen Kapitel beschriebenen Aphasiker, die kaum ein Wort der Rede des ehemaligen US-Präsidenten Ronald Reagan verstanden und sich trotzdem vor Lachen krümmten. Sie können es auch selber probieren: Stellen Sie sich vor einen Spiegel und sprechen Sie den Satz »Ich bin sehr glücklich« mit monotoner Stimme und ohne dabei auch nur die Mundwinkel zu verziehen – Sie werden sehen, was ich meine. Niemand wird Ihnen glauben, daß Sie glücklich sind, wenn Sie nicht gleichzeitig lächeln und etwas Glück in ihrer Stimme mitschwingt.

Menschen, deren rechte Gehirnhälfte nach einem Schlaganfall oder durch einen Tumor Schaden genommen hat, sprechen häufig monoton und bringen wenig Gefühle zum Ausdruck. Manche Forscher vermuten, daß es in der rechten Hemisphäre ein spezialisiertes Zentrum für die emotionale Färbung der Sprache gibt – in Analogie zum Brocaschen Areal in der linken Gehirnhälfte, wo Sprache produziert wird. Ein Hinweis auf die Rolle der rechten Gehirnhälfte beim Ausdruck von Gefühlen kommt auch von gesunden Menschen. In einem Experiment haben Wissenschaftler heimlich Personen in einem Restaurant gefilmt und dabei ein starkes Ungleichgewicht im Gesichtsausdruck gefunden. In der Regel hoben sie häufiger die linke Augenbraue, verzogen den linken Mundwinkel zu einem Lächeln oder blinzelten mit dem linken Auge. Ihre linke Gesichtshälfte, die von der rechten Hemisphäre gesteuert wird, war also stärker mimisch als die rechte Gesichtshälfte. Auch Mona Lisas Lächeln soll asymmetrisch sein: ihren linken (vom Betrachter aus gesehen rechten) Mundwinkel hebt sie ein wenig stärker nach oben als den rechten.

Kennen Sie folgendes Witz? Der ewig schnorrende Nachbar kommt zu Herrn Schmidt und fragt: »Sagen Sie Schmidt, benutzen Sie heute nachmittag Ihren Rasenmäher?« »Ja, das tue ich«, antwortet Schmidt genervt. Darauf der Nachbar: »Gut, dann brauchen Sie Ihre Golfschläger nicht, ich würde sie gerne ausleihen.«

Personen mit »normalem« Humor verstehen die Pointe. Es gibt allerdings Menschen, die einen anderen Schluß besser finden. Wenn sie zwischen folgenden Varianten wählen können: 1) dem richtigen Schluß oder 2) »Sie wissen, daß das Gras gegenüber grüner ist.« oder 3) »Glauben Sie, daß ich ihn benutzen kann, wenn Sie fertig sind?« oder 4) »Oh, wenn ich genügend Geld hätte, könnte ich mir selber einen kaufen.« – dann wählen Patienten mit Schädigungen der rechten Gehirnhälfte zwar einen überraschenden, also »witztypischen« Schluß aus. Allerdings finden sie die Variante zwei, die überraschend, aber zusammenhanglos ist, genauso witzig wie die richtige Pointe. Deshalb ist es nicht verwunderlich, daß Menschen mit einer lädierten rechten Hemisphäre häufig einen sonderbaren Humor haben und an den unpassendsten Stellen lachen.

Forscher, die sich mit dem Wahrnehmen von Emotionen beschäftigen, teilen Gefühle oft in sechs Klassen ein: glücklich, traurig, ärgerlich, überrascht, ängstlich und angewidert. Die meisten Menschen können ohne Schwierigkeiten diese sechs verschiedenen Gefühle im Gesichtsausdruck von anderen erkennen – und zwar unabhängig von ihrer Kultur und Sprache. Das heißt, Japaner, Nigerianer, Franzosen oder Eskimos unterscheiden gleichermaßen zwischen den genannten Gefühlen. Patienten mit Läsionen der rechten Gehirnhälfte haben allerdings Schwierigkeiten mit der Unterscheidung. Werden sie gebeten, verschiedene Fotos von Gesichtern an Hand der darin ausgedrückten Gefühle zu vergleichen, so schneiden sie ziemlich schlecht ab.

Das linke Ohr kann besser als das rechte Gefühle in

der Sprache heraushören. Wenn Versuchspersonen lustige, traurige oder brutale Filme mittels spezieller Kontaktlinsen nur in den linken Gesichtsfeldhälften gezeigt bekommen, dann ändert sich ihr Puls stärker, als wenn sie die Filme nur mit der rechten Gesichtsfeldhälfte sehen. Insgesamt bestätigt eine Fülle von Studien, daß die rechte Gehirnhälfte die »gefühlvollere« ist. Sie ist darauf spezialisiert, Emotionen zu erkennen und auszudrücken.

Sind Frauen gefühlvoller als Männer, weil die Natur es so will? Oder werden sie dazu erzogen, ihre Gefühle zu zeigen, Männer dagegen, sie zu unterdrücken? Die Forscher tappen noch ziemlich im dunkeln, weil die biologische Basis von Emotionen überhaupt wenig verstanden ist. Da spielen das limbische System mit, der Hypothalamus und die Gehirnrinde. Zu den Geschlechtsunterschieden gibt es deshalb bislang nur eine Handvoll von Untersuchungen.

Bei einer haben der bereits erwähnte Forscher Ruben Gur und seine Kollegen studiert, ob Männer und Frauen gleich gut sind beim Erkennen von Gefühlen. Zeigten sie den Versuchspersonen glückliche Gesichter, dann schnitten alle, ob männlich oder weiblich, gleich gut ab. Bei traurigen Gesichtern dagegen taten sich die Männer schwer. Für sie mußte der Ausdruck sehr traurig sein, damit sie ihn erkannten. Während sie nur in 70 Prozent der Fälle auf die richtige Antwort tippten, kamen die Frauen auf 90 Prozent. Mit PET versuchten die amerikanischen Forscher herauszufinden, ob beim Erkennen der Gefühle irgendwelche Unterschiede in den Gehirnen sichtbar werden. Tatsächlich war bei den Frauen das limbische System weniger aktiv. Allem Anschein nach müssen sie sich also weniger anstrengen, wenn sie Gefühle erkennen, interpretieren die Wissenschaftler ihre Ergebnisse.

Weiter oben haben wir gesehen, daß chemische Botenstoffe die elektrischen Signale zwischen den Nervenzellen entweder weiterleiten oder nicht passieren lassen.

Die Chemie des Gehirns nutzt man aus, wenn man mit Medikamenten Gefühle verändert: Benzodiazepine zum Beispiel verstärken die Wirkung des hemmenden Neurotransmitters GABA und lindern damit Angstzustände. Psychostimulantien und Kokain reizen das Nervensystem, indem sie den Dopamin-Pegel erhöhen.

Es gibt, neben diesen klassischen Neurotransmittern, die an den Kontaktstellen zwischen Nervenzellen sitzen und lokal wirken, noch weitere chemische Botenstoffe im Gehirn: die Hormone. Sie werden von Drüsen im Gehirn oder auch, im Fall der Geschlechtshormone, von den Eierstöcken beziehungsweise in den Hoden produziert und mit dem Blut durch den Körper transportiert. Indem sie sich an spezielle Rezeptormoleküle auf der Oberfläche oder im Inneren von Nervenzellen heften, können Hormone die Zellen dazu anregen, elektrische Signale auszusenden. Zum Beispiel hat man herausgefunden, daß an vielen Stellen des limbischen Systems Nervenzellen sitzen, die für Geschlechtshormone empfänglich sind. Neurone können aber auch selbst Hormone produzieren. Vor allem im Hypothalamus – der hormonellen Schaltzentrale des Gehirns – gibt es zahlreiche Nervenzellen, die Hormone freisetzen, wenn sie elektrisch erregt werden. Damit wird verständlich, daß es im Prinzip zwei Wege gibt, Gefühle zu verändern: einen chemischen und einen elektrischen. Man kann einerseits die Gehirnteile, die am Entstehen von Gefühlen beteiligt sind – das limbische System, der Hypothalamus und Teile der Stirnlappen – elektrisch reizen. Das haben zum Beispiel die kanadischen Forscher Olds und Milner getan, als sie versehentlich die Lustzentren der Ratten getroffen hatten. Ähnliche Effekte lassen sich auch hervorrufen, indem man Hormone spritzt. Testosteron zum Beispiel erhöht bei Männern das Interesse am Geschlechtsverkehr. Bei Frauen ist die Rolle von Östrogenen weniger eindeutig. Viele Frauen jedoch verspüren zum Zeitpunkt des Eisprungs, wenn die Konzentration an weiblichen Geschlechtshormonen im Körper besonders hoch ist, mehr Lust am Sex.

In den Steppen Afrikas lebt eines der erfolgreichsten Jagdtiere der Erde. Neben wilden Tieren wie Löwen und Rhinozerossen, fallen die Fleckenhyänen durch ihre Aggressivität auf. Eine Fleckenhyäne ist nicht viel größer als ein Hund, und doch kann ein Rudel ein ausgewachsenes Zebra reißen. Besonders grausam erscheint das Verhalten der Hyänenbabys. Sie werden meist als Paare geboren. Wenn beide dasselbe Geschlecht haben, greift der oder die Stärkere seinen beziehungsweise ihren Zwilling an. Das stärkere Tier beißt so lange und läßt den anderen nicht an die Brust der Mutter, bis das schwächere langsam an Hunger oder an seinen Verletzungen stirbt.

Außergewöhnlich an den Tieren mit dem grau- bis gelbbraunen Fell und den dunklen Flecken ist nicht nur ihre ausgeprägte Angriffslust. Überraschend ist auch, daß es die Weibchen und nicht die Männchen sind, die besonders aggressiv sind. Innerhalb eines Rudels dominieren die Weibchen die Männchen – zum Beispiel sind sie die ersten, die sich über eine Beute hermachen dürfen. Nicht nur das: Sie sind etwas größer als ihre männlichen Artgenossen und sie haben einen Penis! Genau genommen ist es kein Penis, sondern eine erweiterte Klitoris. In deren Inneren befindet sich ein Kanal, mit dem das Weibchen uriniert. Diese ungewöhnliche Anatomie macht, wie man sich leicht vorstellen kann, den Geschlechtsverkehr nicht ganz einfach. Das Weibchen muß die Klitoris in ihre Bauchhöhle einziehen, und das Männchen dringt mit seinem Penis in den Kanal ein. Durch diesen Kanal kommen auch die Jungen auf die Welt.

Lange Zeit haben Forscher gerätselt, wie die seltsamen Geschlechterrollen zustande kommen. Man vermutete zunächst, daß Fleckenhyänen Hermaphroditen sind, daß es also nur ein Geschlecht gibt. Noch in den 60er Jahren gab es eine Theorie, die besagte, daß die Tiere, wenn sie auf die Welt kommen, zunächst männlich sind und später weiblich werden. Mittlerweile weiß man, vor allem aus Beobachtungen der amerikanischen Wissenschaftler Laurence Frank und Steven Glickman, die in der Nähe von Berkeley eine Aufzucht von Fleckenhyänen betreuen, daß die Tiere tatsächlich entweder als Männchen oder Weibchen geboren werden. In der Gebärmutter, so vermutet man, werden beide Geschlechter mit männlichen Hormonen überschwemmt. Die Eierstöcke der Mutter schütten das männliche Geschlechtshormon Androstenedion aus, das in der Plazenta in Testosteron umgewandelt wird und über die Nabelschnur zum Fötus gelangt. Das Testosteron bewirkt, daß bei den weiblichen Föten männliche Geschlechtsorgane wachsen und daß sie relativ groß werden, kurzum, das Hormon vermännlicht sie.

Hinzu kommt, daß die Weibchen zeit ihres Lebens größere Mengen an Androstenedion im Blut haben, produziert durch ihre Eierstöcke. Androstenedion, so hat man in Versuchen mit Ratten nachgewiesen, steigert die Aggressivität. Entfernt man erwachsenen Weibchen die Eierstöcke, so zeigen sie sich Männchen gegenüber weniger angriffslustig – vermutlich tragen also männliche Geschlechtshormone zur weiblichen Aggressivität bei.

Daß Wissenschaftler mittlerweile auf Androgene, insbesondere Testosteron, als Verursacher der weiblichen Aggressivität bei den Fleckenhyänen tippen, ist nicht überraschend. Wenn auch nicht bei allen, so doch bei den meisten Spezies, sind die Männchen aggressiver als die Weibchen. Versuche mit Mäusen zeigen, daß das männliche Geschlechtshormon vor und kurz nach der Geburt sozusagen den Grundstein für aggressives Verhalten legt (bei Nagern entwickelt sich das Gehirn noch zum Zeitpunkt der Geburt und kurz danach). Männchen, die gleich nach der Geburt kastriert werden, sind wenig angriffslustig und ändern ihr Verhalten auch nicht, wenn man ihnen eine Dosis Testosteron spritzt. Mäuse, die man dagegen erst nach der Pubertät kastriert, kann man durch das männliche Geschlechtshormon wieder aggressiv gegen andere Männchen machen. Auch Weibchen, die gleich nach der Geburt Testosteron erhalten, werden ebenso angriffslustig wie Männchen. Wesentlich ist in jedem Fall, daß »ausreichend« Testosteron zu dem Zeitpunkt vorhanden ist, zu dem sich das Gehirn entwickelt.

Könnte es sein, daß auch bei Menschen Testosteron und Aggression – ein Verhalten also, das darauf abzielt, anderen Schaden oder Schmerzen zuzufügen – zusammenhängen? Immerhin gibt es ein eindeutig aggressiveres Geschlecht, nämlich die Männer. Als Föten in der Gebärmutter bekommen sie größere Mengen Testosteron ab, und auch als Erwachsene haben sie viel mehr davon im Blut als Frauen.

Der Geschlechtsunterschied in punkto Aggressivität macht sich zum erstenmal in der Kindheit bemerkbar, wenn Jungen an wilderen Spielen als Mädchen teilnehmen und sich auch untereinander häufiger schlagen. Das scheint fast eine Art allgemeingültiges Prinzip über alle Kulturen hinweg zu sein. Amerikanische Wissenschaftlerinnen haben die Ergebnisse von Studien in sechs verschiedenen Ländern zusammengefaßt. Ob in Kenia, Japan, Indien, auf den Philippinen, in Mexiko oder den USA: Jungen zwischen drei und elf Jahren waren sehr viel häufiger an wilden Spielen beteiligt als Mädchen. Auch benutzten sie eine aggressivere Sprache, sie beschimpften ihre Altersgenossen sehr viel öfter.

Auch die Verbrechensstatistik spricht nicht gerade für die Friedfertigkeit der Männer. Betrachtet man die Anzahl der Festnahmen wegen Verbrechen, so kommt auf fünf Männer nur eine Frau. Außerdem machen sich Frauen eher der Sachbeschädigung schuldig, Männer dagegen wenden viel häufiger Gewalt gegen Personen an (in diesem Fall kommt auf neun Männer eine Frau). Eine Ausnahme bilden die Kindesmißhandlungen. Nicht, daß es mehr Frauen als Männer geben würde, die ihre Kinder brutal behandeln, doch das Geschlechterverhältnis ist etwas ausgeglichener – eine Tatsache, die Psychologen dadurch erklären, daß Frauen sehr viel mehr Zeit mit Kindern verbringen und für sie verantwortlich sind. Überhaupt gilt, daß sich die Gewalt von Frauen in der Regel gegen bekannte Personen richtet, Familienmitglieder, Freunde und Bekannte. Etwa 13 Prozent der Personen, die in den USA wegen Mordes festgenommen werden, sind Frauen, die ihren Vater, Mann, Ex-Mann oder eben ihre Kinder umgebracht haben. In der Regel töten nur Männer, nicht aber Frauen, Menschen, die sie nicht näher kennen.

Auch Männer, die nicht direkt gewalttätig sind, scheinen aggressiver zu sein, wenn sie die Gelegenheit dazu haben. Es gibt ein berühmtes Experiment, bei dem eine Versuchsperson gebeten wird, die Rolle eines »Lehrers« zu übernehmen und einem »Schüler« Elektroschocks zu versetzen, wenn dieser eine falsche Antwort gibt. Die Versuchsperson muß dabei einen Knopf drücken und sieht durch ein Fenster, wie die andere Person darunter leidet – nicht in Wirklichkeit natürlich, denn der »Schüler« wird gebeten, Schmerzen zu simulieren und zwar umso stärkere, je höher die Spannung ist, die der »Lehrer« wählt. Manche Versuchspersonen nehmen ihre Rolle sehr ernst und drehen kräftig die Spannung hoch, ohne Mitgefühl für den »Schüler« zu zeigen. Männer haben sich bei diesem Experiment als weitaus aggressiver als Frauen erwiesen.

Und was spricht nun dafür zu vermuten, daß Testosteron die Männer wenn nicht aggressiver, so zumindest gewaltbereiter macht? Studien mit Mädchen, die in der Gebärmutter einer abnormal hohen Konzentration von Testosteron oder anderen männlichen Geschlechtshormonen ausgesetzt waren, bevorzugen, wie wir im Kapitel über Intelligenz gesehen haben, typisches Jungenspielzeug. Außerdem sind sie aktiver und etwas aggressiver in ihrer Art zu spielen. Natürlich heißt das nicht unbedingt, daß sie gewaltbereiter sind. Aber manche Forscher vermuten, daß wenn Jungen und eben diese Mädchen einen etwas rauheren Umgang untereinander pflegen, sie sich auf spätere Aggressionen vorbereiten.

Es gibt drei Zeitpunkte im Leben, zu denen die Konzentration an Geschlechtshormonen im Körper drastisch ansteigt. Das ist um die 10. Schwangerschaftswoche, wenn sich die Geschlechtsorgane bilden, kurz vor der Geburt und zum letzten Mal zu Beginn der Pubertät. Mädchen haben dann mehr Östrogene im Körper, bei Jungen dagegen steigt der Testosterongehalt rasch an. Parallel dazu nimmt in der Pubertät auch die Gewaltbereitschaft der Jungen zu.

In etlichen klinischen Studien haben Forscher versucht, einen Zusammenhang zwischen Hormonen und Gewalt aufzuzeigen. Verbrechern, vor allem jenen, die Sexualdelikte begangen hatten, wurden Anti-Androgene gegeben, Mittel also, die entweder den Testosteronpegel im Blut senken oder die Rezeptormoleküle für die Hormone blockieren, so daß diese nicht mehr wirken. Diese Behandlung zeitigte tatsächlich Erfolge. Diejenigen Täter, die man mit Anti-Androgenen behandelt hat, waren weniger rückfällig als die anderen, die keine Gegenmittel erhalten hatten. Einen solch eindeutigen Zusammenhang hat man jedoch bislang nur bei Sexualtätern gefunden, nicht aber bei anderen Verbrechern.

Zu denken gibt, daß der Zusammenhang zwischen Testosteron und Aggressivität nicht generell erwiesen ist. Es könnte also sein, daß das Hormon nur den Drang zu sexuellen Handlungen, nicht aber Aggressivität bei Männern bewirkt. Die Rolle des Geschlechtshormons könnte auch eher eine indirekte sein. Testosteron läßt bekanntermaßen bei Jungen die Muskeln wachsen. Es ist durchaus möglich, daß die körperliche Stärke, die das Geschlechtshormon verschafft, zu Aggressivität verleitet.

Manche Forscher warnen auch davor, den Testosterongehalt im Blut als Ursache für Gewaltbereitschaft zu sehen. Möglicherweise ist es genau umgekehrt, daß nämlich das Geschlechtshormon erst als Folge der Aggression entsteht. Bei einer Studie mit Tennisspielern hat man zum Beispiel herausgefunden, daß kurz nach einem Sieg der Testosteronpegel stark ansteigt, wogegen er beim Verlierer absinkt.

Testosteron ist beileibe nicht das einzige biologische Indiz, das im Zusammenhang mit Aggression und Gewalt genannt wird. Gewalttätige Kinder und Erwachsene, so fanden etliche Studien in den USA heraus, haben häufig einen langsamen Herzschlag. Dieser könnte, so vermutet man, mit weniger Angst und einer generellen Teilnahmslosigkeit einhergehen. Angst jedoch hat wahrscheinlich einen positiven Effekt: sie schützt davor, daß man selbst zu gewalttätig wird. Doch weder ist der Zusammenhang zwischen Herzschlag und Aggressionsbereitschaft bislang bewiesen, noch hat man untersucht, ob Geschlechtsunterschiede in der Pulsrate den Geschlechtsunterschied bezüglich Gewalt erklären könnten.

In den 60er Jahren glaubten Forscher, eine heiße Spur gefunden zu haben: ein zusätzliches männliches Geschlechtschromosom. Manche Jungen kommen nicht nur mit einem Y-Chromosom in jeder Zelle zur Welt, sondern mit zweien. Flugs begann man, in Teilen der USA Neugeborene daraufhin zu testen. Bald stellte sich jedoch heraus, daß »XYY-Männer« zwar einen niedrigen Intelligenzquotienten haben, aber nicht gewalttätiger sind als ihre Geschlechtsgenossen ohne den genetischen Defekt.

Nach dieser falschen Spur sprach zwanzig Jahre lang praktisch niemand mehr von Aggressions-Genen. Doch mittlerweile suchen manche Wissenschaftler wieder nach einer Ursache für Gewalt im Erbgut. Ein holländisches Team glaubt, dabei fündig geworden zu sein. Bereits seit längerem beobachtet man, daß bei aggressiven Menschen die Menge gewisser chemischer Botenstoffe im Gehirn abnormal schwankt. Vor allem das Gleichgewicht des Serotonin-Spiegels scheint gestört zu sein. Serotonin ist einer der vielseitigen chemischen Botenstoffe im Körper. Es verhindert die Ausschüttung von Magensäure und ist am Träumen beteiligt. Vermutlich spielt es, wie wir später sehen werden, auch eine Rolle bei der Depression, denn Medikamente gegen Depression wirken teilweise dadurch, daß sie den Serotoninspiegel erhöhen.

Die Störungen im Serotonin-Stoffwechsel liegen aller Wahrscheinlichkeit nach nicht an dem Botenstoff selbst, sondern an einem Enzym, dessen Aufgabe es ist, Serotonin zu zersetzen. Dieses Enzym heißt Monoaminoxydase, kurz MAO. Vermutlich also gibt es ein Problem mit dem MAO-Enzym. Und das glauben die holländischen Forscher nun gefunden zu haben. Sie untersuchten etliche Mitglieder einer Familie, deren Männer zu starker Aggressivität neigen. In ihrem Erbgut fanden sie dieselbe Besonderheit, nämlich einen Fehler in genau dem Gen, das die Bauanleitung für das MAO-Enzym enthält. Die Frauen in dieser Familie, die auch den Genfehler in sich tragen, sind übrigens gar nicht aggressiv. Das liegt vermutlich daran, daß der fehlerhafte Abschnitt auf dem X-Chromosom liegt. Männer haben davon eines, Frauen dagegen zwei. Wenn ein Chromosom also einen Defekt trägt, dann kann das andere den Fehler immer noch »ausgleichen«.

Die wenigsten Experten allerdings glauben, daß Gene allein vorhersagen können, ob jemand zur Gewalt neigen wird. Zu vielfältig sind die möglichen biologischen, aber auch die gesellschaftlichen Ursachen für Aggression. Niemand wird abstreiten können, daß in unserer Gesellschaft gewalttätige Männer eher toleriert werden als aggressive Frauen. Diese sollen sanftmütig und friedfertig sein, während die Männer ruhig ein wenig ihre Muskeln spielen lassen dürfen. Das beginnt schon im zarten Kindesalter. Die amerikanische Schrifstellerin Barbara Ehrenreich schildert in diesem Zusammenhang ein Erlebnis, das sie mit ihrem kleinen Sohn hatte. Sie war gemeinsam mit ihm in einem Restaurant. Die Bedienung kam und bewunderte seine langen blonden Locken: »Was bist du für ein hübsches Mädchen«, sagte sie. Als die Mutter darauf hinwies, das Mädchen sei in Wirklichkeit ein Junge, erwiderte die Kellnerin, ohne eine Sekunde zu zögern: »Hi, kleiner starker Mann.«

»Unsere Kultur rechtfertigt und glorifiziert sogar männliche Gewalt« schreibt die englische Psychologin Anne Campbell in ihrem Buch ›Men, Women and Aggression‹. Männer sind teilweise aggressiv, um sich und anderen zu beweisen, daß sie Respekt verdient haben, glaubt Campbell. Aggression von Männern wird eher toleriert als von Frauen. Wenn letztere, so zitiert die Wissenschaftlerin eine englische Studie, ein gewalttätiges Verbrechen begehen, bekommen sie schneller als Männer den Stempel »geistig gestört« aufgedrückt. Die männliche Rolle von Stärke und Aggressivität wird bei den Söhnen vor allem durch die Väter forciert. Sie bekommen die Erwartung an die »richtige« Geschlechtsrolle besonders stark zu spüren. In einem Experiment, so beschreibt Anne Campbell, beobachteten Wissenschaftler aus Texas Eltern und Kinder beim Spielen. Die Väter zeigten sehr viel häufiger Ablehnung, wenn ihre Söhne mit Puppen spielen wollten als wenn ihre Mädchen nach den Autos griffen. Für die meisten Väter ist ein »verweichlichter« Sohn sehr viel schlimmer als eine jungenhafte Tochter.

Doch unter Umständen können Jungen auch aus der »männlichen« Rolle ausbrechen. In Nyansongo, dem kenianischen Dorf, dessen Kinder in der oben zitierten Studie beobachtet wurden, arbeiten die Frauen mehrere Stunden täglich im Garten oder auf dem Feld. Während dieser Zeit müssen die Kinder auf die Babys aufpassen. Zwar bevorzugen die Mütter Mädchen als Babysitter, doch wenn es keine Mädchen im geeigneten Alter gibt, müssen die Jungen einspringen. Die Jungen aus Nyansongo sind, so berichten die Autorinnen der Studie, im Gegensatz zu Altersgenossen anderer Kulturkreise, hilfsbereiter und weniger aggressiv.

In seinem Lehrbuch zur Sozialpsychologie schildert der bekannte amerikanische Wissenschaftler Elliot Aronson ein Experiment zu aggressivem Verhalten. Der Versuch lief folgendermaßen ab: Ein Assistent sollte vermeintlich Daten von amerikanischen College-Studenten erheben. Dabei äußerte er sich abfällig über sie. Die Studenten wurden in zwei Gruppen geteilt: die einen konnten ihrem Ärger Luft machen, indem sie sich bei dem Vorgesetzten des Assistenten beschwerten – ein Vorgehen, das ihn scheinbar in große Schwierigkeiten bringen und sogar seinen Job kosten konnte. Die Versuchspersonen der zweiten Gruppe hatten keine Gelegenheit, irgendeine Aggression auszudrücken. Der Forscher, der das Experiment entworfen hatte, war ein Psychologe, der die psychoanalytische Theorie vertrat. Deshalb erwartete er, daß die »gehemmte« Gruppe eine sogenannte Triebspannung aufbauen und dem Assistenten gegenüber ärgerliche und aggressive Gefühle hegen würde, wogegen die andere durch die Äußerung ihrer Emotionen von ihren Aggressionen befreit wäre.

Umso überraschter war der Versuchsleiter, als er das Ergebnis sah: Gerade die Versuchspersonen, die ihren Ärger äußern durften, empfanden danach mehr Aggression gegenüber dem Assistenten als die Mitglieder der anderen Gruppe. Mit anderen Worten: Die Äußerung von Aggression hemmt nicht etwa die Tendenz zu aggressivem Verhalten, sondern sie verstärkt sie eher. Dieses Experiment sowie weitere Versuche und Beobachtungen bestätigen, daß in den meisten Situationen Gewalt weitere Gewalt schafft. Es ist sicher kein Zufall, daß vernachlässigte und mißhandelte Kinder als Jugendliche und Erwachsene zu aggressivem Verhalten und Gewalt neigen. Genau das hat eine amerikanische Studie belegt.

Der Verhaltensforscher Harry Harlow, der für seine Experimente mit Rhesusaffen berühmt wurde, wollte in den fünfziger Jahren besonders gesunde Tiere aufziehen. Das war die Zeit, in der man auch glaubte, daß Babys möglichst keimfrei aufwachsen müssen, und daß Kunstmilch für sie besser sei als Muttermilch. Harlow und seine Mitarbeiter steckten die Affenbabys in warme, saubere Einzelkäfige und gaben ihnen Milch aus der Flasche zu trinken.

Der Versuch scheiterte kläglich. Die meisten Äffchen starben innerhalb weniger Wochen, obwohl sie sauberer gehalten wurden als ihre Artgenossen in den Gruppenkäfigen. Harlow hatte daraufhin die Idee, ein Tuch in die Käfige zu werfen. Tatsächlich entwickelten die Affenbabys eine enge Beziehung zu dem Tuch und sie schrien, wenn irgendjemand es ihnen wegnehmen wollte. Auch überlebten sehr viel mehr Tiere als zuvor. Um die Hypothese, daß die Affen ein angeborenes Bedürfnis nach Nähe haben, zu testen, baute Harlow zwei Drahtaffen: einen mit einer Milchflasche und einen, den er mit Stoff umwickelte. Tatsächlich hielten sich die kleinen Äffchen meistens bei der »Stoffmutter« auf, während sie zu der »Flaschenmutter« nur kurz sprangen, um zu trinken.

Die Tiere überlebten bis ins Erwachsenenalter. Allerdings machte Harlow wieder eine unangenehme Erfahrung, als die Affen mit Artgenossen zusammenkamen. Sie waren unfähig, Partner zu werben, und hoffnungslos überfordert beim Geschlechtsverkehr. Vor allem diejenigen Tiere, die nur mit der Flaschenmutter aus Draht aufgezogen worden waren, zeigten sich äußerst aggressiv und hinterhältig.

Selbst wenn also Hormone oder Gene den Grundstein für Gewaltbereitschaft legen: Die Einflüsse von Erziehung und Gesellschaft sind so vielfältig, daß biologische Theorien keine befriedigende Erklärung für aggressives Verhalten liefern können. Die Kontroverse darum, ob es einen angeborenen Aggressionstrieb gibt (der bei Männern besonders stark wäre), oder ob aggressives Verhalten erst gelernt werden muß, ist übrigens nicht neu. Der französische Philosoph Jean-Jacques Rousseau behauptete mit seinem Konzept des »edlen Wilden«, das 1762 erstmals veröffentlicht wurde, daß wir Menschen von Natur aus freundlich und gut sind. Erst eine restriktive Gesellschaft zwinge uns aggressives Verhalten auf. Andere dagegen, allen voran Sigmund Freud, vertraten und vertreten noch den Standpunkt, daß Menschen von Natur aus Bestien sind. Nur weil die Gesellschaft uns Recht und Ordnung auferlege, könnten wir unsere aggressiven Triebe zügeln.

Die Wahrheit liegt vermutlich, wie so oft, dazwischen. Weder wird eine Überdosis Testosteron oder eine Schädigung im Gehirn aus einem Mann unbedingt einen Gewaltverbrecher machen, noch wird ein Junge, der um sich herum nur friedliebende Altersgenossen und Erwachsene erlebt, völlig aggressionslos sein Leben verbringen. Der Massenmörder Charles Whitman war möglicherweise auch durch das Verhalten seiner Frau und seiner Mutter zu der Verzweiflungstat angeregt worden. Die zwei englischen Jungen, die das Kind umbrachten, haben nicht nur zuviel vor der Glotze gesessen, sondern sie sind vielleicht auch von Natur aus aggressiv.

Wissenschaftler, die das Verhalten von sozialen Lebewesen studieren, betonen, daß Aggression auch biologisch bedingt ist und bestimmte Funktionen – insbesondere die Individualität zu bewahren – innerhalb einer Gruppe von Individuen erfüllt. Die Tatsache, daß wir uns als Individuen fühlen und nicht als Nummern einer Gesellschaft, setzt voraus, daß wir Vorlieben haben und unsere Interessen durchsetzen – manchmal eben auch auf Kosten anderer. Es ist nicht überraschend, daß die USA, das individualistisch geprägte Land schlechthin, auch eine hohe Kriminalität aufweisen. In Asien dagegen zählt das Gemeinwohl sehr viel mehr als in westlichen Ländern, und die Menschen messen ihrer Selbstverwirklichung eine geringere Bedeutung zu – sicher auch ein Grund dafür, daß es in Fernost insgesamt etwas friedlicher zugeht.

Eine biologische Ursache für Aggressivität bedeutet

aber nicht, daß wir Opfer unserer Geschichte sind: Im Verlauf der Evolution sind Verhaltensweisen zunehmend flexibler geworden. Gerade wir Menschen müssen – und können – friedfertiges Verhalten zumindest teilweise während der Kindheit lernen.

Der Tag war unerträglich heiß, als Holmes wieder meine Tante in der Baker Street empfing. Mrs. Hudson tat ihr Bestes, damit unser Empfangsraum nicht zu sehr den Anschein einer Junggesellenbude vermittelte. Doch durfte niemand außer Holmes selber die Papierstapel antasten. Zudem pflegt der Meisterdetektiv anstehende Korrespondenz mit einem Messer an den Kaminsims zu heften. Meine propere Tante Jane war nicht wenig entsetzt darüber, in welcher Gesellschaft ihr lieber Neffe hauste. Dazu kam eine leichte Gekränktheit, als ihre feine Nase feststellen mußte, daß der Obstkorb, den sie letzte Woche mitgebracht hatte, noch unangetastet war und die Früchte inzwischen überreif auf der Fensterbank lagen. Ich konnte die Frage in ihrem Gesicht ablesen, ob auch Holmes von einem Drahtaffen erzogen worden war, doch ihre Höflichkeit siegte.

»Wie ich sehe, haben Sie sich vorzüglich auf unsere Aufgabe konzentriert.«

»Wenn ich arbeite, lasse ich mich nicht von unwesentlichen Sachen wie Aufräumen oder Essen ablenken. Die Arbeit ist meine ganze Befriedigung.«

Das konnte ich aus eigener Erfahrung bestätigen. Holmes brauchte die Stimulation einer Aufgabe wie die Ratte den Stromstoß einer Elektrode.

»Wichtig ist, daß wir vorwärts kommen«, fuhr er fort. »Mir scheint, daß viele Spuren den Zusammenhang zwischen männlichen Hormonen und Aggressivität bestätigen. Damit haben wir den rauchenden Revolver, den eindeutigen Beweis, daß Männer und Frauen aufgrund ihrer Biologie anders denken; denn Aggressivität ist nicht nur bloße Gewalt, sondern auch eine Art, das Leben anzupacken, die durchaus positive Seiten haben kann.«

»Ich stimme Ihnen zu, Mister Holmes, aber das schließt nicht aus, daß Sie ab und zu einen Happen essen müssen. Sie sind ein Mensch, und halb verhungert werden auch Sie nicht England retten können. Das Obst auf

der Fensterbank beginnt schon zu faulen. Haben Sie nicht die Fruchtfliegen gesehen?«

»Nicht nur gesehen, sondern auch beobachtet. Ich habe mich bemüht, Ihrem Neffen einen kleinen, aber entscheidenden Unterschied beizubringen. Miss Marple, haben Sie die Treppenstufen, die vom Vorplatz zu diesem Zimmer heraufführen, gesehen?«

»Ja, mehrmals inzwischen.«

»Wie viele Stufen also sind es?«

»Siebzehn. Warum fragen Sie?«

»Sehr gut, Miss Marple. Das hat Ihr Neffe nicht gewußt. Ihnen geht es wie mir: Unser Sehen ist gleich Beobachten. Ich habe das Obst absichtlich in die Sonne gestellt, um den Fruchtfliegen ein Überangebot an Futter zu geben, damit sie sich in ihrer Vermehrungslust nicht gehemmt fühlen müssen. Und die Ergebnisse waren ganz aufschlußreich. Aber kommen Sie zum Fenster und sehen Sie selbst.«

Kapitel 8

Das größte Geschlechtsorgan

In der Welt der Fruchtfliegen gibt es keine Weibchen, welche die Initiative ergreifen. Das Werben ist ausschließlich Sache der Männchen, während sie wie viktorianische Damen still sitzen und die Avancen über sich ergehen lassen. Dieses Verhalten ist den Fruchtfliegen-Forschern schon lange bekannt, ganz abgesehen davon, daß es nicht überraschend ist. Im Tierreich gilt, von einigen Ausnahmen abgesehen, die Regel, daß Männchen die Weibchen umwerben. Vögel singen und balzen, Fische senden elektrische Botschaften aus, Schlangen gleiten auf dem Rücken der gewünschten Partnerin auf und ab. Wie aber wählt Drosophila, um bei der Fruchtfliege zu bleiben, das Objekt seiner Begierde aus?

Vor kurzem hat der amerikanische Forscher Ralph Greenspan mit einem Eingriff ins Erbgut das Gehirn von Drosophila gleichsam seziert. Was er gefunden hat, ließ seine Kollegen, die sich mit Geschlechtsverhalten beschäftigen, aufhorchen: Zwei Bereiche im Gehirn scheinen das Werbeverhalten der Fliegenmännchen zu steuern. Indem sie bestimmte Gene verändern, zwingen sie das Gehirn von männlichen Fruchtfliegen gleichsam auf die weibliche Schiene. Die derart mutierten Tiere werben nun plötzlich nicht mehr nur Weibchen, sondern auch Männchen – sie sind bisexuell geworden.

Dieses Ergebnis ist Wasser auf die Mühlen derjenigen Wissenschaftler, die nach biologischen Ursachen dafür fahnden, daß manche Männer sich zu Männern hingezogen fühlen, und manche Frauen zu Frauen. Insbesondere jene wie Dean Hamer, der nach einem »Gen für Homosexualität« sucht und meint, es gefunden zu haben, frohlocken. Zwar geben sie zu, daß das Gehirn einer Fruchtfliege mit dem eines Menschen nicht besonders viel gemeinsam hat. Doch sie sehen in dem Ergebnis einen Hinweis dafür, daß bereits im Erbgut Unterschiede zwischen männlichen und weiblichen Gehirnen existieren, Unterschiede, die unter Umständen zu der entgegengesetzten sexuellen Orientierung führen. Nicht nur das: Eine kleine Veränderung im Erbgut kann sogar die geschlechtliche Vorliebe umkehren.

Die Biologen und biologisch Orientierten unter den Sexualforschern freuen sich in der Tat um jede Schützenhilfe, die ihnen geleistet wird. Denn sie ringen um Punkte in einem Kampf um die Ursache von Homosexualität. Ist sie erlernt, wie man bislang meinte und wie vor allem die Sozialwissenschaftler und Psychologen weiterhin behaupten? Oder ist sie festgeschrieben im Gehirn, sei es durch Gene, sei es durch Hormone – jedenfalls festgelegt bereits bei der Geburt?

Der Streit der Wissenschaftler wird begleitet von einer Diskussion um ein altes Thema: Wieviel hat ein Mensch seinen Genen zu verdanken, wieviel seiner Kinderstube? Was ist sein Schicksal, wieviel seines Lebens kann er selbst bestimmen? Und: Ist Homosexualität eine abnorme Form »natürlicher« Sexualität? Sind Schwule und Lesben krank? Gerade in Deutschland wird diese Frage verständlicherweise mit Vorsicht behandelt. Zu schwer lastet noch die Erinnerung an die Nazi-Zeit, in der man Homosexuelle in Konzentrationslager sperrte.

Viele Schwule und Lesben allerdings, vor allem in den USA, empfinden die neue Welle biologischer Erklärungen als positiv. Falls Homosexualität zumindest teilweise angeboren ist, so argumentieren sie, dann kann man ihnen aus ihrer Neigung keinen Strick drehen. Zu diesen Schwulen gehört auch Simon LeVay. Der Neurobiologe, der sich früher mit dem Sehapparat von Katzen beschäftigt hat, erforscht mittlerweile am Institut für schwule und lesbische Erziehung in Los Angeles biologische Ursachen der Homosexualität. Insbesondere hat er nach Unterschieden zwischen den Gehirnen schwuler und heterosexueller Männer gesucht und ist dabei fündig geworden. Andere Homosexuelle dagegen sehen die neuesten Forschungsergebnisse kaum als Entlastung, sondern mit großer Skepsis. Sie erwarten nicht, daß biologische Erklärungen für Verhaltensweisen dazu führen, daß man diese Verhaltensweisen auch akzeptiert. So besteht ihrer Meinung nach keine Hoffnung, daß das Tabu um die Homosexualität verschwindet, wenn man ein Gen dafür fände.

Was bewirkt, daß manche Menschen sich zum gleichen Geschlecht hingezogen fühlen? Anders gefragt: Warum interessieren sich die meisten Männer für Frauen und die meisten Frauen für Männer? Denn niemand weiß, wie die Anziehungskraft zwischen den Geschlechtern überhaupt zustande kommt. Entsteht sie im Gehirn? Ist es in unseren Genen festgeschrieben, daß wir in der Regel Partner des entgegengesetzten Geschlechts suchen? Oder stehen Männer auf Frauen, weil sie Testosteron im Blut haben? Auch um diese Fragen zu beantworten, ist es interessant zu verstehen, wie Homosexualität zustandekommt. Das Wissen darüber, wie die Ausnahmen einer Regel funktionieren, kann häufig dabei helfen, die Regel selbst zu verstehen.

Eine Zeitlang konnte man lesen, daß zehn Prozent der Bevölkerung in den USA homosexuell seien. Diese Zahl tauchte in den 50er Jahren auf, nachdem der Sexualforscher Alfred Kinsey seine mittlerweile klassischen Befragungen über das Liebesleben der Amerikaner machte. Inzwischen weiß man, daß diese Schätzung zu hoch gegriffen ist. Kinsey unterliefen nämlich einige Fehler bei seinen Umfragen. So war sein Auswahlverfahren nicht repräsentativ und nach heutigen Maßstäben recht willkürlich. Zum Beispiel waren überdurchschnittlich viele seiner Versuchspersonen ehemalige Gefängnisinsassen, unter denen Homosexualität schon alleine deshalb häufi-

ger vorkommt, weil die Gefangenen in gleichgeschlechtlichen Gruppen zusammenleben.

Bei neueren Studien, bei denen bessere Auswahlverfahren angewendet werden, sind die Zahlen tatsächlich
wesentlich niedriger. Heute vermutet man, daß etwa vier
bis fünf Prozent der männlichen Bevölkerung irgendwann im Verlauf ihres Lebens homosexuelle Kontakte
hatten, während es bei den Frauen zwei bis drei Prozent
sind. Wahrscheinlich liegt die Zahl der Menschen, die
über mehrere Jahre hinweg homosexuell leben, noch
niedriger. Schätzungen, insbesondere neuere Untersuchungen in Großbritannien und Frankreich, gehen von
zwei Prozent für Männer und einem Prozent für Frauen
aus.

Welches sind nun die Indizien, die dafür sprechen, daß
der Ursprung gleichgeschlechtlicher Liebe im Gehirn zu
suchen ist? Bevor wir auf diese Indizien zu sprechen
kommen, ist es interessant, erst einmal einer anderen
Frage nachzugehen: Warum suchen Wissenschaftler
überhaupt nach Unterschieden in den Gehirnen von
Homo- und Heterosexuellen? Was hat das Gehirn mit
Sexualität zu tun?

Ratten zeigen, wie wir im Kapitel über die Geschlechtsentwicklung gesehen haben, ein ausgeprägtes
Sexualverhalten. Das Männchen steigt von hinten auf das
Weibchen auf und faßt mit seinen Vorderfüßen um ihren
Körper. Das Weibchen – vorausgesetzt, sie befindet sich
gerade im richtigen Zeitpunkt ihres Zyklus – bewegt
ihren Schwanz zur Seite, hebt ihren Kopf und krümmt
den Rücken, damit das Männchen leichter in sie eindringen kann. Dieses Hohlkreuz macht das Weibchen instinktiv, vorausgesetzt, ein Männchen unternimmt den
ersten Schritt. Wenn ihr Körper mit weiblichen Geschlechtshormonen, sprich Östrogenen, stimuliert wird,
sei es auf natürliche Weise durch ihren Zyklus, sei es
durch eine Hormonspritze, wird sie immer den Kopf
heben und den Rücken krümmen.

Das Sexualverhalten der Ratten läßt sich im Labor wunderbar manipulieren. Ein Weibchen, dem man um die Geburt herum (wenn sich das Gehirn ausbildet) Testosteron gibt, wird wenig Interesse an Sex zeigen. Selbst wenn sie kurz vor dem Zusammentreffen mit einem Männchen eine Östrogenspritze erhält, schaut sie gelangweilt und tut nichts, wenn er sie besteigen will. Ein Weibchen, das ebenfalls als Neugeborenes männliche Hormone erhält, zusätzlich jedoch als geschlechtsreife Ratte nochmal eine Dosis Testosteron, wird sich auf andere Ratten stürzen, egal ob sie weiblich oder männlich ist. In beiden Fällen wird sie diese Ratten besteigen, sie packen und ihr Hinterteil vor- und zurückbewegen. Das Testosteron ist also gleich zweifach unabdingbar für männliches Geschlechtsverhalten: während der Reifung des Gehirns und im späteren Leben.

Weitere Varianten des Sexualverhaltens lassen sich erzeugen, indem man Männchen kastriert. Eine männliche Ratte, der man bei der Geburt die wichtigste Testosteronquelle, nämlich die Hoden entfernt hat, wird die weibchen-typischen Posen annehmen, wenn sie vor dem Geschlechtsverkehr eine Östrogenspritze erhalten hat. Wenn ein anderes Männchen sie besteigt, wird sie den Rücken krümmen und so tun, als ob das Männchen in sie eindringen könnte.

Was ist passiert? Die Hormonspritzen (im Fall der Weibchen) beziehungsweise die Kastration der Männchen bei der Geburt verändern das Geschlechtsverhalten, indem sie die Gehirne der Tiere verändern. In der Tat zeitigen solche hormonellen Manipulationen im Erwachsenenalter keine Wirkung. Ein ein paar Monate altes Weibchen, das eine Testosteronspritze erhält, wird sich immer noch wie ein Weibchen verhalten, und ein Männchen werden auch Östrogene nicht daran hindern, seine Partnerin (oder Partner) zu besteigen. Das Gehirn, nicht allein der Hormonpegel im Blut, steuert das Geschlechtsverhalten.

Schaut man sich das Gehirn der Nagetiere, genauer gesagt den Hypothalamus unter einem Mikroskop an, so fallen mehrere Kerne von Nervenzellen auf. Einer davon ist bei männlichen Ratten zwei bis dreimal größer als bei weiblichen Tieren. Forscher haben diese Ansammlung von Nervenzellen SDN genannt, für Sexually Dimorphic Nucleus. Der SDN beginnt sich zu entwickeln, während die Föten noch im Mutterleib sind. Er erreicht seine volle Größe etwa zehn Tage nach der Geburt.

Dieses Stück Gewebe im Hypothalamus kontrolliert das Sexualverhalten, so vermuten jedenfalls Wissenschaftler heute. Ansonsten würde der SDN nicht bei Männchen und Weibchen unterschiedlich groß sein. Außerdem hat man herausgefunden, daß bei kastrierten Rattenmännchen der SDN nicht zu seiner normalen Größe heranwächst, sondern klein bleibt, etwa so klein wie der weibliche SDN. Weibchen dagegen, die um die Geburt herum täglich eine Testosteronspritze erhalten, entwickeln einen SDN, der sich mit dem der Männchen durchaus messen kann.

Hormone, so haben wir im Kapitel über die Entwicklung des Geschlechts gesehen, bewirken, daß bei einem Fötus männliche oder weibliche Geschlechtsorgane wachsen. In ähnlicher Weise steuern sie die Reifung des Gehirns. Grob gesagt: Männliche Geschlechtshormone »maskulinisieren« das Gehirn, ohne sie entsteht ein weibliches Gehirn. Mittlerweile weiß man zwar, daß auch Östrogene ihren Teil zur Entwicklung beitragen, aber er ist vermutlich weniger wichtig als der Part der Androgene.

Zumindest bei Ratten ist das so. Eine Hormondosis – und schon ändert sich ihr Gehirn und damit ihr Geschlechtsverhalten. Was aber ist mit Menschen? Seitdem man die Varianten des Rattensex kennt – Männchen, die Männchen besteigen, Männchen, die anderen Männchen ihr Hinterteil hinhalten, Weibchen, die Männchen besteigen und so fort –, haben natürlich Wissenschaftler überlegt, ob erstens auch das Geschlechtsverhalten von Menschen im Gehirn festgeschrieben ist und zweitens, ob Hormone dieses Verhalten würden verändern können.

Nun sind die Forscher, die sich diese Fragen stellen, nicht so naiv anzunehmen, daß Sex bei Menschen nach dem einfachen Rattenschema abläuft. Das wird ihnen zwar oft vorgeworfen. Doch Wissenschaftler wie Simon LeVay, der nach anatomischen Unterschieden im Gehirn homo- und heterosexueller Männer und Frauen sucht, oder Dean Hamer, der genetische Ursachen erforscht, äußern sich bei allem Enthusiasmus immer wieder vorsichtig. Sie betonen, daß die sexuelle Orientierung nicht nur zwei, sondern viele Facetten hat. Viele Männer haben vielleicht ein paar Mal in ihrem Leben eine homosexuelle Erfahrung gemacht, wenden sich meistens aber lieber Frauen zu. Andere würden sich als bisexuell bezeichnen und suchen sich Partner beider Geschlechter. Auch für viele Frauen gilt, daß sie nicht nur »entweder-oder« sind, entweder ausschließlich homosexuell oder ausschließlich heterosexuell.

Insgesamt gilt, daß das Liebesleben der Menschen doch etwas reicher an Formen und Varianten ist als das der meisten Tiere, einschließlich der Ratten. Das liegt vor allem daran, daß bei Menschen immer auch die Gehirnrinde das Verhalten mitbestimmt. Zwischen dem Hypothalamus, der hormonellen Schaltzentrale unseres Körpers, und der Gehirnrinde verlaufen in beide Richtungen zahlreiche Verbindungen, weshalb unser Verhalten im Gegensatz zu dem etwa der Ratten nur teilweise von Hormonen gesteuert wird.

Gleichwohl wäre es ebenso naiv zu glauben, daß Simon LeVay oder Dean Hamer völlig unbelastet an die Suche nach den Ursachen menschlicher Homosexualität herangehen. Natürlich würden beide gerne Gene oder Hormone, wenn auch nicht als alleinige Ursache für Homosexualität, so doch als möglichen Auslöser dafür finden. Diesen Wunsch hegen alle Wissenschaftler, die nach biologischen Ursachen fahnden. Auf der anderen Seite des Zaunes stehen jene Forscher, welche geschlechtliche Vorlieben lieber als Produkt der Umwelt und Erziehung sehen. Sie wollen nur ungern wahrhaben, daß sexuelle Neigungen teilweise im Gehirn festgelegt sind. Viele von ihnen sehen den Menschen lieber als eine selbstbestimmte Kreatur denn als Opfer seiner Hormone oder Gene. Sie zerpflücken gerne jede Studie und jedes Experiment, das eine biologische Ursache findet, und sie werden nicht müde zu betonen, daß die biologischen und psychosozialen Ursachen für Verhalten zu stark vermischt sind, als daß man sie trennen könnte.

»Menschliche Sexualität ist sehr kompliziert, aber vieles spricht für biologische Ursachen« lautet vereinfacht die These von Simon LeVay und seiner Gesinnungsgenossen. »Menschliche Sexualität ist zu kompliziert, als daß man mit Sicherheit biologische Ursachen festmachen kann«, sagen die anderen. Ich für meinen Teil denke, es sprechen viele Argumente sowohl für die eine wie auch für die andere Seite. Welche Botschaft jeder einzelne aus den wissenschaftlichen Erkenntnissen mit nach Hause nehmen will, hängt derzeit im wesentlichen davon ab, was er gerne hören möchte. Mich zum Beispiel stört es nicht zu wissen, daß meine geschlechtliche Vorliebe für Männer teilweise bereits vor meiner Geburt festgelegt war, weshalb ich die neuen Ergebnisse über biologische Ursachen insgesamt eher positiv aufnehme.

Was aber spricht nun dafür, daß menschliches Sexualverhalten etwas mit dem Gehirn zu tun hat? Vieles von dem, was wir übers Gehirn wissen, stammt aus den letzten zwanzig Jahren. Das liegt nicht daran, daß die Hirnforscher in den vergangenen zwei Jahrzehnten sehr viel schlauer als ihre älteren Kollegen geworden sind und nach den richtigen Dingen gesucht haben. Vielmehr haben sie mittlerweile eine Fülle von neuen Werkzeugen, um das Gehirn zu untersuchen. Zum Beispiel können sie mittels maßgeschneiderter Moleküle, sogenannter Antikörper, ziemlich genau feststellen, an welchen Stellen des Gehirns besonders viele Nervenzellen sitzen, an die sich Geschlechtshormone wie Testosteron heften. Viele der Methoden, mit denen man Aufnahmen des Gehirns macht, sind erst in den letzten zwanzig Jahren entwickelt worden oder haben sich während dieser Zeit drastisch verbessert.

Jedenfalls hat man zunächst erst mal vermutet, daß Sex vor allem etwas mit Geschlechtshormonen im Körper zu tun hat. Das erschien logisch, weil sich die meisten Tiere paaren, wenn ihre Hormone sie dazu antreiben. Ein Rattenmännchen ist, sofern es ausreichend Testosteron im Blut hat, immer bereit. Das Weibchen spielt mit, wenn sein Östrogenspiegel hoch genug ist.

Bei Menschen dagegen ist der Einfluß von Hormonen nicht so eindeutig. Weder ist es so, daß Männer mit viel Testosteron ihre Lust kaum zügeln können, noch brauchen Frauen eine Dosis Östrogene, um Geschlechtsverkehr zu wünschen. Männer, die man aus medizinischen Gründen kastrieren mußte, können dennoch sexuell aktiv bleiben. Natürlich sind sie unfruchtbar, aber sie vermögen durchaus noch zum Orgasmus zu kommen. Auch im Alter, wenn der Testosteronspiegel absinkt, verspüren viele Männer noch Lust am Geschlechtsverkehr. Forscher vermuten deshalb, daß andere Faktoren möglicherweise die Häufigkeit von Sex stärker beeinflussen als Testosteron: Wie gesund man sich fühlt, ob überhaupt eine Partnerin zur Verfügung steht, sowie Medikamente spielen dabei eine Rolle. Ein bißchen Testosteron ist schon nötig, um den Sexualtrieb aufrechtzuerhalten. Wie viele Mikrogramm pro Liter Blut es sein müssen, das weiß man allerdings nicht.

Auch sterilisierte Frauen verlieren nicht die Lust am Geschlechtsverkehr. Bei ihnen ist die Situation ein wenig komplizierter als bei Männern, weil die weiblichen Geschlechtshormone noch weniger eindeutig in ihrer Wirkung auf das Verhalten sind als die Androgene. Während des Monatszyklus schwankt die Menge an Östrogenen im Körper: Nach der Periode ist der Pegel an Östradiol und Progesteron sehr niedrig, vor dem Eisprung steigt er steil an, um kurz danach wieder abzusinken. Wird das Ei nicht befruchtet, so nimmt die Menge an Östrogenen im Körper zunächst wieder zu und sinkt dann bis zu Beginn der Periode erneut auf das niedrige Level ab. Studien, welche die Bereitschaft zum Sex in Abhängigkeit des Monatszyklus messen, kommen zu sehr unterschiedlichen Ergebnissen. Insgesamt scheint es, als ob körperliches Wohlbefinden oder der Wunschpartner die Lust am Geschlechtsverkehr stärker beeinflussen als die Östrogene.

Allerdings brauchen Frauen auch einen Schuß männliche Geschlechtshormone, um sexuell aktiv zu sein. Entfernt man ihnen die Nebennieren – zwei wichtige Hormondrüsen, die wie zwei Kappen auf den Nieren sitzen und für Frauen die wichtigste Androgenquelle sind –, so nimmt ihr Sexualtrieb deutlich ab. Zuviel Testosteron wirkt sich ebenfalls ungünstig aus. Sportlerinnen, die sich mit männlichen Geschlechtshormonen dopen, um mehr Muskeln zu entwickeln, berichten von einer verringerten Lust am Sex.

Ob ein Mann Hoden und eine Frau Eierstöcke hat, wie viele Moleküle der Geschlechtshormone in ihren Körperflüssigkeiten schwimmen, bestimmt also nur in geringem Maße ihre sexuelle Aktivität – womit wir wieder beim Gehirn wären. Und das erscheint nur logisch, denn welcher Teil des Körpers sollte sonst das Liebesleben steuern? »Das größte Geschlechtsorgan haben die Menschen zwischen den Ohren«, schreibt Simon LeVay in seinem Buch ›Keimzellen der Lust‹.

Dabei spielt der Hypothalamus, die hormonelle Schaltzentrale des Körpers, eine Schlüsselrolle. Der Hypothalamus, dem wir bereits in verschiedenen Kapiteln begegnet sind, liegt tief verborgen im Gehirn. Früher hielt man ihn, wie LeVay schreibt, »für den Sitz obskurer

Urtriebe«, und die meisten Hirnforscher beschäftigen sich lieber mit überschaubareren Regionen der Hirnrinde als den Hypothalamus zu studieren. Mittlerweile weiß man, daß das Bild vom Hypothalamus als »Unterwelt« des Gehirns, wo sich dunkle Triebe und unkontrollierbare Gefühle abspielen, falsch ist. Zu vielfältig sind die Verbindungen zwischen dem Hypothalamus und der Hirnrinde.

Gleichwohl steuert der Bereich, der nicht viel mehr als einen Teelöffel Hirngewebe enthält, überraschend viele lebenswichtige Funktionen des Körpers, den Kreislauf, Blutdruck und die Atemfrequenz etwa. Der Hypothalamus ist am Entstehen des Hunger- und Durstgefühls beteiligt, an Gefühlen und, last but not least, an der Sexualität. Viele der Nervenzellen des Hypothalamus arbeiten nicht wie »konventionelle« Neuronen, die elektrische Signale empfangen und versenden. Vielmehr können sie chemische Botschaften direkt empfangen: Sie haben in ihrem Inneren oder an ihrer Oberfläche spezielle Rezeptormoleküle, an die Hormone andocken. Als Antwort darauf senden diese Nervenzellen entweder einen elektrischen Impuls aus, der wiederum zum Beispiel Drüsen im Gehirn signalisiert, weitere Hormone auszuschütten. Oder aber die Zelle selbst kann chemische Botenstoffe herstellen. In einem Bereich des Hypothalamus, dem sogenannten medialen präoptischen Areal, befinden sich besonders viele Nervenzellen mit Rezeptoren für Geschlechtshormone. Deshalb vermutet man, daß der mediale präoptische Bereich mit dem Geschlechtsleben zusammenhängt.

In seinem Buch berichtet Simon LeVay von Operationen in den sechziger Jahren an Männern, deren Sexualverhalten als krankhaft galt. Ihnen hatten Neurochirurgen damals den medialen präoptischen Teil des Hypothalamus zerstört. Falls dieser Bereich keine wichtige Rolle spielen oder nur »mechanische« Aspekte des Sexuallebens steuern würde – etwa die Kette von reflexartigen

Bewegungen, die zum Orgasmus führt –, dann hätten die Männer weiterhin das Bedürfnis nach einem Sexualpartner verspürt. Tatsächlich erlebten die meisten jedoch, daß ihre sexuellen Gefühle stark abnahmen und teilweise sogar völlig verschwanden.

Sex ist, bei Menschen jedenfalls, mehr als nur eine Abfolge reflexartiger Bewegungen. Gefühle und Wünsche spielen dabei eine Rolle, und daß wir sie empfinden, ist zum Teil dem Hypothalamus zu verdanken. Aber auch die Hirnrinde, die wie bereits erwähnt, mit dem Hypothalamus verbunden ist, trägt zur Sexualität im weiteren Sinne bei. Wenn wir einen Partner suchen, wenn wir erregt werden durch erotische Bilder oder Geschichten, dann ist die Gehirnrinde beteiligt und schickt ihre Signale wiederum zum Hypothalamus. LeVay beschreibt das als einen Schaltkreis, der in beiden Richtungen zwischen der Hirnrinde und dem Hypothalamus verläuft, dessen Gesamtaktivität der Schlüssel zur Sexualität ist.

Kommen wir zurück zu der eingangs gestellten Frage, der Frage nach den Ursachen für die Varianten sexuellen Verhaltens. Zunächst zu der häufigsten: Frau findet Mann attraktiv und umgekehrt. Gibt es vielleicht, ähnlich wie bei den Ratten, Unterschiede im männlichen und weiblichen Hypothalamus – Unterschiede, die zumindest einen Hinweis darauf liefern können, warum die Geschlechter sich zueinander hingezogen fühlen?

Es gibt sie tatsächlich. Verschiedene Gruppen von Gehirnforschern haben in den vergangenen Jahren Geschlechtsunterschiede im Hypothalamus, insbesondere im medialen präoptischen Bereich, gefunden. Allerdings, und das schmälert wiederum etwas die Bedeutung der Entdeckungen, sie beobachten die Unterschiede an verschiedenen Stellen. Der niederländische Wissenschaftler Dick Swaab und seine Kollegen waren die ersten, die ein Indiz für weibliche und männliche Hypothalami gefunden hatten. Eine Ansammlung von Nervenzellen, genannt SDN-POA in Anlehnung an den SDN der Ratten, ist bei Männern mehr als zweimal so groß wie bei Frauen und enthält auch zweimal so viele Neuronen.

Der amerikanische Forscher Roger Gorski und seine damalige Doktorandin Laura Allen dagegen sehen den Geschlechtsunterschied woanders. Sie entdeckten gleich zwei »Kerne« von Nervenzellen, die sie INAH-2 und INAH-3 nannten (INAH steht für Interstitial Nucleus of the Anterior Hypothalamus). Beide Kerne sind bei Männern größer als bei Frauen. Nummer 1 gibt es übrigens auch, und Gorskis INAH-1 entspricht Swaabs SDN-POA; die US-Wissenschaftler finden jedoch in »ihrem« Kern keinen Geschlechtsunterschied.

Das klingt ziemlich verwirrend und ist es auch. Simon LeVay machte sich, nachdem er von den Ergebnissen seiner amerikanischen Kollegen gehört hatte, ebenfalls auf die Suche. Er wurde fündig, allerdings nur beim INAH-3.

Seitdem gilt zumindest INAH-3 als der sicherste Kandidat für das Geschlechtszentrum im Hypothalamus – zumal LeVay eine weitere Entdeckung machte: Neben den Gehirnen von Frauen und heterosexuellen Männern untersuchte er noch die einiger Schwuler, die an Aids gestorben waren. (INAH-3 und auch die anderen Kerne im Hypothalamus sind so klein, daß man sie nicht am lebenden Gehirn beobachten kann. Man muß vielmehr die Gehirne Verstorbener nehmen, sie geschickt präparieren und die Schnitte unter einem Elektronenmikroskop untersuchen.)

Das Ergebnis: Der INAH-3 der homosexuellen Männer war im Durchschnitt zwei bis dreimal kleiner als der von den untersuchten heterosexuellen Männern. Anders ausgedrückt: Die Schwulen hatten einen INAH-3, der etwa gleich groß war wie der der Frauen – sie hatten also einen »weiblichen« Hypothalamus. Um sicher zu gehen, daß der kleine INAH-3 nicht etwa eine Folge der Infektion mit dem Aids-Virus war, wählte LeVay für seine Kontrollgruppe Heterosexueller zum Teil Aids-Tote aus, die sich als Drogenabhängige ihren Stoff mit infizierten Nadeln gespritzt hatten, zum Teil Männer, die eines anderen Todes gestorben waren. Unabhängig von der Todesursache war ihr Hypothalamus typisch »männlich«.

Nun könnte es natürlich trotzdem sein, daß bei den schwulen Aids-infizierten Männern der INAH-3 im Verlauf der Krankheit schrumpft. Im Nachhinein untersuchte LeVay nochmal einen Homosexuellen, der nicht an Aids, sondern an Lungenentzündung gestorben war. Er tat dies, wie auch bei seinem ersten Experiment, in einem »Blindversuch«, das heißt, er betrachtete die Gehirne dieses und dreier weiterer heterosexueller Männer unter dem Mikroskop, ohne zu wissen, welches Gehirn wem gehört hatte. Auch der Schwule der zweiten Runde wies einen nur halb so großen INAH-3 auf wie die heterosexuellen Männer.

Obwohl LeVays Studie die größte Aufmerksamkeit zuteil wurde, gibt es auch andere Untersuchungen, die Unterschiede in homosexuellen und heterosexuellen Gehirnen finden. Das Team des Niederländers Dick Swaab, das bereits Geschlechtsunterschiede im männlichen und weiblichen Hypothalamus gefunden hatte, berichtete zum ersten Mal vor einigen Jahren über den SCN von Homosexuellen. Der Supra-Chiasmatische Nucleus, kurz SCN, ist auch einer der zahlreichen Kerne von Nervenzellen im Hypothalamus und er ist so etwas wie die Uhr des Gehirns und damit auch des gesamten Körpers. Der SCN kontrolliert Körperrhythmen, vor allem die Schwankungen zwischen Tag und Nacht. Der SCN, so fanden Dick Swaab und seine Mitarbeiter heraus, ist bei homosexuellen Männern etwa doppelt so groß wie bei heterosexuellen. Doch Swaab und Kollegen tun sich noch schwer damit, ihren Befund zu interpretieren, denn auf den ersten Blick hat der SCN nichts mit Sex zu tun. Allerdings gibt es mittlerweile ein paar Hinweise darauf, daß der SCN zumindest bei Tieren mit dem Geschlechtsleben zusammenhängt. Er kontrolliert den Zyklus der weiblichen Ratte. Außerdem hat man beobachtet, daß bei Hasen sich der Kern von Nervenzellen nach dem Geschlechtsverkehr verändert. Das sind zwar nicht gerade überzeugende Hinweise auf eine wichtige Rolle des SCN in sexuellen Dingen. Doch Swaab glaubt, daß man einfach noch zuwenig über dessen Funktion weiß.

Unters Mikroskop der Forscher kam noch eine andere Gehirnstruktur, von der man vermutet, daß sie Geschlechtsunterschiede aufweist. Laura Allen, die sich mittlerweile einen Namen als Expertin für Geschlechtsunterschiede gemacht hat, überprüfte eine der Verbindungen zwischen den zwei Gehirnhälften, die sogenannte vordere Kommissur. (Der Balken oder Corpus Callosum, dem wir in früheren Kapiteln begegnet sind, ist das größte Bündel von Nervenfasern, welche die zwei Hemisphären verbinden, jedoch nicht das einzige.) In der Regel gehen Gehirnforscher davon aus, daß Frauen stärker beide Gehirnhälften benutzen, um verschiedene Aufgaben zu lösen, und daß sich das in der Anatomie widerspiegelt. In der Tat sind Teile des Balkens bei Frauen größer als bei Männern. Allen fand nun heraus, daß die vordere Kommissur von Schwulen besonders »weiblich« ist, sie ist sogar um knapp 20 Prozent größer als die von Frauen. Verglichen mit heterosexuellen Männern haben Schwule eine vordere Kommissur, die ein Drittel mehr Platz im Gehirn einnimmt.

Was das bedeutet? Schwer zu sagen. Niemand weiß, was genau die Aufgabe der vorderen Kommissur ist, aber sie hat sicher nichts mit Sexualität zu tun. Sie verbindet Teile des Gehirns, die am Denken beteiligt sind. Könnte es sein, daß Homosexuelle eher eine »weibliche« Strategie beim Denken einsetzen?

Ganz abwegig ist das nicht. Erinnern wir uns: Es gibt bestimmte Aufgaben, bei denen ein Geschlecht besser als das andere abschneidet. Zum Beispiel überflügeln Frauen die Männer bei sprachlichen Tests. Besonders frappierend ist jedoch der männliche Vorsprung bei geometrischen

Aufgaben, die räumliches Vorstellungsvermögen erfordern. Bei einer solchen Aufgabe fanden Geoff Sanders und Lynda Ross-Field vom Polytechnikum in London einen Unterschied zwischen homosexuellen und heterosexuellen Männern. Sie stellten jeweils acht heterosexuellen Männern und Frauen sowie acht homosexuellen Männern den »Wasserglas-Test«. Diese Aufgabe besteht darin, bei Wassergläsern, die nicht senkrecht, sondern unter verschiedenen Winkeln gezeichnet sind, das Niveau der Flüssigkeit einzutragen, wenn das Glas zu einem Drittel voll ist. Das verlangt einiges an räumlichem Vorstellungsvermögen, und Frauen schneiden bei diesem Test in der Regel sehr viel schlechter ab als Männer. Die englischen Wissenschaftler maßen, um wie viele Grad die Antworten der Testpersonen von der richtigen Antwort abwich. Sie fanden heraus, daß die (heterosexuellen) Frauen einen zehnmal so großen Fehler machten wie die heterosexuellen Männer. Die homosexuellen Männer dagegen waren etwa gleich gut wie die Frauen.

Über ein Ergebnis, das in dieselbe Richtung weist, berichteten vor kurzem Jeff Hall und Doreen Kimura von der Universität von Western Ontario in Kanada. Doreen Kimura ist eine führende Expertin für Geschlechtsunterschiede und sie hat zusammen mit ihren Mitarbeitern zahlreiche Studien veröffentlicht, in denen sie die sprachlichen und räumlich-visuellen Fähigkeiten von Männern und Frauen vergleicht. Unter anderem hat sie die Treffgenauigkeit beim Zielen untersucht – eine Fähigkeit, die sich auszahlt bei dem irischen Dartspiel und natürlich auch beim Schießen. Männer schneiden dabei besser ab als Frauen. Der Geschlechtsunterschied bleibt bestehen, selbst wenn man berücksichtigt, daß die Männer vielleicht mehr Sport getrieben oder stärkere Hände haben. 28 heterosexuelle Männer, 20 Frauen sowie 34 Schwule nahmen an dem Wurftest teil. Alle Männer, unabhängig von ihren geschlechtlichen Vorlieben, zielten besser als die Frauen. Allerdings waren die homosexuellen Männer nicht sehr viel besser als die Frauen und wesentlich schlechter als die heterosexuellen Männer.

Sind diese Ergebnisse repräsentativ? Das heißt, lassen sie sich auf die Mehrzahl der Homosexuellen übertragen? Immerhin haben nur 24 beziehungsweise 82 Versuchspersonen an den Experimenten teilgenommen. Die Autoren jedenfalls halten die Studien für repräsentativ, weil die Unterschiede zwischen homosexuellen und heterosexuellen Männern so ausgeprägt sind. Zu bedenken gibt allerdings, daß nicht alle Studien Differenzen zwischen homosexuellen und heterosexuellen Männern gefunden haben. In einer besonders groß angelegten Untersuchung ließen Wissenschaftler der Universität von Nord Dakota jeweils 60 Männer beider geschlechtlicher Orientierungen dreidimensionale Figuren im Kopf drehen. Homosexuelle und Heterosexuelle schnitten gleich gut ab, was darauf hindeutet, daß die geistigen Unterschiede zwischen ihnen möglicherweise doch nicht so ausgeprägt sind wie die zwischen Männern und Frauen.

Doch wenn Forscher Unterschiede beobachten, dann weisen sie immer in dieselbe Richtung – daß nämlich die Ergebnisse homosexueller Männer eher denen der Frauen ähneln. Denken wir zurück an das Kapitel über Intelligenz. Die plausibelste Erklärung dafür, wie Geschlechtsunterschiede bei geistigen Fähigkeiten entstehen, sehen die meisten Wissenschaftler heute in der Wirkung von Testosteron im Mutterleib. Weil männliche Föten mehr Testosteron im Körper haben, entwickelt sich ihr Gehirn etwas anders als das der weiblichen Föten.

Die Testosteron-Hypothese stützt sich vor allem auf die Beobachtung von Kindern, die im Mutterleib abnormen Dosen von Geschlechtshormonen ausgesetzt waren, insbesondere auf Mädchen, die zuviel Testosteron abbekommen haben. Eine der Hormondrüsen im Körper, die Nebennieren, produzierten auch bei weiblichen Föten geringe Mengen an männlichen Geschlechtshormonen. Bei den Betroffenen jedoch schütten aufgrund eines genetischen Defekts die Nebennieren eine Überdosis an Androgenen aus. Diese Mädchen spielen später lieber mit Bauklötzen als mit Puppen und sie sind wilder als ihre gesunden Altersgenossinnen – kurzum, sie sind »jungenhafte« Mädchen.

Nicht nur das. Diese Mädchen scheinen eine erhöhte Chance zu haben, homosexuell zu sein, wenn sie erwachsen werden. In einer älteren Studie mit 30 Betroffenen gaben fünf der Frauen an, homosexuell zu sein, sechs bezeichneten sich als bisexuell. Das sind überraschend hohe Zahlen, wenn man bedenkt, daß unter 30 willkürlich gewählten Frauen höchstens eine oder zwei homosexuell oder bisexuell sind, aber nicht elf. Neuere Studien haben diese Zahlen allerdings etwas nach unten gedrückt. Eine Untersuchung kam zu dem Schluß, daß 20 Prozent der betroffenen Frauen homosexuelle Beziehungen gehabt hatten oder zumindest sie sich wünschten. Eine andere schätzt die Zahl der homosexuellen Frauen nur auf fünf Prozent. Aber auch das ist noch mindestens doppelt so hoch wie die ein bis zwei Prozent von Lesben in einer normalen Bevölkerungsgruppe. Es scheint also, als ob die Überdosis Testosteron in der Gebärmutter die Wahrscheinlichkeit erhöht, homosexuell zu werden.

Zuviel Testosteron würde sich demnach auf die geschlechtliche Orientierung von Frauen auswirken. Trifft die Umkehrung auch zu? Werden Männer, die als Föten zuwenig Testosteron abbekommen haben, eher schwul? Das würde natürlich perfekt in das Bild passen. Männliche Ratten kann man »verweiblichen«, indem man ihren Gehirnen Testosteron entzieht. Homosexuelle Männer haben einen Kern von Nervenzellen im Hypothalamus, der viel kleiner ist als der heterosexueller Männer und etwa gleich groß wie der von Frauen. Sie schneiden bei manchen »typisch männlichen« Aufgaben schlechter ab als ihre Geschlechtsgenossen – etwa so gut wie Frauen.

Die Idee, daß Homosexuelle verweiblichte Männer sind, ist nicht neu. »Anima muliebris virili corpori innata« formulierte es 1868 der deutsche Jurist und Homosexuelle Karl Heinrich Ulrichs, »der Geist einer Frau, der dem männlichen Körper innewohnt«. Dieses Konzept hat seitdem die Erforschung der Homosexualität bestimmt. Die jetzige Vorstellung, daß Hormone vor der Geburt die geschlechtliche Orientierung beeinflussen, geht in dieselbe Richtung.

Mag sein, daß wir geprägt sind von dieser Idee. Daß wir erwarten, daß Homosexuelle besonders weiblich sind und daß uns auf Grund dieses Vorurteils jene Schwule besonders auffallen, die eine hohe Stimme haben, weiche Gesichtszüge, einen schmalen Körper und die in einem typisch weiblichen Beruf arbeiten. Und doch scheint die Vorstellung eines weiblichen Geistes im männlichen Körper etwas mehr als nur ein Vorurteil zu sein. Untersuchungen deuten nämlich darauf hin, daß es psychologische Unterschiede zwischen Homosexuellen und Heterosexuellen gibt, die sich bereits in der Kindheit zeigen.

In mehreren Studien wurden Schwule über ihre Kindheit befragt. Die meisten erinnern sich daran, eher wie Mädchen gespielt zu haben. Während die heterosexuellen Männer von Baseball und Football erzählen (diese Untersuchungen stammen alle von amerikanischen Wissenschaftlern), erinnert sich eine Mehrheit unter den Schwulen daran, mit Puppenhäusern gespielt zu haben. Viele von ihnen wurden als »Sissies« bezeichnet, ein amerikanischer Ausdruck für verweichlichte Jungen. Umgekehrt scheinen auch Lesben im allgemeinen als Mädchen eher jungenhaft gewesen zu sein. Eine amerikanische Studie mit 56 Lesben und 43 heterosexuellen Frauen hat gefunden, daß zwei Drittel der homosexuellen Frauen, aber nur ein Sechstel der heterosexuellen Frauen überdurchschnittlich »wilde« Mädchen gewesen waren.

Es könnte natürlich sein, daß Schwule und Lesben ihre Kindheit rückblickend nicht richtig beurteilen. Vielleicht erinnern sich die homosexuellen Männer stärker an die

Mädchenspiele, weil es eben das Vorurteil der weiblichen Seele gibt. Der Psychiater Richard Green von der Universität von Kalifornien in Los Angeles ist deshalb an die Frage von der anderen Seite herangegangen. Er wollte herausfinden, ob mädchenhafte Jungen eher zu Schwulen heranwachsen als ihre wilderen Altersgenossen. Green wählte 1968 zwei Gruppen von Jungen aus, die zwischen vier und zwölf Jahre alt waren. Eine Gruppe bestand aus Jungen, die als »Sissies« verschrien waren und sich teilweise auch selbst als solche bezeichneten. Die meisten unter ihnen spielten lieber mit Mädchen als mit Jungen und verkleideten sich häufig als Mädchen. Die Teilnehmer der anderen Gruppe waren Jungen, die viel Sport trieben und nichts mit Mädchen zu tun haben wollten. Fünfzehn Jahre später befragte Green zwei Drittel der insgesamt 111 Teilnehmer über ihre sexuellen Neigungen. Etwa drei Viertel der »Sissies« bezeichneten sich als schwul oder bisexuell, während es in der anderen Gruppe nur ein Teilnehmer war.

Vieles spricht also dafür, daß sexuelle Orientierung ziemlich früh im Leben geprägt wird, möglicherweise bereits vor der Geburt, in der Gebärmutter. Was nicht heißen soll, daß alle Jungen, die aus welchem Grunde auch immer weniger Testosteron als normal abbekommen haben, schwul oder bisexuell werden. Oder daß alle weibliche Föten mit zuviel männlichen Geschlechtshormonen später einmal Frauen als Geschlechtspartner bevorzugen. Doch es könnte eine, wie Forscher es nennen, Prädisposition für Homosexualität geben. Anders ausgedrückt: Wenn andere umweltbedingte oder psychologische Faktoren hinzu kommen, ist die Wahrscheinlichkeit überdurchschnittlich, daß der oder die Betroffene homosexuell wird.

Allerdings, und das betonen auch Forscher wie LeVay, die gerne eine biologische Ursache für Homosexualität finden würden, gibt es derzeit keinen schlagenden Beweis dafür, daß sexuelle Orientierung vor der Geburt entsteht und hormongemacht ist. Zunächst einmal ist Homosexualität bei Ratten etwas ganz anderes als bei Menschen. Ein »verweiblichtes« Rattenmännchen führt nur typisch weibliche Bewegungen aus, etwa indem es seinen Rücken krümmt. Es zeigt jedoch keinerlei Präferenz für männliche Geschlechtspartner.

Außerdem ist es nicht immer leicht, Ursachen und Wirkungen auseinanderzuhalten. INAH-3, das Stück Nervengewebe, das bei Schwulen kleiner ist als bei heterosexuellen Männern, könnte zwar die gleichgeschlechtliche Neigung hervorrufen. Genausogut wäre es allerdings möglich, daß INAH-3 als Folge der Homosexualität schrumpft. Die meisten biologisch orientierten Forscher halten das zwar für unwahrscheinlich, weil der SDN, jener geschlechtstypische Hypothalamus-Kern, bei Ratten nach den ersten zehn Tagen nach der Geburt seine Größe nicht mehr verändert. Beweisen können sie es allerdings nicht. Dazu müßte man den INAH-3 im lebenden Gehirn abmessen können, und das ist, wie bereits erwähnt, bislang nicht möglich.

Es könnte auch ganz anders sein. Manche Wissenschaftler vertreten den Standpunkt, daß die Neigung zur Homosexualität zwar früh in der Kindheit entsteht, doch nicht, weil die Geschlechtshormone verrückt spielen. Männer werden homosexuell, weil sie als Jungen nicht fähig waren, die intensive Bindung zu ihrer Mutter zu lösen. Ein Mann identifiziert sich dann weiterhin mit seiner Mutter und sucht, indem er ihre Rolle übernimmt, die ehemalige Beziehung wiederzubeleben. So zumindest lautet die Theorie nach Sigmund Freud. Vor allem, wenn Mütter vereinnahmend sind und Väter schwach, feindselig oder gar abweisend, dann besteht, so Freud, die Gefahr einer bleibenden sexuellen Bindung zwischen Mutter und Sohn.

Sigmund Freud betrachtete Homosexualität als Krankheit, als pathologisches Ergebnis einer fehlgelaufenen Entwicklung. Bis vor ein paar Jahren durften deshalb

»orthodoxe« Psychoanalytiker, die streng nach den Lehren Freuds arbeiten, offiziell nicht homosexuell sein. LeVay kreidet es Freud an, daß man lange Zeit versucht hat, Homosexuelle zu kurieren, sei es durch Psychoanalyse, sei es – weniger von Freud inspiriert – durch medizinische Behandlung. LeVay bezeichnet auch die Eltern von Schwulen und Lesben als Opfer des Freudianismus, weil man ihnen unberechtigt die Schuld an der falschen Entwicklung ihrer Kinder zugeschoben hat.

Der kalifornische Forscher bestätigt in seinem Buch, daß viele Schwule, darunter auch er, ihre Mütter als besonders besitzergreifend und ihre Väter als abweisend in Erinnerung hätten. Aber, so LeVay, möglicherweise verwechselte auch Freud Ursache und Wirkung. Es könnte sein, daß Jungen, die bereits »Schwulenmerkmale« erkennen lassen, bei den Eltern starke Gefühle hervorrufen, negative beim Vater und positive bei der Mutter.

Die männlichen Nachkommen eines trächtigen Rattenweibchens, das man in den letzten Schwangerschaftswochen unter starken Streß setzt, indem man sie mehrmals täglich in eine Röhre sperrt und grelles Licht auf sie scheinen läßt, verhalten sich verstärkt »homosexuell«. Sie zeigen eine geringere Neigung, Weibchen zu besteigen und eine größere Bereitschaft, ihren Rücken zum Hohlkreuz zu krümmen. Der Grund dafür könnten wiederum Hormone sein: Cortisol, das Hormon, das der Körper bildet, wenn er unter Streß steht, hat dieselben chemischen Vorläufer wie Testosteron. Wenn nun vermehrt Cortisol produziert wird, so eine Theorie, reicht es sozusagen nicht mehr für das Testosteron, und das Gehirn des Fötus wird teilweise weiblich.

Einige Wissenschaftler haben sich von diesen Tierexperimenten inspirieren lassen. Mütterlicher Streß kann zu Homosexualität führen, lautet denn auch die These von Günter Dörner von der Berliner Universitätsklinik Charité. Bereits zu DDR-Zeiten erforschte der Hormonspezialist die Ursachen von Homosexualität. Wie LeVay

nimmt auch Dörner an, daß ein zu niedriger Testosteronspiegel während der Entwicklung des Gehirns männliche
Föten auf den homosexuellen Weg bringen kann. Das
gleiche gilt für weibliche Föten mit zuviel Androgenen.
1980 berichtete Dörner, daß Männer, die während des
zweiten Weltkrieges geboren wurden, eher homosexuell
waren als solche, die davor oder danach zur Welt kamen.
In einer späteren Studie befragte er die Mütter homosexueller und heterosexueller Söhne nach belastenden Er-
lebnissen während der Schwangerschaft, Todesfälle in der
Familie oder die eigene Scheidung zum Beispiel. Während nur zehn Prozent der Mütter von Heterosexuellen
über solchen Streß berichteten, waren es zwei Drittel der
Mütter der Homosexuellen. Eine Befragung von amerikanischen Müttern, die mindestens einen heterosexuellen
und einen homosexuellen Sohn haben, hat dagegen Dörners Befunde nicht bestätigt. Die Mütter konnten sich
nicht an besonders streßreiche Erlebnisse während der
Schwangerschaft mit dem homosexuellen Sohn erinnern.

Daß die Gehirne männlicher Homosexueller weiblich
differenziert sind, haben Günter Dörner und seine Kollegen auch versucht zu beweisen. Sie untersuchten dabei,
wie Schwule auf eine Östrogenspritze reagieren. Bei
weiblichen Ratten wirkt eine solche Spritze wie wenn der
Eisprung eingeleitet würde. Die Hypophyse, eine Hormondrüse im Gehirn, schüttet dann vermehrt das sogenannte luteinisierende Hormon aus. Es bewirkt wiederum, daß die Eizelle reift. Bei Rattenmännchen dagegen
bleibt eine solche Östrogenzufuhr ohne Folgen. Dörner
berichtet, daß Schwule auf eine Östrogenspritze ebenfalls
»weiblich« reagieren, indem ihr Gehirn das luteinisierende Hormon produziert.

Andere Forschergruppen konnten Dörners Ergebnis
allerdings nicht bestätigen. Von drei Teams fand nur eines
ähnliche Resultate. Außerdem bezweifeln viele Hormonspezialisten, daß die Ausschüttung des luteinisierenden
Hormons bei Primaten generell und dem Menschen im

besonderen ein Merkmal ist, das vom Geschlecht abhängt. Auch manche heterosexuelle Männer reagieren nämlich positiv auf die Östrogenspritze.

Sowohl Dörners Streßhypothese als auch seinen Beweis dafür, daß Homosexuelle »weibliche« Schaltkreise im Hypothalamus haben, sehen die meisten seiner Kollegen mit Skepsis. Vermutlich aber hängt die Ablehnung von Dörner nicht zuletzt mit seinen früheren Vorschlägen zusammen, männliche Föten, die aus welchem Grund auch immer eine Anlage zur Homosexualität haben, mit ausreichend Testosteron vor der Geburt zu versorgen, um sie auf den »richtigen« Weg zu bringen. Mittlerweile hat der Hormonspezialist seine Ansichten etwas revidiert. Er betont, daß Homosexualität keinesfalls als Krankheit betrachtet werden dürfe, und daß es keinen Bedarf für mögliche Therapien gegen die gleichgeschlechtliche Neigung gibt.

Wenn Hormone den Hypothalamus in die weibliche oder die männliche Richtung drängen – wie wir gesehen haben, spricht einiges dafür –, so bleibt weiterhin unklar, was denn genau bewirkt, daß bei dem einen Fötus der Hormonpegel durchschnittlich ist, bei einem anderen jedoch besonders niedrig oder hoch. Doch vor kurzem hat sich eine neue Perspektive eröffnet: ein Gen könnte den Hormonhaushalt vor der Geburt durcheinanderbringen. In einer Zeit, in der die Molekularbiologie rasante Fortschritte macht, in der man das gesamte Erbgut des Menschen entschlüsseln will und in der fast jede Woche ein neues Gen, sei es für Alkoholismus, Gewalttätigkeit oder Schizophrenie entdeckt wird, überrascht es nicht, daß Forscher nach einem oder mehreren Genen für Homosexualität fahnden.

Seit etwa zehn Jahren untersuchen Wissenschaftler Homosexuelle auf ihre Verwandtschaft hin. Wenn sich Homosexualität in einer Familie häuft, so ist das ein starkes Indiz dafür, daß gleichgeschlechtliche Neigungen teilweise vererbt werden. Seitdem hat man mehrere

Hinweise darauf gefunden, daß unter Geschwistern Homosexualität überdurchschnittlich häufig auftritt. Die amerikanischen Forscher Michael Bailey und Richard Pillard von der Northwestern University in Evanston (Illinois) studierten 161 homosexuelle Männer, die entweder einen Zwilling oder einen Adoptivbruder hatten. Sie fanden heraus, daß 52 Prozent der eineiigen Zwillinge von homosexuellen Männern selbst schwul waren, während es bei den zweieiigen Zwillingen nur 22 Prozent, bei den Adoptivbrüdern sogar nur 11 Prozent waren.

Eineiige Zwillinge gehen aus einer einzigen befruchteten Eizelle hervor, ihr Erbgut ist also identisch, und sie stimmen in all ihren Genen überein. Wäre Homosexualität nur genetisch bedingt, dann müßten die eineiigen Zwillinge eines Schwulen immer auch selbst homosexuell sein. Da es keine Verhaltensweise gibt, die ausschließlich auf die Gene zurückzuführen ist, ist auch kein Wissenschaftler so naiv anzunehmen, daß Homosexualität nur übers Erbgut übertragen wird. Allerdings sind 52 Prozent schon recht viel, so daß eine erbliche Komponente ziemlich wahrscheinlich ist. Einen strengen Beweis bedeuten die Zahlen dennoch nicht, denn in der Regel wachsen eineiige Zwillinge in derselben Umgebung auf, so daß sie ähnlichen Umwelteinflüssen ausgesetzt sind. Hinzu kommt, daß sie vermutlich ähnliche Hormonkonzentrationen im Mutterleib erfahren. Daß der zweieiige Zwilling eines homosexuellen Bruders eine etwa halb so große Wahrscheinlichkeit hat, selbst schwul zu werden, paßt jedoch zur genetischen Hypothese. Bei zweieiigen Zwillingen ist, ebenso wie bei getrennt geborenen Geschwistern, nur die Hälfte ihres Erbgutes identisch.

Einen besonders starken Hinweis auf den Einfluß der Gene liefern die Zahlen bezüglich der Adoptivbrüder. Sie haben überhaupt kein gemeinsames Erbgut, reifen auch nicht in derselben Gebärmutter heran, wachsen jedoch gemeinsam auf. Die elf Prozent der Adoptivbrüder homosexueller Männer muß man aber in beide Richtungen deuten. Daß es *nur* elf Prozent sind und nicht ein knappes Viertel wie bei den zweieiigen Zwillingen oder gar die Hälfte wie bei den eineiigen Zwillingen, kann man praktisch nur genetisch interpretieren. Daß es *immerhin* elf Prozent sind – das ist mehr als doppelt soviel wie die Wahrscheinlichkeit in der Gesamtbevölkerung – deutet darauf hin, daß Gene nur die halbe Wahrheit bieten. Die Umwelt, in diesem Fall vor allem die Familie, muß also auch eine Rolle spielen.

Eine ähnliche Studie von Bailey und Pillard mit Lesben und ihren Verwandten brachte ähnliche Ergebnisse. Unter den Schwestern von 147 Lesben waren 48 Prozent der eineiigen Zwillinge homosexuell, sowie 16 Prozent der zweieiigen Zwillinge und sechs Prozent der »normalen« Schwestern – weshalb man vermutet, daß auch bei Frauen die Gene eine Rolle bei der sexuellen Orientierung spielen.

Das Team um Dean Hamer ging einen Schritt weiter als Michael Bailey und Richard Pillard. Die Forscher vom National Institute of Health in Washington D. C. untersuchten nicht nur Geschwister, sondern den gesamten Stammbaum von Homosexuellen: Großeltern, Eltern, Vettern und Cousinen, Tanten und Onkel. Dabei fanden sie heraus, daß nicht nur unter Brüdern von Schwulen, sondern auch unter deren Onkeln und Vettern Homosexualität überdurchschnittlich häufig auftritt. Eine Entdeckung erregte besonders das Interesse der Wissenschaftler. Die Häufung homosexueller Verwandter kommt nämlich nur bei den Verwandten mütterlicherseits vor. Das heißt, nur Brüder der Mutter, nicht aber des Vaters, und nur Cousins mütterlicherseits und nicht väterlicherseits sind überdurchschnittlich oft schwul.

Daß nur die Verwandten von seiten der Mutter betroffen sind, ist ein starker Hinweis darauf, daß die gesuchten Gene auf dem X-Chromosom liegen. Männer besitzen im Gegensatz zu Frauen nur ein X-Chromosom, und dieses erben sie immer von der Mutter. Falls auf den X-

Chromosomen der Mutter genetische Defekte vorliegen, dann werden sie den Söhnen zwangsläufig vererbt, nicht aber den Töchtern, weil diese ja noch ein zweites X-Chromosom vom Vater mitbekommen. Das ist zum Beispiel der Grund dafür, daß sehr viel mehr Männer als Frauen farbenblind sind. Farbenblindheit hängt mit fehlerhaften oder gar fehlenden Farbrezeptoren in der Netzhaut zusammen, und die Anleitung für den Aufbau dieser Farbrezeptoren ist auf den X-Chromosomen festgeschrieben. Falls die Mutter auf einer ihrer X-Chromosome eine fehlerhafte Information trägt, dann sind ihre Töchter meist nicht farbenblind, weil sie ja noch ein anderes, »gutes« X-Chromosom besitzen, ihre Söhne sind es dagegen mit 50 prozentiger Wahrscheinlichkeit.

Deshalb nahmen Dean Hamer und seine Kollegen die Erbsubstanz auf dem X-Chromosom von 40 homosexuellen Brüderpaaren und, soweit möglich, deren Mütter unter die Lupe. Mittels spezieller Methoden aus der Trickkiste der Gentechnik durchkämmten sie deren gesamte X-Chromosome auf übereinstimmende Abschnitte. An einem Ende des Chromosoms wurden sie fündig: In der sogenannten Xq28-Region war bei 33 der homosexuellen Brüderpaare eine Gruppe sogenannter Marker, zuvor festgelegter Abschnitte der Erbsubstanz, identisch. Bei sieben stimmte sie nicht überein. Als Gegenprobe untersuchten die Wissenschaftler über 300 beliebige Brüderpaare. Bei ihnen war die Chance, identische Marker in Xq28 zu finden, eins zu eins, also nicht überdurchschnittlich hoch.

Noch können Hamer und seine Kollegen nicht sagen, ob in Xq28 ein Gen liegt, das Homosexualität mitbestimmt. Immerhin ist der betreffende Abschnitt vier Millionen Bausteine lang, und es könnten dort mehrere hundert Gene liegen. Bei der Interpretation solcher genetischer Studien ist jedenfalls Vorsicht geboten. Gelegentlich kommt es nämlich vor, daß Forscher meinen,

Gene für ein bestimmtes Verhalten gefunden zu haben, die Entdeckung sich jedoch nicht reproduzieren läßt. Zudem beruht die von Hamer verwendete Methode auf ausgefeilten statistischen Verfahren, und nicht alle Wissenschaftler stimmen mit ihm darüber ein, daß diese Verfahren zuverlässig sind. Mittlerweile hat jedoch ein Team von Wissenschaftlern um Stacey Cherny aus Boulder in Colorado Hamers Ergebnisse bestätigt. Auch sie finden, daß unter 33 homosexuellen Brüderpaaren eine Mehrzahl ist, die identische Marker in der Xq28-Region trägt. Einige der von Cherny getesteten Männer haben außerdem heterosexuelle Brüder, die nicht den Marker tragen.

Selbst wenn man ein Gen (es könnten auch mehrere zusammenwirkende sein) für Homosexualität finden würde, so wüßte man deshalb noch nicht, wie es funktioniert. Beeinflußt ein solches hypothetisches Gen die Entwicklung des Gehirns, insbesondere die des Hypothalamus, von dem man annimmt, daß er an der Sexualität beteiligt ist? Wirkt sich das Gen vielleicht sogar direkt auf die Größe des INAH-3 aus? Es könnte auch weniger direkt agieren, zum Beispiel indem es beeinflußt, wo wie viele Hormonrezeptoren sich im Gehirn heranbilden. Das wäre ähnlich wie das, was, wie im Kapitel über die Geschlechtsentstehung beschrieben, bei den XY-Frauen passiert. Ihnen fehlen die Rezeptormoleküle, an die sich das Testosteron normalerweise heftet, weshalb das Geschlechtshormon seine vermännlichende Wirkung nicht entfalten kann. Denkbar wäre ebenfalls, daß das fragliche Gen die Persönlichkeit eines Menschen oder gewisse Eigenheiten begünstigt, die ihn ihrerseits dazu bewegen, bestimmte Partner zu wählen. Wenn sich herausstellt, daß »das« Gen tatsächlich existiert, dann wird es jedenfalls noch lange dauern, bis man seine Wirkung entschlüsselt hat.

All dies gilt bislang nur für männliche Homosexuelle. Mittlerweile hat Hamers Team, speziell seine Kollegin

Angela Pattatucci, begonnen, Gene aufzuspüren, welche möglicherweise die sexuelle Orientierung bei Frauen beeinflussen. Allerdings ist derzeit völlig unklar, ob dieselbe Region des X-Chromosoms betroffen ist. Hamer hält es für unwahrscheinlich, daß dieselben Gene den Weg für männliche und weibliche Homosexualität bereiten. Während 14 Prozent der Brüder von Homosexuellen selbst schwul sind, liegt der Anteil ihrer lesbischen Schwestern, wie er herausgefunden hat, nur bei fünf Prozent. Auch sind nur fünf Prozent der Brüder von Lesben schwul. Wenn dasselbe Gen für männliche und weibliche Homosexualität verantwortlich wäre, so Hamer, müßten die Zahlen sehr viel höher sein.

Roberta wurde mit einem Penis und Hoden geboren. Nicht, daß sie einer dieser medizinischen Sonderfälle gewesen wäre, die wir in früheren Kapiteln kennengelernt haben. Nein, Roberta trägt in ihren Zellen ein X- und ein Y-Chromosom, sie ist genetisch männlich. Mit ihren Hormonen schien alles in Ordnung zu sein, immerhin waren sowohl ihre äußeren wie auch ihre inneren Geschlechtsorgane typisch männlich. Roberta hieß auch gar nicht Roberta, sondern Robert.

Soweit sie sich zurückerinnern kann, fühlte sich Roberta trotz ihres Penis immer als ein Mädchen. Mit vier Jahren sagt sie es ihren Eltern, die wenig Verständnis dafür zeigen. Die Eltern schlagen sie, um sie zur Vernunft zu bringen. Einmal erwachsen, hat sie fest vor, als Mann zu leben, doch die Schere zwischen dem, was sie empfindet und ihrem äußerlichen Geschlecht öffnet sich immer weiter. Robert entscheidet sich zur Geschlechtsumwandlung und wird von nun an auch öffentlich als Frau leben und Roberta heißen.

Es ist der größte Unterschied zwischen den Geschlechtern, und die meisten von uns sind sich dessen gar nicht bewußt: die sexuelle Identität. Wir nehmen es als gegeben hin, daß wir uns als das Geschlecht fühlen, das wir äußerlich auch sind. Doch es gibt Ausnahmen: die Transsexuellen, und Roberta ist eine von ihnen. Transsexuelle sind Menschen, deren sexuelle Identität nicht mit ihrem Geschlecht übereinstimmt. Sie fühlen sich häufig so, als ob ihr Gehirn in einem Körper des anderen Geschlechts gefangen ist. Wie viele Transsexuelle es genau gibt, ist schwer zu sagen, da entsprechende Statistiken fehlen. Eine holländische Studie gibt an, daß unter 12 000 Männern einer ist, der sich als Frau fühlt. Frau-zu-Mann-Transsexuelle sind deutlich seltener: Unter 30 000 Frauen gibt es demnach eine, die sich als Mann fühlt.

Forscher streiten noch über die Ursachen von Transsexualität. Bis vor kurzem waren die meisten von ihnen der Meinung, daß sexuelle Identität gelernt ist. Wenn ein Kind wie ein Mädchen aussieht, dann wird es als solches erzogen und von allen Seiten wird es immer wieder Signale erhalten, daß es ein Mädchen ist. Soweit die Sozialisationstheorie.

In den USA war es in den sechziger Jahren üblich – und ist es, wenn auch in geringerem Maße heute noch –, daß man männliche Babys beschneidet. Bei einer solchen Beschneidung ereignete sich damals ein Unfall. Ein Zwilling eines eineiigen Paars büßte seinen Penis ein. Die Eltern beschlossen, dem Rat der Experten zu folgen und aus dem Jungen ein Mädchen zu machen. Die Hoden wurden entfernt und der kümmerliche Rest des Penis zu einer Scheide geformt. Anfang der siebziger Jahre berichtete der amerikanische Forscher John Money, einer der führenden Vertreter der Sozialisationstheorie, über die Entwicklung des »Mädchens«. Wohl war sie ziemlich jungenhaft und hatte viel Energie, doch sie schien ihr Geschlecht akzeptiert zu haben – ein überzeugender Beweis dafür, daß sexuelle Identität nicht von biologischen Faktoren wie Chromosomen oder Hormonen abhängt, sondern von der Umwelt.

Doch die Dinge nahmen eine etwas andere Wendung, nachdem die amerikanische Wissenschaftlerin Juliane Imperato von der Klinik der Cornell Universität (US-

Bundesstaat New York) in der Karibik eine Entdeckung machte. In drei kleinen Dörfern der dominikanischen Republik, in denen häufig die Mitglieder von Großfamilien untereinander heiraten, beobachtete sie, daß eine bestimmte Erbkrankheit vermehrt auftritt. Diese Krankheit ist in der Fachwelt unter dem Wortungetüm 5-Alpha-Reduktase-Mangel-Syndrom bekannt. Den Betroffenen fehlt ein Enzym namens 5-Alpha-Reduktase, welches Testosteron in ein anderes männliches Geschlechtshormon umwandelt, in Dihydrotestosteron. Ist dieses Hormon vorhanden, so nehmen die äußeren Genitalien die männliche Form an und werden zu Penis und Skrotum. Kommt es auf Grund des genetischen Defekts jedoch zu einem Mangel an Dihydrotestosteron, so wird ein genetisch männliches Baby mit einer Scheide geboren. Es wird sehr oft erst mal als Mädchen identifiziert.

Die große Überraschung kommt mit der Pubertät. Der Testosteronschub vollendet die unvollständige Geschlechtsentwicklung. Die Klitoris der Betroffenen weitet sich zu einem Penis aus, die Labia wird zu einem Skrotum, in dem die bislang versteckten Hoden ihren Platz finden. Die Stimme wird tiefer, Barthaare beginnen zu sprießen.

Bevor die Dorfbewohner lernten, die »guevedoces« – wörtlich übersetzt heißt das: Penis mit zwölf – also die Jungen mit dem fehlenden Enzym an Hand ihrer leicht zweideutigen Geschlechtsorgane zu identifizieren, erzogen sie 18 von ihnen als Mädchen, wie Juliane Imperato berichtete. 17 davon akzeptierten ihr »neues« Geschlecht, das mit der Pubertät zutage gefördert wurde, heirateten oder lebten später mit einer Frau zusammen. Nur einer der 18 wollte sich mit der männlichen Identität nicht abfinden. Wenn eine Dosis Hormone zehn Jahre Sozialisation rückgängig machen kann, so argumentierte Juliane Imperato, muß die sexuelle Identität größtenteils vor der Geburt festgelegt sein.

Die Schlußfolgerung der Wissenschaftlerin ist von einigen Kollegen kritisiert worden, die bezweifeln, daß die Eltern nichts von dem versteckten Geschlecht der Jungen gewußt haben. Auch heute ist der Streit um die »guevedoces« nicht entschieden. Doch daß fast alle von ihnen ohne größere Probleme in die Rolle des anderen Geschlechts geschlüpft sind, läßt sich schwerlich mit einer reinen Sozialisations-Theorie in Einklang bringen.

Auch die weitere Geschichte des umgewandelten Zwillings deutet darauf hin, daß vielleicht doch die Hormone in der Gebärmutter die sexuelle Identität festschreiben. Der amerikanische Wissenschaftler Milton Diamond von der Universität Hawaii hat den Fall verfolgt und berichtet im Gegensatz zu seinem Kollegen John Money, daß der Zwilling niemals die weibliche Rolle akzeptiert hätte. Schon vor der Pubertät und bevor man dem Jungen von seinem wahren Geschlecht erzählte, hatte Diamond zufolge der umgewandelte Zwilling Probleme mit seiner Identität als Mädchen. Als sie (oder sollte ich »er« schreiben?) 18 wurde, ließ sie sich einen Penis und ein Skrotum konstruieren. Er lebt jetzt, wie Diamond berichtet, als Mann und hat Sex mit Frauen.

Doch das stärkste Argument gegen die Sozialisations-Theorie sehen Wissenschaftler wie Milton Diamond oder Simon LeVay in der Existenz Transsexueller. Obwohl sie eindeutig wie Mitglieder eines Geschlechts aussehen und danach erzogen werden, bestehen Transsexuelle darauf, daß sie im Grunde ihrer Seele dem entgegengesetzten Geschlecht zugehören. Viele fühlen sich dabei ein Leben lang unwohl in ihrer Haut. Andere, darunter Roberta, nehmen die Tortur einer Operation auf sich sowie die Belastung, die es bedeutet, vor Familie und Freunden plötzlich als ein Vertreter des anderen Geschlechts zu stehen. Vor kurzem hat eine Gruppe von Forschern um Dick Swaab Besonderheiten im Gehirn von Transsexuellen gefunden. In Analogie zu den Homosexuellen sollen Mann-zu-Frau-Transsexuelle einen Bereich im Hypothalamus haben, der von seiner Größe her dem von Frauen ähnelt. Ungewiß ist jedoch, ob der Effekt tatsächlich durch eine abnormale Hormonkonzentration vor der Geburt entsteht. Welches die biologischen Ursachen für Transsexualität sind – ob Hormonstörungen oder Gene –, für keines von beiden hat man bislang überzeugende Beweise finden können und viele Wissenschaftler sind mittlerweile der Meinung, daß sie zumindest eine Rolle neben der Erziehung spielen.

Transsexuelle, so schwierig und manchmal bedrückend ihr Schicksal auch ist, sind eine kleine Minderheit. Die große Mehrheit aller Menschen kommt mit ihrem Geschlecht klar – egal ob sie schwul, lesbisch, bisexuell oder heterosexuell sind. Warum sie so und nicht anders sind, können Wissenschaftler derzeit nur bruchstückhaft beantworten. Damit bleibt auch die Antwort auf die Frage weitgehend offen, warum die meisten Männer Frauen attraktiv finden, und warum so viele Frauen Männer bevorzugen, obwohl (oder vielleicht weil?) die Geschlechter so verschieden sind.

Wir fanden Holmes in seinem Chemielabor. Er arbeitete an einem niedrigen Tisch, der mit Retorten, Reagenzgläsern und Bunsenbrennern übersät war. Er war so konzentriert, daß ich nicht glaubte, er hätte unsere Anwesenheit überhaupt wahrgenommen. Doch als es in einer Flasche anfing zu brodeln, sagte er, ohne mir einen einzigen Blick zuzuwerfen: »Watson, schnell! Bring mir das Ammoniak!« Als sich die Chemikalien und wir selbst uns wieder beruhigt hatten, war er endlich bereit, uns offiziell in seinem Reich willkommenzuheißen.

Doch meine Tante Jane hatte nicht gewartet. Sie schüttete kurzerhand eine faulig riechende gelbe Flüssigkeit in die Spüle, füllte die leere Flasche mit destilliertem Wasser und steckte in die improvisierte Vase die Rosen, die sie mitgebracht hatte. »Sie brauchen eine Ehefrau oder zumindest eine Tante, Mister Holmes, damit dieses Labor ein wenig ordentlicher und wohnlicher wird.«

»Dies ist kein Ort des Wohnens, sondern einer der Arbeit. Was die Ordnung betrifft, kann ich Ihnen versichern, daß kein Raum in London mehr System hat als dieser, auch wenn die Ordnung sich darauf beschränkt, daß Chemikalien, die sich nicht vertragen, nicht in Kontakt miteinander kommen. Es wäre unzweckmäßig, mehr Sauberkeit anzustreben, schon deswegen, weil jede Putzfrau dabei die Ordnung kaputtmachen würde.«

Miss Marple lachte. »Vielleicht brauchen Sie eine Spritze Östrogen, damit Sie die Sauberkeit höher einschätzen. Ich jedenfalls könnte in dieser Umgebung keinen einzigen klaren Gedanken fassen.«

»Sie haben mich inzwischen davon überzeugt, daß menschliche Verhaltensmuster nicht von einzelnen Genen gesteuert werden. Also liegt der Grund für mein entspanntes Verhältnis zu Schmutz wohl nicht, wie ich ursprünglich gedacht habe, in meiner Erbanlage.«

»Aber Verhalten wird, zumindest in seinen groben Zügen, sehr wohl von Hormonen gesteuert. Und die Weichen für die Hormonmengen stellen die Gene. Von daher *bin auch ich bereit, mein Bild von der Bedeutung der Umwelt zu revidieren und von genetisch bedingtem Verhalten zu reden.«*

»Entscheidend sind doch die Hormone selbst, egal ob körpereigen oder zum richtigen Zeitpunkt gespritzt. So gesehen, hätte ich nichts dagegen, Hormone als Umwelteinflüsse einzuordnen. Auf jeden Fall befürchte ich, daß eine Spritze nicht reichen würde, um meine eingefahrenen Gewohnheiten zu ändern. Vielleicht ist bei mir die Gehirnregion für Sauberkeit schon zu weit verkümmert.«

»Wir haben wahrlich wundersame Methoden gesehen, die Bilder des Gehirns und seiner Funktionen liefern. Es würde mich aber sehr wundern, Mister Holmes, wenn die Geräte ein Organ für Sauberkeit entdecken würden. In jedem Fall ist Ihre Erziehung, soweit noch möglich, nicht meine Aufgabe, sondern allenfalls die meines Neffen.«

»Solange ein Mann so erfolgreich arbeitet wie mein Freund Sherlock Holmes«, erwiderte ich, »werde ich mich hüten zu versuchen, auch nur eine seiner Gewohnheiten zu ändern. Apropos Arbeit, wir haben dich dabei unterbrochen, Holmes. Hast du Fortschritte erzielt?«

»Der Fall ist sehr verzwickt. Wenn menschliches Denken sich nur so eindeutig untersuchen ließe wie meine Chemikalien! Ich würde gern eine Titration erfinden, die mir mit analytischer Genauigkeit sagen kann, welcher Kandidat als Geheimdienstchef besser geeignet ist. Und Sie, Miss Marple? Haben Sie eine frische Spur?«

»Ich fürchte, ich komme auch nicht so richtig vorwärts. Ein Mädchen in der City hat die Rosen billig verkauft, ich konnte nicht widerstehen. Da es mir in meinem Garten wahrlich nicht an schönen Blumen mangelt, habe ich gedacht, ich bringe sie Ihnen vorbei und schaue, wie es Ihnen geht. Wir werden Sie aber nicht länger stören.«

»Das ist wirklich aufmerksam von Ihnen, Miss Marple. Bevor Ihr geht, Watson, kannst du nicht die Rosen in die Ecke stellen? Sie stehen mir im Weg.«

»Selbstverständlich, Holmes. Aua! Verdammte Dornen!«

»Watson, du blutest!«

»Dein Mitleid ist rührend, Holmes, aber es ist nur ein Tropfen.«

»Bei aller Zuneigung, Watson, ich habe nicht an deine Schmerzen gedacht, sondern an das Blut. Das ist die Spur, die uns jetzt weiterbringt!«

Kapitel 9

Irrungen des Geistes

Ein Tropfen Blut reicht aus, um die Diagnose zu stellen. Ein kurzer Einstich in die Ferse des Neugeborenen, eine Untersuchung im Labor – und schon steht fest, ob das Baby an einer zwar seltenen, jedoch folgenschweren Krankheit leidet. Die Rede ist von Phenylketonurie, kurz PKU genannt. Was den Babys mit PKU fehlt, ist auf den ersten Blick nicht viel: ein winziger Defekt in einem ihrer Gene. Doch dieser kleine Fehler bewirkt, daß ein lebensnotwendiges Enzym seine Arbeit nicht richtig verrichten kann: Die sogenannte Phenylalanin-Hydroxylase zersetzt normalerweise im Körper Phenylanalin, eine Aminosäure, die in sehr vielen Lebensmitteln enthalten ist. Wenn jedoch das Enzym Phenylalanin nicht in ausreichenden Mengen umwandeln kann, dann sammelt sich das Molekül im Gehirn an. Schwere geistige Behinderung ist die Folge.

Obwohl der Enzymdefekt selten ist, ging früher ein guter Teil der geistig Behinderten auf sein Konto. Mittlerweile hat die Zahl der PKU-Opfer, zumindest in den industrialisierten Ländern, drastisch abgenommen, weil man dort routinemäßig Säuglinge auf den Genfehler hin testet. Die Betroffenen müssen nicht befürchten, Gehirnschäden davonzutragen, solange sie während ihrer Kindheit eine strikte Diät einhalten. Sie dürfen keine Lebensmittel essen, die viel Phenylalanin enthalten, Milchprodukte zum Beispiel, und sie müssen stattdessen eine künstliche Mischung von Eiweißen zu sich nehmen.

Phenylketonurie ist eine Erfolgsstory der modernen Medizin. Das liegt einerseits daran, daß man PKU leicht feststellen kann, bevor das fehlerhafte Enzym unwiderruflichen Schaden angerichtet hat. Andererseits läßt sich die Stoffwechselkrankheit zwar nicht in ihren Ursachen heilen, wohl aber in ihren Symptomen. Für andere Krankheiten des Gehirns jedoch, die auch auf einem defekten Gen beruhen, sieht die Prognose weitaus weniger günstig aus. Die Huntingtonsche Krankheit, auch Veitstanz genannt, die, wie man seit kurzem weiß, einem genetischen Fehler auf dem Chromosom Nummer 4 zuzuschreiben ist, führt zu einem schleichenden Verfall der körperlichen und vor allem der geistigen Fähigkeiten der Betroffenen, ohne daß sie etwas dagegen tun könnten.

Die Ursachen von Phenylketonurie und Veitstanz sind mittlerweile bekannt, weil nur ein einziges fehlerhaftes Gen den Schaden anrichtet. Krankheiten, die in einem Gen festgeschrieben sind, bilden jedoch die große Ausnahme. Bei der Mehrzahl der anderen Leiden, die das Gehirn angreifen, tappen die Wissenschaftler noch völlig im Dunkeln. Wenn Auslöser im Erbgut mitspielen, dann sind es meistens mehrere Gene, die zusammenwirken. In der Regel jedoch sind die Ursachen nicht allein auf den Chromosomen zu finden, sondern auch in der Umwelt. Das können Viren sein, die ihr Unheil bereits im Mutterleib anrichten, oder Streßmomente bei der Geburt. Auch belastende Ereignisse im späteren Leben – der Tod eines geliebten Menschen oder die Scheidung vom Ehepartner – können das Gehirn aus dem Gleichgewicht bringen. Weil die möglichen Ursachen so vielfältig sind, tun Forscher sich schwer, sie fein säuberlich zu trennen.

Das Gehirn ist das komplizierteste Organ des Menschen. Eine knappe Billion Nervenzellen tun ihren Dienst, verbunden durch Fasern, die an 100 Billionen Synapsen miteinander verknüpft sind. Viele verschiedene chemische Botenstoffe sitzen in Bläschen eingeschlossen an diesen winzigen Kontaktstellen. Auf ein Signal hin entleeren sich die Bläschen, und die ausströmenden Botenstoffe verändern die elektrischen Eigenschaften der Synapsen, weshalb diese elektrische Signale weiterleiten oder abbremsen. Andere Substanzen wiederum wandern mit dem Blut, um innerhalb des Gehirns oder des Körpers Botschaften zu überbringen – eine fein abgestimmte Maschinerie mit unzähligen Rädchen, Schrauben und Muttern. Da überrascht es kaum, daß vieles im Gehirn auch einmal aus dem Takt geraten kann. Nervenzellen können absterben, weil sie nicht mehr mit Blut versorgt werden, Nervenfasern verlieren ihre Fähigkeit, Reize zu leiten, chemische Botenstoffe und damit auch die Synapsen versagen ihren Dienst – auch das Gehirn kann, wie andere Körperteile, krank werden.

Und doch gibt es im Leben eines Menschen kaum etwas, das ihm bedrohlicher erscheint als eine Krankheit seines Gehirns, die also seinen Geist angreift. Ein Herzinfarkt oder ein Krebsleiden ist schlimm genug, eine Geisteskrankheit ist jedoch ein besonderer Makel. »Je pense, donc je suis – Ich denke, also bin ich«, schrieb der französische Philosoph René Descartes. Unser Selbstverständnis als Mensch rührt daher, daß wir denken und fühlen. Ein Alzheimer-Patient, der geistig verwirrt ist und nicht mehr richtig denken kann, eine Frau, die unter Depressionen leidet und keine anderen Gefühle empfindet als Trauer und Nutzlosigkeit, ein Schizophrener, der in seinem Kopf fremde Stimmen hört – sie alle sind in ihren Fähigkeiten, Mensch zu sein, schwer behindert.

Die vergangenen fünfzig Jahre haben etwas Licht in die dunkle Seite des Gehirns gebracht. Die Welt der Geisteskranken ist weit weniger trostlos als sie es noch in der ersten Hälfte des Jahrhunderts war. Das ist nicht zuletzt den Medikamenten zu verdanken, den Antidepressiva und Neuroleptika, die es vielen Kranken ermöglichen, ein halbwegs normales Leben außerhalb einer psychiatrischen Anstalt zu führen. Auch die vielfältigen Formen von Psychotherapie helfen den Betroffenen, die Besonderheiten ihrer Seele zu verstehen und besser damit umzugehen. Und doch stehen die Forscher weiterhin vor vielen Rätseln, wenn sie die Ursachen der Irrungen des Geistes erklären sollen.

Dabei stoßen sie auch immer wieder auf die Frage: Warum betreffen bestimmte Krankheiten eher Frauen als Männer und umgekehrt? Es scheint, als ob jedes Geschlecht sein Päckchen zu tragen hätte: Jungen leiden sehr viel häufiger als Mädchen an Autismus, und sie sind überdurchschnittlich oft geistig zurückgeblieben. Männer erkranken früher an Schizophrenie, und die Krankheit trifft sie härter als Frauen. Diese dagegen leiden wesentlich häufiger an Depressionen und an Multipler Sklerose. Auch Eßstörungen wie Anorexia Nervosa und Bulimie betreffen fast nur Frauen. Geschlechtshormone und der Zwang, bestimmte gesellschaftliche Erwartungen zu erfüllen, scheinen oft die Ursachen dafür zu sein, daß eine Krankheit bevorzugt das eine oder das andere Geschlecht trifft. Doch gesichert ist das bei weitem nicht, und die Frage nach dem Warum wird Wissenschaftler noch eine Weile beschäftigen.

Eine der rätselhaftesten Krankheiten des Gehirns ist der Autismus. Wer je den Film ›Rain Man‹ gesehen hat, wird sich sein Leben lang daran erinnern – an den von dem amerikanischen Schauspieler Dustin Hoffman verkörperten Autisten, der in sich selbst (griechisch: autos) zurückgezogen wie unter einer Käseglocke lebt und keinen Kontakt zu anderen Menschen sucht.

Dabei beginnt das Leben eines autistischen Kindes zunächst meistens völlig normal. Es zeigt in der Regel keine Anzeichen für irgendeine körperliche oder geistige Behinderung, es ist hübsch, es lernt lachen und ist meistens mit sich selbst zufrieden. Die tragische Entdeckung machen seine Eltern meistens erst viele Monate nach der Geburt, im Verlauf des ersten oder zweiten Lebensjahres. Sie bemerken, daß ihr Kind – nennen wir es Peter – sonderbar reagiert. Während andere Babys sich freuen, Menschen, insbesondere die Eltern, zu sehen und ihre Ärmchen nach der Mutter oder dem Vater ausstrecken, bleibt

Peter genauso gerne in seinem Bett liegen. Ihm scheint es egal zu sein, ob er auf dem Schoß von jemandem sitzt oder auf dem Boden. Peter zeigt keinerlei Interesse, mit anderen Kindern zu spielen. Manchmal verfällt er plötzlich in Panik, zum Beispiel, wenn der Staubsauger läuft, und er läßt sich dann kaum beruhigen. Später, wenn seine Altersgenossen beginnen zu sprechen, bleibt Peter zunächst stumm. Zwar lernt auch er sprechen, doch er bleibt auf dem Niveau eines zweijährigen Kindes stehen. Seine Mimik ist sonderbar, er zieht häufig Grimassen oder kratzt sich im Gesicht. Peter zeigt wenig Ideenreichtum beim Spielen. Er füttert nicht seinen Teddybären oder schlüpft nicht in die Rolle eines Busfahrers. Stattdessen scheint er Befriedigung darin zu finden, Bauklötze immer wieder aufeinanderzustapeln oder seine Murmeln zu zählen.

Peters Schicksal ist nicht völlig hoffnungslos. Wie die meisten autistischen Kinder wird er mit zunehmendem Alter auch auf andere Menschen zugehen und ein gewisses Interesse an Kontakten zeigen. Doch sein Sozialverhalten wird zeit seines Lebens abnormal bleiben. Peter wird schwerlich verstehen, daß andere Menschen lügen oder betrügen, er wird jede Frau, die nett zu ihm ist, als seine Freundin ansehen und er wird sich schwer tun, Distanz zu wahren. Peter wird möglicherweise sogar einen Beruf ausüben können, jedoch nur eine Routinetätigkeit, die ihn nicht mit unvorhersehbaren Situationen konfrontiert.

Unter 10 000 Kindern, die geboren werden, sind vier bis fünf autistische. Autismus ist also eine seltene Krankheit, verglichen zum Beispiel mit dem Down-Syndrom, das eine von 700 Lebendgeburten betrifft. Vergleicht man es jedoch mit anderen Behinderungen, erscheint Autismus gar nicht so selten: Von 10 000 Babys wird nur eines blind geboren, vier kommen mit beeinträchtigtem Sehvermögen, sechs kommen ohne Gehör zur Welt. Die meisten Autisten sind geistig zurückgeblieben, was allerdings nicht ausschließt, daß sie manchmal außergewöhnliche Fähigkeiten, sogenannte Inselbegabungen, haben. »Rain Man« etwa, der auf einen Blick die Zahl der Streichhölzer nennen konnte, die aus einer Schachtel auf den Boden gefallen waren, oder der deutsche Autist Birger Sellin, der Schlagzeilen machte, weil er in mühevoller Arbeit ein Buch über sich geschrieben hat. Weitere Fälle beschreibt auch der amerikanische Psychiater Oliver Sacks in seinem Buch ›Der Mann, der seine Frau mit einem Hut verwechselte‹: Die Zwillinge, die zu jedem beliebigen Datum den dazugehörigen Wochentag nennen konnten und sich daran erfreuten, sich gegenseitig zehnstellige Primzahlen vorzusagen. Oder der von seinem Betreuer als Idiot bezeichnete Jose, der einen kurzen, aber intensiven Blick auf Sacks' Uhr wirft und diese daraufhin detailgetreu zeichnet. Doch solche autistischen Wunderkinder sind eher die Ausnahme als die Regel.

Autismus kommt in allen Ländern der Welt, unter allen Rassen etwa gleich häufig vor, und das Leiden betrifft alle sozialen Schichten. Daß ich das erwähne, mag sonderbar erscheinen. Doch es ist gar nicht lange her, daß Forscher meinten, Autismus sei eine Krankheit der »Oberschicht«. Eine englische Studie in den 60er Jahren hatte herausgefunden, daß unter den Eltern von autistischen Kindern besonders viele mit überdurchschnittlichem Einkommen sind. Spätere Untersuchungen konnten das nicht bestätigen, doch damals fand man es ganz plausibel, daß die Eltern von Autisten besonders intelligent und reich sind. Es paßte in das Bild, das Forscher von den Ursachen der Krankheiten hatten: gefühllose Eltern, vor allem karrieresüchtige und emotional distanzierte Mütter, die nicht den richtigen Draht zu ihren Kindern finden, weshalb diese ein abnormes soziales Verhalten entwickeln. Nicht zuletzt hat Bruno Bettelheim dazu beigetragen, daß man lange Zeit an psychische Ursachen glaubte. Der bekannte Psychotherapeut, der in den USA über lange Jahre hinweg verhaltensgestörte

Kinder betreut hat, beschrieb in seinen Büchern zum Beispiel Mütter, die ihre Säuglinge nicht nah genug am Körper hielten, wenn sie ihnen die Flasche gaben. Bettelheim glaubte, daß Gefühlskälte und eine falsche Reaktion der Eltern auf das Verhalten ihrer Kinder diese zu Autisten werden lassen.

Abgesehen davon, daß es unglaublich grausam ist, Eltern mit solchen Vorwürfen zu konfrontieren – weder die Vorstellung, daß die Mütter und Väter von autistischen Kindern besonders intelligent sind, noch die Idee, daß sie sich falsch verhalten, haben sich bewahrheitet. Mittlerweile sind die meisten Autismus-Experten davon überzeugt, daß eine gestörte Entwicklung des Gehirns wesentlich die Krankheit fördert.

Wenn man an Genie denkt, ist es in der Tat schwer verständlich, daß allein Probleme in der sozialen Entwicklung eines Kindes solch schwerwiegenden Verhaltensstörungen, wie sie bei Autisten auftreten, hervorrufen könnten. Genie – wir haben sie bereits im Kapitel über Sprache kennengelernt – ist eine Art moderner Kaspar Hauser. Sie wurde 1970 in Kalifornien im Alter von dreizehn Jahren entdeckt. Bis dahin hatte sie die meiste Zeit allein in einer Kammer gelebt, festgebunden auf einem Toilettenstuhl. Sie war nur 1,35 Meter groß, konnte nicht aufrecht stehen und nicht sprechen. Trotzdem ist sie, wie die Psychologin Uta Frith vom Medizinischen Forschungsrat in London in ihrem Buch ›Autismus‹ beschreibt, nur vier Wochen nach ihrer Befreiung lebhaft und neugierig. Sie nimmt an einfachen sozialen Spielen teil und zeigt Gefühle und Reaktionen – also ganz das Gegenteil von autistischen Kindern.

Wenn es also nicht allein psychische und soziale Ursachen sind, die zum Autismus führen, was dann fördert das Leiden? Die Antwort lautet schlicht: niemand weiß es. Ein Problem besteht auch darin, daß Autismus keine Krankheit im engen Sinne ist wie Masern oder Keuchhusten. Autismus ist vielmehr ein Sammelbegriff für unterschiedliche Störungen, eine Fülle von Symptomen, die bei den Betroffenen mehr oder weniger stark ausgeprägt sind. Einige sind nur leicht gestört, andere dagegen leben völlig in sich zurückgezogen. Kein Wunder also, daß es praktisch keine Hypothese gibt, die nicht im Zusammenhang mit Autismus genannt wird – was darauf hindeutet, daß die Forscher vor einem großen Rätsel stehen. Von Störungen des Stoffwechsels, einem Überschuß gewisser chemischer Botenstoffe bis hin zu Schädigungen bestimmter Hirnteile – alles wird derzeit diskutiert.

Sicher, es gibt einige Indizien: Computer-Tomogramme deuten darauf hin, daß sich die Gehirne von Autisten nicht normal entwickelt haben. Bei ihnen ist das Kleinhirn, das im wesentlichen Muskelbewegungen koordiniert und dafür sorgt, daß der Körper sein Gleichgewicht hält, etwas geschrumpft im Vergleich zum Kleinhirn normaler Kinder. Die genaue Untersuchung von den Kleinhirnen verstorbener Autisten hat gezeigt, daß sie dort weniger Zellen haben. Auch manches andere deutet darauf hin, daß die Entwicklung ihres Gehirns stehengeblieben ist. Viele autistische Kinder haben auch mehr von dem chemischen Botenstoff Serotonin im Blut als andere. Was das bedeutet, ist unklar. Trotzdem versucht man teilweise, Betroffene mit einem Medikament zu behandeln, das den Serotoninspiegel senkt – bei manchen verbessern sich die Symptome, jedoch nicht bei allen.

Eine andere heiße Spur vermuten Wissenschaftler in der Organisation des Gehirns. Unter autistischen Kindern gibt es viermal mehr Jungen als Mädchen. Jungen und Männer aber, so haben wir im Kapitel über die beiden Gehirnhälften gesehen, sind stärker lateralisiert, das heißt, sie benutzen zum Sprechen und Lösen bestimmter Aufgaben bevorzugt eine Gehirnhälfte. Gleichzeitig sind sie häufiger linkshändig – die Hemisphäre, die ihre bevorzugte Hand steuert, ist also die rechte. Und Jungen leiden im Vergleich zu Mädchen überdurchschnittlich oft an Sprach-, Schreib- und Lesestörungen, alles Funktionen, die in der linken Gehirnhälfte angesiedelt sind. Könnte es sein, aus welchen Gründen auch immer, daß bei männlichen Föten und Babys häufiger die linke Gehirnhälfte unterentwickelt ist? Kann diese Unterentwicklung auch zu Autismus führen? Möglich ist es, doch die Wissenschaftler sind sich nicht einig, ob es bei Autisten tatsächlich Hinweise auf eine asymmetrische Ausbildung der beiden Hemisphären gibt.

Vermutlich geht das Krankheitsbild Autismus auf verschiedenartige Schädigungen im Gehirn zurück. Wie sonst ließen sich die unterschiedlichen Defizite erklären – die Sprachstörungen, die Panikreaktionen auf manche Geräusche, die Bewegungsstörungen und schließlich die Probleme im Sozialverhalten? Gerade für das gestörte Verhältnis zu anderen haben sich Wissenschaftler in den vergangenen Jahren interessiert. Möglicherweise läßt sich mit Hilfe der Autisten auch lernen, wie Sozialverhalten überhaupt zustandekommt. Welche elektrischen Schaltkreise in welchen Gehirnregionen bringen uns dazu, Kontakt zu anderen Menschen zu suchen? Tierversuche und Experimente mit Patienten deuten bereits darauf hin, wo man in Zukunft verstärkt wird suchen müssen: in den Stirnlappen sowie im limbischen System. Junge Affen, deren limbisches System – jene tief unter der Hirnrinde verborgene Struktur, die unter anderem für Gefühle zuständig ist – kurz nach der Geburt geschädigt wurde, zeigen frappierende Defizite im Umgang mit ihren Artgenossen. Ein wichtiger Teil des limbischen Systems, das Mandelkernpaar, bildet, wie im Kapitel über Gefühle beschrieben, eine Art Pforte auf dem Weg von den Sinnen zu den Gefühlen. Die Mandelkerne registrieren Umweltreize und bewerten sie, indem sie ihnen angenehme oder auch unangenehme Gefühle zuschreiben.

Antonio Damasio und seine Kollegen von der Universität von Iowa testeten vor kurzem Patienten, deren Stirnlappen geschädigt waren – durch einen Schlaganfall oder einen Tumor. Sprachaufgaben und Gedächtnistests bereiteten ihnen keinerlei Schwierigkeiten. Doch als sie in einem Kartenspiel, bei dem es um Geld ging, Entscheidungen treffen sollten, versagten sie kläglich. Während die »normalen« Versuchspersonen Strategien wählten, mit denen sich ungünstige Karten vermeiden ließen, nahmen die Patienten immer ein hohes Risiko in Kauf. Dabei schienen sie auch nicht besonders aufgeregt oder ängstlich. Die amerikanischen Forscher schließen daraus, daß Menschen normalerweise Logik benutzen, um Risiken zu analysieren, bevor sie zu einer Entscheidung kommen. Zudem geben ihre Gehirne ihnen auch ein emotionales Warnsignal, ein Signal, das bei den Patienten mit beschädigten Stirnlappen fehlt. Übertragen auf soziales Verhalten heißt das, daß wir uns in der Regel auf eine gefühlsmäßige Bewertung aus dem limbischen System verlassen, wenn wir mit anderen Menschen kommunizieren. Genau diese gefühlsmäßige Bewertung scheint den Autisten abzugehen.

Abgestorbene Nervenzellen oder ungewöhnliche Konzentrationen von chemischen Botenstoffen im Blut mögen das Verhalten der autistischen Kinder verursachen. Doch wodurch entstehen die Abnormalitäten im Gehirn? Welche sind die Auslöser? Auch dazu gibt es verschiedene Hypothesen, doch wiederum gilt, daß für keine Beweise existieren. Es könnte sein, daß eine Vireninfektion der Mutter während der Schwangerschaft das Risiko erhöht, daß ihr Kind autistisch wird. Im Gespräch sind auch Geburtsschäden, zum Beispiel, daß das Kind während der Geburt nicht genügend Sauerstoff zum Atmen hatte.

Schließlich verfolgt man die genetische Spur, die, wie man aus Studien mit Zwillingen weiß, wichtig ist. Wie hoch der genetische Anteil der Krankheit ist, läßt sich ermitteln, indem man eineiige und zweieiige Zwillingspaare vergleicht. Wie bereits erwähnt, entstehen erstere aus einem einzigen befruchteten Ei und haben deshalb identische Gene. Zweieiige Zwillinge dagegen teilen sich nur 50 Prozent ihres Erbguts. Gleichzeitig wachsen Zwillinge in derselben Umgebung auf. Bereits vor der Geburt teilen sie sich eine Gebärmutter, nach der Geburt sind sie auch ähnlichen Umwelteinflüssen ausgesetzt. Nun ist es falsch zu glauben, daß eineiige Zwillinge völlig identische Gehirne hätten. Zwar ist der Bauplan gleich, doch das heißt nicht, daß jeder Kubikmillimeter des Gewebes in allen Details übereinstimmt. Der eine Zwilling kann zum Beispiel an einer bestimmten Stelle mehr Nervenzellen haben, der andere dafür an einem anderen Ort mehr Synapsen. Je komplizierter ein Gehirn ist, je mehr Neuronen und Verbindungen es enthält, um so größer ist seine Variabilität, wie Fachleute sagen, und um so weniger ist es nur durch seine Gene festgelegt.

Trotzdem gleichen sich natürlich die Gehirne eineiiger Zwillinge sehr viel mehr als die zweieiiger. Wenn also eineiige Zwillinge sehr viel häufiger beide autistisch sind als zweieiige, dann gibt es vermutlich einen oder mehrere Faktoren im Erbgut, die die heimtückische Krankheit auslösen können. Der Unterschied zwischen der Anzahl von eineiigen und zweieiigen Zwillingen, die beide an derselben Krankheit leiden, ist deshalb ein Maß für die genetische Komponente der Krankheit. Ist der Unterschied gering, so kann man davon ausgehen, daß das Leiden nicht in den Chromosomen verankert ist. Ein großer Unterschied deutet dagegen auf einen starken genetischen Anteil hin.

Nun kommen Autisten allein schon nicht sehr häufig vor, und solche, die noch einen Zwilling haben, noch seltener. Trotzdem konnten Wissenschaftler für die bisher größte Studie 40 Paare finden. Was sie entdeckten, spricht dafür, daß die Ursache von Autismus teilweise im Erbgut zu finden ist. Wenn ein Zwilling autistisch ist, dann ist es sein eineiiger Partner mit einer Wahrscheinlichkeit von über 90 Prozent. Handelt es sich dagegen um zweieiige Zwillinge, dann beträgt die Wahrscheinlichkeit nur etwa 24 Prozent. Der Unterschied zwischen 24 und 90 Prozent deutet auf einen wichtigen Erbfaktor bei der Krankheit.

Allerdings können Gene nicht alles erklären. Ansonsten müßten auch »normale« Geschwister, die wie die zweieiigen Zwillinge ebenfalls die Hälfte ihres Erbgutes gemeinsam haben, mit einer Wahrscheinlichkeit von 24 Prozent erkranken. In der Tat sind Geschwister von Autisten sehr viel häufiger selbst autistisch, als es der Zufall vermuten ließe. Aber »nur« zwei Prozent der Brüder und Schwestern von Autisten leiden unter derselben Krankheit. Das spricht für einen Umwelteffekt, zumindest für einen vorgeburtlichen.

So weit – so gut. Doch bislang haben Wissenschaftler kein Gen ausmachen können, das in direktem Zusammenhang mit Autismus steht. Die Suche konzentrierte sich bislang auf das X-Chromosom, vor allem deshalb, weil Jungen viermal häufiger als Mädchen unter Autismus leiden. Weil sie nur ein X-Chromosom von der Mutter erben, wird sich ein genetischer Fehler auf dem weiblichen Geschlechtschromosom häufig auswirken. Mädchen dagegen haben mehr Glück. Ihr zweites X-Chromosom enthält ja einen »Backup«, eine Art Sicherheitskopie. Jedenfalls weiß man, daß X-Chromosome zuweilen eine dünne Stelle enthalten, die man unter dem Mikroskop erkennnen kann. Jungen, die ein solches »Zerbrechliches-X« in ihrem Erbgut haben, laufen verstärkt Gefahr, geistig zurückgeblieben zu sein, weshalb man das zerbrechliche X auch mit Autismus assoziiert. Doch neuere Studien haben ergeben, daß nur etwa zehn Prozent aller Autisten das zerbrechliche X in ihrem Chromosomensatz tragen. Die Suche nach den Ursachen geht also weiter.

». . . Ich war besessen von meinen religiösen Gefühlen, die alles andere aus meinem Kopf verdrängten. Die Wirklichkeit hatte mich verlassen, und ich stellte mir vor, daß das Ende der Welt gekommen sei . . . Um drei Uhr morgens nahm ich eine kalte Dusche und begann lauthals Kirchenlieder zu singen. Danach lief ich nackt durch den Hausflur zu meinem Zimmer, zog mich an und packte eine Bibel ein – die Zeit war gekommen, um meinen Bruder zu besuchen . . .«, beschreibt eine 22jährige Frau ihre Gefühle. Vor 100 Jahren noch hätte man sie als verrückt diagnostiziert und sie vermutlich in eine psychiatrische Anstalt gesperrt. Daß diese Frau heute, wie sie selbst beschreibt, ein »normales Leben als Bibliothekarin in einer Stadtbücherei« führt, ist einer der großen Erfolge der Medizin.

Die Betroffene, deren Krankheitsgeschichte vor kurzem unter dem Namen »Anonym« in einer Fachzeitschrift erschien, ist schizophren. Schizophren heißt soviel wie gespaltener Geist, einen Ausdruck, den der Schweizer Psychiater Eugen Bleuler Anfang des Jahrhunderts prägte. Er vermutete, daß die Betroffenen unter einer Spaltung zwischen ihren emotionalen und geistigen Fähigkeiten leiden. Mittlerweile sind Psychiater eher der Ansicht, daß Schizophrenie weniger eine einheitliche Krankheit ist, die sich auf eine Ursache zurückführen läßt, als vielmehr eine Vielfalt von Symptomen.

Schizophrenie beginnt typischerweise mit dem Gefühl, daß man von anderen Menschen beobachtet oder sogar verfolgt wird. Erkrankte hören Stimmen, die vom Himmel kommen oder von ihrer verstorbenen Großmutter. Sie erreichen oft früher oder später den Punkt, an dem sie glauben, nicht mehr Herr ihrer Gedanken und Gefühle, sondern nur eine Marionette zu sein. Andere Schizophrene zeichnen sich eher durch fehlendes Verhalten aus: Sie sprechen kaum mehr, ziehen sich zurück und zeigen keine Gefühle, können keinen klaren Gedanken fassen. Diese Symptome nennt man negativ, im Gegensatz zu den Halluzinationen und Wahnvorstellungen, die als positiv bezeichnet werden.

Seitdem Psychiater das Etikett »Schizophrenie« für bestimmte Störungen des Geistes und des Verhaltens verwenden, hat man sehr verschiedene Ursachen für die Krankheit vermutet. Zu Bleulers Zeiten waren nach Meinung vieler damaliger Experten die Gene schuld. Später hat man, ebenso wie beim Autismus, eine mißlungene Erziehung vermutet. Mittlerweile sind die Fachleute wieder auf die Erbanlagen zurückgekommen. In der Tat ist das Risiko, an Schizophrenie zu erkranken, höher, wenn man Eltern oder Geschwister hat, die schizophren sind. Normalerweise ist unter hundert Menschen eine Person, die an Schizophrenie leidet. Anders ausgedrückt: Die Krankheit tritt mit einer Häufigkeit von einem Prozent auf. Dagegen trifft das Leiden die Kinder oder Geschwister von Schizophrenen mit einer Häufigkeit von etwa zehn Prozent, das heißt, für sie ist es zehnmal wahrscheinlicher, daß sie erkranken, als für Altersgenossen, die keine schizophrenen Verwandten haben. Besonders deutlich konnten das Wissenschaftler in Nordschweden feststellen. Dort, in einer besonders abgelegenen Gegend, haben sich vor einigen hundert Jahren mehrere Familien niedergelassen, und ihre Mitglieder haben häufig untereinander geheiratet. Innerhalb dieser Siedlungsgemeinschaft gibt es heute etwa zehn Prozent Schizophrene.

Nun könnte man vermuten, daß Kinder und Geschwister von Schizophrenen in einer ungünstigen Umgebung aufwachsen, weshalb sie eher Gefahr laufen, Störungen zu entwickeln. Gegen dieses Argument sprechen Untersuchungen mit adoptierten Kindern. Von 47 Kindern, die ein schizophrenes Eltern- oder Geschwisterteil haben, die jedoch in einer Adoptivfamilie aufgewachsen sind, wurden fünf später schizophren. In der Kontrollgruppe von Adoptivkindern ohne schizophrene Verwandte entwickelte dagegen keines der Kinder die Krankheit. Auch Studien mit eineiigen und zweieiigen Zwillingen deuten darauf hin, daß es eine erbliche Komponente gibt.

Doch wieviel und vor allem was vererbt wird, weiß derzeit niemand. Vor einigen Jahren wurde es als Sensation gefeiert, daß amerikanische Forscher bei zahlreichen Mitgliedern von mehreren britischen und isländischen Familien mit einem hohen Anteil von Schizophrenen eine genetische Anomalie auf dem Chromosom 5 gefunden hatten. Doch neue Studien konnten dieses Ergebnis nicht bestätigen, und mittlerweile suchen Wissenschaftler fleißig auf anderen Chromosomen nach einem oder mehreren möglichen Gendefekten. Die neueste Meldung betrifft nun das Chromosom 6.

Vererbung ist, wie bei so vielen anderen Krankheiten auch, sicher nur die halbe Wahrheit. Umwelteinflüsse, seien es schlechte Bedingungen bei der Geburt oder psychische Belastungen, spielen auch eine Rolle. Zum Beispiel sind unter den adoptierten Kindern mit schizophrenen Verwandten jene, die in einer Familie mit Problemen aufwachsen, eher gefährdet als solche, deren Umgebung günstig ist. Wie beim Autismus auch gehen Wissenschaftler einer Reihe von biologischen Ursachen nach – Grippeviren oder Geburtsschäden, um nur zwei zu nennen. Keine davon konnte bislang bewiesen werden, ebensowenig wie die Rolle psychischer Beeinträchtigungen. Sie können zum Ausbruch der Krankheit beitragen, doch sie sind nie die alleinige Ursache. Vermutlich ist die Suche nach *der* Ursache auch aussichtslos, denn Schizophrenie ist, ebenso wie Autismus, ein Sammelbegriff für verschiedene Symptome. Übrigens hat bereits Sigmund Freud versucht, Schizophrenen mit Psychoanalyse zu helfen. Er kam zu dem Schluß, daß seine Behandlung den Zustand der Kranken nicht wesentlich verbesserte.

Heute stehen Schizophrenie-Experten nach wie vor vor großen Rätseln. Doch es gibt Hinweise darauf, daß in den Gehirnen von Schizophrenen die komplizierte Maschinerie chemischer Botenstoffe gestört ist und daß darüber hinaus Schäden im Nervengewebe auftreten.

Wie im wahren Leben spielt auch in der Forschung der Zufall eine große Rolle. Als der französische Chirurg

Henri Laborit in den 50er Jahren nach einem muskelentspannenden Medikament suchte, konnte er nicht ahnen, welchen Stein er ins Rollen bringen würde. Die Substanz, die er entdeckte, machte nicht nur die Muskeln weicher, sondern verringerte auch die Angst seiner Patienten vor der Operation. Laborit erkannte die Bedeutung seiner Entdeckung und arbeitete daraufhin mit Psychiatern zusammen, um ein Mittel gegen die Symptome der Schizophrenie zu entwickeln. Chlorpromazin war eines der ersten Neuroleptika – Substanzen, die gegen Angst, Verwirrtheit, Wahnideen und Sinnestäuschungen wirken.

Erst durch die Beobachtung, wie gut Chlorpromazin den Kranken hilft, dämmerte es den Wissenschaftlern, daß etwas mit der Chemie im Gehirn von Schizophrenen nicht stimmt. Nach Jahrzehnten der Forschung glauben sie mittlerweile zu wissen, was aus dem Takt geraten ist. Es scheint, als ob Chlorpromazin und andere Neuroleptika wirken, indem sie die Rezeptoren für den chemischen Botenstoff Dopamin besetzen. Dadurch verhindern sie, daß der Neurotransmitter sich an die Rezeptormoleküle heftet und seine Wirkung entfaltet. Neuroleptika sind also wie Schlüssel, die man in ein Schloß steckt, um zu verhindern, daß jemand die Tür aufsperrt. Wenn die Medikamente helfen, indem sie die Arbeit von Dopamin stören, dann, so folgerte man, leiden Schizophrene darunter, daß der Botenstoff in ihrem Gehirn überaktiv ist.

Eine Bestätigung für diese »Dopamin-Hypothese« sieht man auch an den Nebenwirkungen der Neuroleptika. Schon bei geringen Dosierungen verlieren manche Patienten die Kontrolle über ihre Bewegungen: Sie laufen mit kleinen Schritten und einer leicht vorgebeugten Haltung, ihre Arme hängen dabei herunter. Ihr Gesicht ist ausdruckslos oder aber verzerrt, kurzum, sie zeigen typische Parkinson-Symptome. Parkinson ist eine Krankheit, die auf einem Mangel an Dopamin beruht: Ein bestimmter Kern von Nervenzellen im Gehirn, die

Dopamin produzieren, ist zerstört. Um den Dopamin-spiegel zu erhöhen, spritzt man den Patienten L-Dopa, einen chemischen Vorläufer des Botenstoffs. Umgekehrt kann zuviel L-Dopa bei Parkinsonkranken auditorische Halluzinationen und Wahnvorstellungen auslösen – auch ein Beweis dafür, daß eine Überaktivität von Dopamin einige Symptome der Schizophrenie hervorruft.

Doch die Dopamin-Hypothese ist vermutlich auch wieder nur die halbe Wahrheit, ganz abgesehen davon, daß sie weder erklärt, wie die Halluzinationen zustande-kommen, noch warum der chemische Botenstoff nun überaktiv ist. Zu bedenken gibt den Forschern, daß Neu-roleptika innerhalb weniger Minuten die Dopamin-Rezeptoren blockieren, die Schizophrenie-Symptome jedoch erst nach einigen Tagen oder sogar Wochen ver-schwinden. Umgekehrt dauert es nach Absetzen der Medikamente drei bis sechs Monate, bis die Symptome wieder auftauchen. Hinzu kommt, daß es neben Chlor-promazin andere Neuroleptika gibt, die sich nicht an den Dopamin-Rezeptor heften, sondern an andere Empfängermoleküle. Vermutlich können also weitere Botenstoffe im Gehirn von Schizophrenen durcheinan-der geraten sein, und allem Anschein nach gibt es eine bislang wenig bekannte Langzeitwirkung der Medika-mente.

Schizophrene leiden jedoch nicht nur an einer chemi-schen Störung. Auch ihre Gehirnstruktur scheint in Mitleidenschaft gezogen zu sein, wie man mit Hilfe von bildgebenden Verfahren, etwa der Kernspin-Tomogra-phie entdeckt hat. Diese Methode liefert besonders ge-naue Aufnahmen des Gehirns. So zeigen sich auf den Kernspin-Tomogrammen der Gehirne von Gesunden und Schizophrenen deutliche Unterschiede. Bei letzteren sind bestimmte Ventrikel – mit Flüssigkeit gefüllte Hohl-räume – größer als normal. Gleichzeitig ist das Volumen, welches das Nervengewebe einnimmt, kleiner. Ob das eine Folge oder eine Ursache der Krankheit ist, weiß niemand. Möglicherweise haben sich die Ventrikel ausgedehnt, weil das umliegende Nervengewebe geschädigt war. Genausogut könnte es jedoch auch andersherum geschehen sein.

Was das geschrumpfte Nervengewebe und die vergrößerten Ventrikel bedeuten, ist schwer zu sagen. Aufregend ist eine weitere Entdeckung, die vor kurzem die amerikanische Wissenschaftlerin Nancy Andreasen gemeinsam mit ihren Kollegen von der Universität von Iowa machte. Mit Hilfe einer raffinierten Computerauswertung verglichen sie »durchschnittliche« Gehirne – ein gesundes und ein »schizophrenes«. Die gemittelten Daten stammten von 47 gesunden Versuchspersonen sowie 39 Schizophrenen. Der Vergleich zeigt: Es gibt erhebliche Unterschiede im Thalamus. Der Thalamus des schizophrenen Durchschnittsgehirns scheint an einer Stelle geschrumpft zu sein. Außerdem sehen die Nervenfasern an dieser Stelle aus, als ob sie geschädigt oder verkümmert wären. Dieser Befund ist deshalb aufregend, weil der Thalamus eine sehr wichtige Rolle im Gehirn spielt. Als eine Art Relaisstation empfängt er Informationen von allen Sinnesorganen und leitet sie weiter an die Hirnrinde, wo die Daten verarbeitet werden. Der Thalamus ist vermutlich an der Aufmerksamkeit und am Bewußtsein beteiligt, und zu ihm gelangen Informationen aus dem limbischen System, das Gefühle verarbeitet. Außerdem steht er in Verbindung mit dem präfrontalen Cortex, eine Art Arbeitsspeicher des Gehirns, das Handlungen plant und abstrakt denkt – Fähigkeiten, die Schizophrenen große Mühe bereiten.

Ein defekter Thalamus könnte deshalb viele der Schizophrenie-Symptome erklären. Falls in der Relaisstation Nervenzellen abgestorben sind oder Fasern durcheinandergeraten, dann kann es sein, daß Reize nicht mehr gefiltert und bewertet werden und daß die Aufmerksamkeit nachläßt. Eine Person, deren Thalamus geschädigt ist, würde mit Informationen überschüttet und von Reizen überwältigt. Sie könnte in Folge davon, so spekulieren Nancy Andreasen und ihre Kollegen, unter Halluzinationen und Täuschungen leiden. Ihre Gedanken und Gefühle wären nicht mehr verknüpft, kurzum sie würde typische Symptome einer Schizophrenie zeigen.

Daß diese Vorstellung nicht ganz falsch ist, darauf deuten Experimente des Züricher Psychiaters Franz Vollenweider hin. Er hat freiwilligen Versuchspersonen chemische Substanzen gegeben, die Halluzinationen hervorrufen. Das Ergebnis seiner Untersuchungen: Der Schaltkreis, der Sinnesreize über den Thalamus zur Hirnrinde weiterleitet, ist während der halluzinogenen Zustände gestört. Anstatt daß Reize selektiv wahrgenommen und bewertet werden, ist das Gehirn einer wahren Informationsflut ausgesetzt. Die Wahrnehmungen werden nicht mehr richtig eingeordnet, die Betroffenen erleben Farben als akustische Reize oder sehen Objekte sich durch den Raum bewegen. Ihr Gehirn empfindet die Welt als zusammenhanglose, abgespaltene Bilder – kurzum als schizophren.

Große Hoffnungen bei der Erkundung der Geisteskrankheit setzten Wissenschaftler in ein weiteres bildgebendes Verfahren, in die Positronen-Emissions-Tomographie (PET). Diese Methode liefert nicht wie die Kernspin-Tomographie einen Schnappschuß des Gehirns, sondern sie kann dieses quasi bei seiner Arbeit filmen. Eine bestimmte Variante von PET registriert, wo Nervenzellen besonders viel Energie in Form von Zucker verbrauchen, und kann deshalb sichtbar machen, welche Regionen des Gehirns gerade aktiv sind – beim Sprechen, Planen oder dem Steuern von Bewegungen.

Schizophrene beanspruchen die Nervenzellen in ihren Stirnlappen deutlich weniger als Gesunde, wie zahlreiche PET-Studien gezeigt haben. Insbesondere hat das Team um Daniel Weinberger vom National Institute of Mental Health in Washington D. C. mittels PET den Gehirnen bei einer Aufgabe zugesehen, die Gedächtnis und abstraktes Denkvermögen beansprucht. Die Aufgabe besteht darin, daß man Karten mit verschiedenen Farben oder Symbolen nach unterschiedlichen Kriterien sortieren muß. Bei der ersten Runde, bei der man zum Beispiel alle Karten mit derselben Farbe auswählen muß, schneiden Schizophrene ganz gut ab. Werden sie jedoch in der zweiten Runde gebeten, die Karten nach Zahlen zu sortieren, bleiben sie bei ihrem alten Schema und versagen kläglich. Auf dem entsprechenden PET erscheint ihr Stirnlappen weniger aktiv als der von Gesunden, deren Nervenzellen beim Test besonders viel Sauerstoff verbrauchen. Bei den Schizophrenen dagegen erscheint es, als ob ihr Gehirn überfordert wäre – es antwortet, indem es einfach seine Aktivität drosselt. Das zeigt, daß es nicht nur einen Fehler im Aufbau des Gehirns der Schizophrenen gibt, sondern auch einen Defekt in der Funktionsweise. Der betroffene Teil: der präfrontale Cortex, den wir bereits weiter oben kennengelernt haben.

Hinzu kommt, daß der präfrontale Cortex die Region des Gehirns ist, die sich zuletzt entwickelt. Sie erreicht erst mit der Pubertät und dem frühen Erwachsenenalter ihre volle Reife, weshalb Kinder sich mit dem beschriebenen Kartentest schwer tun. Könnte es sein, daß Schizophrenie auch eine Fehlentwicklung des präfrontalen Cortex ist? Immerhin erkranken Schizophrene nur in den seltensten Fällen vor der Pubertät. Ebenso gibt es jedoch Indizien dafür – etwa eine geringere Anzahl von Zellen in bestimmten Teilen des Gehirns oder Narben im Gewebe, die aus einer frühen Entwicklungszeit stammen –, daß der Ursprung für die Irrung des Geistes auch vor der Geburt zu suchen ist.

Warum erkranken Männer früher und schlimmer an Schizophrenie als Frauen? Diese Frage stellen sich Forscher seit langem, und sie haben in den letzten Jahren wichtige Entdeckungen gemacht. Unter der Bevölkerung einer Großstadt mit 100 000 Menschen zwischen 15 und 80 befinden sich knapp 1000, die irgendwann einmal während ihres Lebens an Schizophrenie leiden. Doch unter den erkrankten Jugendlichen und jungen Erwachsenen von 15 bis 25 Jahren, sind doppelt so viele Männer – insofern ist der Erfahrungsbericht der 22jährigen Schizophrenen, die unter religiösen Wahnvorstellungen litt, eher untypisch. Frauen sind in der Regel erst gegen Ende zwanzig betroffen. Allerdings sind sie ab einem Alter von etwa 40 unter den Neuerkrankten dann wieder in der Überzahl. Auch der Krankheitsverlauf unterscheidet sich je nach Geschlecht. Während Männer in der Regel starke Symptome zeigen, verläuft die Krankheit bei Frauen weniger dramatisch. Gerade jüngere Frauen brauchen geringere Mengen an Neuroleptika, damit ihre Symptome verschwinden.

Einer der ersten, der diese Geschlechtsunterschiede genauer studierte, war der deutsche Wissenschaftler und frühere Direktor des Zentralinstituts für Seelische Gesundheit in Mannheim, Heinz Häfner. Ihm und seinen Mitarbeitern war bald klar, daß die weiblichen Sexualhormone, die Östrogene, eine Schutzfunktion erfüllen. Östrogene zögern demnach den Krankheitsausbruch bei Frauen hinaus. Sie bewirken, daß die Symptome schwächer sind – vor allem scheinen Frauen weniger an starken Halluzinationen und Wahnvorstellungen zu leiden als Männer. Wenn jedoch ihr Östrogenspiegel mit der Menopause sinkt, werden Frauen zunehmend anfällig für die Krankheit. Nicht nur das: Die Symptome können sich sogar mit dem Verlauf der Periode ändern. Den meisten schizophrenen Frauen geht es während der zweiten Hälfte des Zyklus, wenn sie mehr Östrogene im Blut haben, besser. Derzeit laufen klinische Studien, die diese Befunde untermauern sollen. Möglicherweise wird man dann auch Betroffene mit Östrogenen behandeln.

Wie das Hormon wirkt, haben die Mannheimer Wissenschaftler im Tierversuch studiert. Dabei geben sie Ratten eine Überdosis Dopamin. Es wäre übertrieben zu sagen, daß die Nager daraufhin schizophren werden, sie zeigen jedoch abnormes Verhalten – etwa, daß sie vermehrt stereotype Bewegungen ausführen. Die Experimente zeigen, daß Östrogene die Dopamin-Rezeptoren weniger empfindlich machen. Das Sexualhormon setzt also am gleichen biologischen Mechanismus an, über den auch die einzige bisher bekannte Therapie wirkt: Es dämpft die Überaktivität des chemischen Botenstoffs Dopamin.

Möglicherweise entfalten Östrogene sogar ihre Schutzwirkung bereits vor der Geburt: Bei neugeborenen Ratten, deren Gehirn sich in den ersten zehn Tagen noch entwickelt, sind wesentlich weniger Östrogene nötig als bei erwachsenen Tieren, um das »schizophrene« Verhalten zu unterdrücken. Andererseits gibt es Hinweise darauf, daß weibliche Gehirne durch die Wirkung der Östrogene sich etwas schneller entwickeln als männliche. Die Fettschichten, welche die Nervenfasern einhüllen, bilden sich rascher. Nervenzellen knüpfen früher Verbindungen. Vielleicht bedeutet das, daß die Gehirne von Mädchen bei der Geburt reifer sind und deshalb weniger anfällig für Schäden. Geburtsschäden sind eine der Ursachen, die man mit Schizophrenie in Zusammenhang bringt. Möglicherweise bewirken sie, daß bei Menschen, die bereits eine genetische Veranlagung für die Krankheit in sich tragen, die Symptome früher zutage treten.

Wenn Männer ihr Päckchen mit der Schizophrenie zu tragen haben, so gilt dies für Frauen im Hinblick auf Depressionen. Ganz gerecht ist das Leben allerdings nicht, denn während das Geschlechterverhältnis bei der Schizophrenie insgesamt gesehen gleich ist, leiden Frauen etwa doppelt so häufig an düsteren Stimmungen wie Männer.

Stimmung und Gefühle gehören zum Kern des Menschseins. Je nach Lebenslage sind Stimmungen mal gut, mal schlecht. Bei manchen Menschen jedoch scheint es, als ob die Gefühle plötzlich eine Eigendynamik bekommen und nicht mehr mit den tatsächlichen Ereignissen des Lebens zusammenhängen. Wenn so jemand in eine schlechte Stimmung gerät, körperlich und geistig niedergeschlagen ist, alles schwarz sieht, wenn die Zuwendung von Familienmitgliedern und Freunden nichts nützt, dann lautet die Diagnose »Depression«.

Daß Depression nicht einfach fehlender Wille ist, mit negativen Gefühlen fertigzuwerden, zeigt sich immer wieder in den Erfahrungsberichten von Depressiven. Der holländische Psychiater Piet Kuiper schildert in seinem Buch ›Seelenfinsternis‹ seinen Weg vom anerkannten Professor zum Insassen einer psychiatrischen Klinik. Ohne daß es irgendeinen offensichtlichen Anlaß gibt, verspürt er plötzlich bohrende Kopfschmerzen und das Gefühl, nicht mehr richtig zu sehen. Hinzu kommen Fieber und Schwindel. Eine Wanderung in den Bergen, die ihn unter anderen Umständen glücklich gemacht hätte, vermittelt ihm nur ein leeres Bild. Die Ängste steigern sich, ebenso das Gefühl, wertlos zu sein. Der Körper ist ständig erschöpft. Ähnlich empfinden viele Depressive, und nicht wenige unter ihnen sehen Selbstmord als einzigen Ausweg.

Wenn die düstere Stimmung sich mit Phasen abwechselt, während derer die Betroffenen euphorisch sind, sprechen Psychiater von einer manischen oder bipolaren Depression. In manischen Phasen reden die Kranken überaus viel, schlafen wenig und stürzen sich häufig in völlig unrealistische Projekte. Manchmal jedoch ist ihre Arbeit fruchtbar: Händel soll seinen Messias während einer manischen Phase komponiert haben. Auch Robert Schumann, Virginia Woolf und Oliver Cromwell waren manisch-depressiv.

Depression trifft sehr häufig Menschen im mittleren Lebensalter, um die vierzig, doch das Risiko, zu erkranken besteht in jedem Alter. Etwa fünf bis neun Prozent aller Frauen und zwei bis drei Prozent aller Männer leiden dem amerikanischen »Lexikon« für Psychiater zufolge, kurz DSM-IV genannt, unter schweren Depressionen – was bedeutet, daß allein in Deutschland knapp fünf Millionen Menschen betroffen sind. Häufig werden sogar höhere Zahlen genannt: Bis zu 15 Menschen unter 100 Erwachsenen sollen depressiv sein. Vermutlich stammen die unterschiedlichen Zahlen daher, daß die Grenzen depressiven Verhaltens fließend sind. Hinzu kommt, daß sich auch die Beschreibung von Depression geändert hat.

Früher sprachen Psychiater von endogenen und neurotischen Depressionen. Die endogenen sind jene, die ihre Ursachen in einer Fehlfunktion des Gehirns haben. Die neurotischen dagegen, die wiederum in reaktive und rein neurotische unterteilt werden, führt man auf eine psychische Störung zurück: die reaktiven auf ein einschneidendes Erlebnis, die neurotischen dagegen auf einen nicht verarbeiteten Konflikt in der Kindheit. Diese strikte Einteilung gilt heute als überholt, denn man hat erkannt, daß viele Depressionen neurotische und endogene Anteile haben. Die zwei Formen sind allenfalls die äußeren Punkte einer ganzen Bandbreite von Erkrankungen, weshalb Depressive heute meistens sowohl mit Medikamenten behandelt werden als auch eine Psychotherapie machen.

Wenn Wissenschaftler schon für die Schizophrenie eine verwirrende Vielfalt von möglichen Auslösern nennen, so gilt das erst recht für die Depression. Mit der Suche nach erblichen Faktoren sind Forscher bislang nicht sehr weit gekommen. Es gibt zwar eine genetische Veranlagung, doch sie ist vor allem bei Manisch-Depressiven sehr ausgeprägt. Ähnlich wie bei der Schizophrenie glaubten amerikanische Wissenschaftler, ein Gen gefunden zu haben. Unter der sehr abgeschlossen lebenden Bevölkerungsgruppe der Amish in Pennsylvania hatte man vor längerem beobachtet, daß es auffallend viele Selbstmorde gab. Da gerade Depressive sich sehr häufig umbringen, vermuteten Forscher, daß die Amish zu Depressionen neigten. Tatsächlich fanden sie eine überdurchschnittlich hohe Rate an Manisch-Depressiven. Genetiker suchten nach verdächtigen Abschnitten im Erbgut, doch es hat sich nicht bewahrheitet, daß alle Betroffenen einen Fehler auf dem Chromosom 11 haben.

Eine weitere Parallele zwischen Depression und Schizophrenie fällt auf. Bevor Wissenschaftler überhaupt ahnten, was im Gehirn von Depressiven aus dem Takt geraten ist, benutzten die Mediziner bereits ein Medikament, das gegen die Hoffnungslosigkeit und die körperliche Erschöpfung wirkt. Auch bei der Entdeckung dieser Arznei spielte wieder der Zufall mit. Ende der vierziger Jahre beobachteten einige Ärzte, daß ein Mittel, das sie gegen Tuberkulose einsetzten, die Stimmung ihrer Patienten verbesserte. Forscher fanden einige Zeit später heraus, daß eine chemisch verwandte Substanz des Tuberkulose-Medikaments, Iproniazid, die Symptome von Depression reduziert, indem es die Wirkung eines bestimmten Enzyms hemmt. Dieses Enzym heißt Monoaminoxydase. Wie sein Name bereits sagt, zersetzt es chemische Botenstoffe, die Monoamine. Zu den Monoaminen gehören Dopamin, das bei Schizophrenen überaktiv ist, sowie Noradrenalin und Serotonin. Das entdeckte Medikament hemmt also die Zersetzung dieser Neurotransmitter. Anders ausgedrückt: Es erhöht die Menge der chemischen Botenstoffe im Gehirn.

Andere Monoaminoxydase-Hemmer, kurz MAO-Hemmer, wie die Substanzen jetzt heißen, wurden bald entdeckt und sie verbesserten das Leben vieler Depressiver. Allerdings mußten Mediziner schnell feststellen, daß die MAO-Hemmer schwere Nebenwirkungen haben, die unter dem Stichwort »Käse-Effekt« bekannt sind. Viele Lebensmittel, darunter Joghurt, Wein, Schokolade, Obst, Nüsse und eben auch Käse, enthalten Substanzen, die ähnlich wirken wie bestimmte natürliche chemische Substanzen im Körper: Sie erhöhen den Blutdruck und die Herzfrequenz. Normalerweise werden diese Substanzen von der Monoaminoxydase außer Gefecht gesetzt. Sie verbleiben jedoch im Körper, wenn die Wirkung des

Enzyms durch einen MAO-Hemmer unterbunden wird. Deshalb steigt bei Menschen, die MAO-Hemmer einnehmen und keine strenge Diät einhalten, der Blutdruck extrem an, Gehirnblutungen oder Kreislaufzusammenbrüche sind die Folge.

Zum Glück für die Patienten wurden bald Medikamente entdeckt, die auch ohne den unangenehmen Käse-Effekt wirken: die sogenannten trizyklischen Antidepressiva, darunter das besonders bekannte Imipramin. Manche Kranke sprechen allerdings nicht darauf an, und sie müssen mit MAO-Hemmern behandelt werden. Trizyklische Antidepressiva wirken etwas anders als MAO-Hemmer, doch im Endeffekt führen auch sie dazu, daß die Menge an Monoaminen im Gehirn zunimmt.

In Indien kennt man seit mehreren Jahrhunderten die segensreichen Wirkungen eines Extraktes aus Rauwolfia serpentina, einer in Südostasien beheimateten Pflanze. Indische Medizinmänner behandelten damit Schlangenbisse und Kreislaufstörungen. Westliche Mediziner lernten von ihren Kollegen, und die Substanz kam in den 50er Jahren unter dem Namen Reserpin als eines der ersten Mittel gegen Bluthochdruck auf den Markt. Nach einer Weile entdeckte man, daß einige der mit Reserpin behandelten Patienten plötzlich unter Depressionen litten, ein paar begingen sogar Selbstmord. Der Grund, den man erst Jahre später begriff: Chemische Botenstoffe, die in kleinen Bläschen enthalten sind, entleeren sich normalerweise auf ein bestimmtes Signal hin. Reserpin beeinflußt diese Entleerung, indem es die Membran der Bläschen verändert und sie durchlässig macht. Die Neurotransmitter entweichen und werden von der Monoaminoxydase zerstört – es entsteht eine Unterversorgung mit Dopamin, Noradrenalin und Serotonin, und damit kommen die Depressionssymptome.

Seitdem Forscher diesen Mechanismus kennen, sprechen sie von der »Monoamin-Hypothese« der Depression – in Analogie zur Dopamin-Hypothese der Schizophrenie. Leider ist die Wirklichkeit viel komplizierter, als daß sie sich auf die einfache Formel »Zuwenig Neurotransmitter gleich Depression« bringen ließe. Zum Beispiel erhöhen MAO-Hemmer und trizyklische Antidepressiva sehr schnell die Verfügbarkeit der Monoamine. Dagegen dauert es Tage, manchmal auch Wochen, bis die Symptome der Depression verschwinden. Mittlerweile weiß man, daß die sogenannten Beta-Rezeptoren, an die sich der Neurotransmitter Noradrenalin heftet, langfristig ihre Empfindlichkeit verringern. Damit ändert sich auch die Durchlässigkeit der Synapsen für elektrische Signale. Neben der Veränderung der Beta-Rezeptoren spielen jedoch weitere chemische Prozesse eine Rolle. Das ist ähnlich wie in einem Symphonie-Konzert, in dem nicht nur ein Instrument seine Stimme spielt, sondern ein ganzes Orchester. Da kann es durchaus passieren, daß ein einzelner Musikant aus dem Takt gerät. Vielleicht bemerken es die Zuhörer nicht. Doch genausogut kann es sein, daß er mit seinem Fehler seine Kollegen durcheinanderbringt und sie auch beginnen, falsche Noten zu spielen – die Harmonie ist gestört.

Bei einer Depression sind im Orchester der chemischen Substanzen nicht nur die Neurotransmitter durcheinandergeraten, sondern auch die Hormone. Das ist auch nicht verwunderlich, denn die Botenstoffe Noradrenalin und Serotonin, an denen es Depressiven mangelt, sind maßgeblich an der Ausschüttung von Hormonen beteiligt. Cortisol ist ein Hormon, das auf Befehl des Hypothalamus in der Nebenniere produziert wird, vor allem dann, wenn der Körper unter Streß steht. Viele Depressive haben immer erhöhte Mengen an Cortisol im Blut. Man vermutet deshalb, daß es eine Störung im Streßsystem des Körpers gibt, das aus der hormonellen Schaltzentrale, dem Hypothalamus, sowie der Hypophyse (einer weiteren wichtigen Hormondrüse im Gehirn) und der Nebenniere besteht. In diesem Regelwerk herrscht ein empfindliches Gleichgewicht von elektrischen Signalen der Nervenzellen, von Hormonkonzentration sowie Abwehrmechanismen des Körpers. Vermutlich ist bei einer Depression das Zusammenspiel gestört.

Unser Streßsystem bestimmt auch, wie aufmerksam wir gerade sind, und es beeinflußt unsere Gefühle. Es ist ebenfalls daran beteiligt, Informationen zu verarbeiten und zu analysieren. All diese Funktionen sind bei Depressiven gestört, und als Folge davon sind sie traurig, haben Schwierigkeiten, sich zu konzentrieren, und werden unfähig, Entscheidungen zu treffen.

Nach einer langen Flugreise über mehrere Zeitzonen hinweg sind manche Menschen körperlich geschwächt, gereizt und können sogar an leichten Symptomen einer Depression leiden. Der Grund liegt darin, daß ihr Tag-Nacht-Rhythmus gestört ist. Im Hypothalamus gibt es einen Kern von Nervenzellen, den sogenannten Supra-Chiasmatischen Nucleus (SCN), der bereits im Kapitel über Sexualität aufgetaucht ist. Der SCN regelt die Rhythmen des Körpers, insbesondere den regelmäßigen Ablauf von Schlaf und Wachsein. Deshalb vermutet man, daß zumindest bei einem Teil der Depressiven ihre innere Uhr gestört ist. Insbesondere zeigt sich das beim Schlafen. Depressive schlafen unruhig, sie wachen häufig nachts auf und sind bereits frühmorgens hellwach. Untersuchungen in Schlaflabors haben gezeigt, daß die Phasen des Tiefschlafs, des sogenannten REM-Schlafs (die Abkürzung steht für »rapid eye movement«, weil während dieser Zeit die Augen sich viel bewegen), anders verlaufen als bei Gesunden. Bei diesen stellt sich eine REM-Phase erst etwa zwei Stunden nach dem Einschlafen ein und wiederholt sich alle 90 Minuten, wobei die Phasen zunehmend länger werden. Depressive dagegen fallen gleich nach dem Einschlafen in den Tiefschlaf und haben vor allem im ersten Drittel der Nacht wiederholt REM-Phasen.

Schlaf tut den Depressiven nicht unbedingt gut. Eine

der effektivsten Therapien gegen Depression ist der Schlafentzug. Hindert man sie daran, die ganze Nacht zu schlafen, dann geht es ihnen am nächsten Tag wesentlich besser; allerdings hält der Effekt nur kurz an. Manche Behandlungen zielen deshalb darauf ab, die Schlaftätigkeit der Patienten mit Hilfe eines Elektro-Enzephalogramms zu verfolgen und sie immer dann zu wecken, wenn sie gerade in eine REM-Phase fallen. Dann hält die Besserung über längere Zeit an. Allerdings verschwinden bei dieser Behandlungsform, im Gegensatz zum totalen Schlafentzug, die Symptome erst nach einigen Wochen.

Unter Störungen des Körperrhythmus leiden möglicherweise auch jene Menschen, die vor allem im Winter depressiv sind und denen es im Sommer wieder besser geht. »Saisonal abhängige Depression« lautet bei ihnen die Diagnose, und solchen Patienten versucht man mit einer Lichttherapie zu helfen. Sie werden für mehrere Stunden am Tag unter eine helle Lampe gesetzt. Tatsächlich verbessert sich danach ihre Stimmung. Manche Forscher führen das jedoch auf den Effekt eines »Placebos«, eines Scheinmedikaments also, zurück. Den Kranken wird gesagt, daß ihre Depression durch einen gestörten Körperrhythmus entsteht und daß eine Lichttherapie ihnen helfen könnte. Wenn sie dann hellem Licht ausgesetzt werden, glauben sie, daß das etwas helfen muß, und fühlen sich gleich besser.

Eine der umstrittensten, gleichzeitig jedoch effektivsten Behandlungen bei manchen Depressionen ist die Elektroschocktherapie. Ziel der Behandlung ist es, eine Art epileptischen Anfall über das gesamte Gehirn hinweg auszulösen. Zugegebenermaßen denkt man dabei erst mal unwillkürlich an Folter. Doch die Elektroschocktherapie unserer Tage ist weit davon entfernt. Der Patient bekommt zuerst eine Vollnarkose, die nur kurz anhält. Sie verhindert, daß er sich während des Krampfes verletzt – zum Beispiel auf die Zunge beißt oder sich durch abrupte Bewegungen Knochen bricht. Anschließend werden zwei

Elektroden am Kopf befestigt und der Schädel wird unter Spannung gesetzt, wobei man heutzutage bevorzugt nur die rechte Gehirnhälfte reizt, um zu vermeiden, daß die Sprachzentren getroffen werden. Ansonsten kann es passieren, daß der Patient ein paar Stunden lang nicht sprechen kann.

Warum der mit Strom herbeigeführte epileptische Anfall gegen Depressionen wirkt, weiß man nicht. Doch es gibt Anhaltspunkte dafür, daß nach dem Elektroschock die Beta-Rezeptoren empfindlicher sind, daß also die Wirkung ähnlich ist wie die der Medikamente – nur schneller. Etliche Psychiater sind skeptisch, was Elektroschocks betrifft. Sie glauben, daß man Schäden am Gehirn infolge des Anfalls nicht ausschließen kann. Tierversuche haben allerdings bislang keine Nebenwirkungen aufdecken können. Ein befreundeter Psychiater erzählte mir, daß auch er seine Zweifel gehabt hätte, bis zu dem Tag, als er eine ältere Frau mit Elektroschocks behandelte. Sie war schwer depressiv und ein halbes Jahr praktisch nur im Bett gelegen. Eine Stunde nach dem ersten Elektroschock stand sie auf, zog sich alleine an und ging im Garten des Krankenhauses spazieren.

Alle bislang genannten Ursachen – eine Unterversorgung mit chemischen Botenstoffen, ein gestörtes Streßsystem des Gehirns sowie aus dem Takt geratene biologische Rhythmen – haben auf den ersten Blick nichts mit dem Geschlecht zu tun. Wie kommt es dann, daß Frauen doppelt so häufig an Depressionen erkranken wie Männer?

Auf den zweiten Blick ist dies nicht so verwunderlich. Östrogene, die weiblichen Geschlechtshormone, bewirken viel mehr, als nur den Eisprung einzuleiten. Wie Forscher mittlerweile herausgefunden haben, gibt es Rezeptoren für Östrogene im Gehirn, was beweist, daß das Geschlechtshormon auch dort wirkt. Östrogene regen, wie bereits erwähnt, das Wachstum von Nervenfasern an. Sie stehen auch in Zusammenhang mit dem Streßhormon

Cortisol: Je mehr depressive Frauen davon im Körper haben, umso niedriger ist ihr Östrogenspiegel. Es könnte sein, so vermuten Hormonspezialisten mittlerweile, daß das Regelwerk von Hypothalamus, Hypophyse und Nebenniere bei Frauen empfindlicher als bei Männern ist.

Mütter können es bestätigen: Während der Schwangerschaft fühlen sich die meisten Frauen, einmal abgesehen von den ersten Monaten, in denen viele mit Übelkeit zu kämpfen haben, rundum wohl. Solange der Bauch nicht zu schwer ist, sind viele Frauen energiegeladen und guter Stimmung. Doch ein, zwei Tage nach der Geburt fallen sie in ein tiefes Loch. Anstatt sich über eine gut verlaufene Geburt und das gesunde Kind zu freuen, fühlen sie sich miserabel und heulen bei jeder Gelegenheit. Der Grund für die »Wochenbett-Depression«: Nach der Geburt gehen innerhalb weniger Stunden die Schwangerschaftshormone Östrogen und Progesteron in den Keller. Dieser starke Abfall zieht eine Abnahme von Serotonin, Dopamin und Noradrenalin mit sich, Neurotransmitter, die zum Teil eine wichtige Rolle bei der Depression spielen.

Auch daß vor allem Frauen ab 40, deren Östrogene im Körper langsam weniger werden, verstärkt zur Depression neigen, deutet auf die wohltuende Wirkung der Geschlechtshormone hin. Leider scheinen Östrogene nur eine indirekte Rolle in dem Zusammenspiel von Hormonen und Neurotransmittern einzunehmen – ansonsten könnte man vielen Frauen auf einfache Weise helfen. In Doppelblindstudien mit depressiven Frauen hat man versucht, die Wirkung des Sexualhormons zu beweisen. Doppelblind bedeutet, daß weder der Arzt noch die Patientinnen wissen, ob sie Östrogene oder ein Scheinmedikament einnehmen. Wirken die Östrogene gegen die Depression, so müßte sich bei den tatsächlich Behandelten der Zustand im Vergleich zu den Frauen, die das Scheinmedikament erhalten haben, eindeutig verbessern. Das war aber nicht der Fall.

Warum das weibliche Geschlechtshormon zwar scheinbar so eindeutig mit Depression zusammenhängt, es aber als Medikament kaum wirkt? Selbst Hormonspezialisten tun sich schwer, das zu erklären. »Depressive Frauen reagieren individuell sehr verschieden auf Östrogene«, sagt Isabella Heuser vom Max-Planck-Institut für Psychiatrie in München. Die einen fühlten sich nach einer Hormonspritze wie neugeboren, anderen ging es gar nicht besser. Außerdem ist bislang der Zusammenhang zwischen Östrogen und Streß nur in eine Richtung bewiesen: daß nämlich, wie oben beschrieben, ein hoher Cortisolspiegel mit wenig Östrogen im Blut einhergeht. Für die andere Richtung steht der Beweis noch aus, erklärt Isabella Heuser, aber viele Forscher arbeiteten daran, zu zeigen, daß Östrogen die »Streßschwelle« erhöht. Ebenfalls unklar ist, wie das Geschlechtshormon im Gehirn wirkt. Daß Hormone die Signalübertragung zwischen Nervenzellen beeinflussen, weiß man zwar. Details sind aber kaum bekannt. Wie viele Rezeptormoleküle für Östrogen gibt es und wo sitzen sie? Hinzu kommt, daß – wie im Kapitel über die Geschlechtsentwicklung erwähnt – Östrogen ein janusköpfiges Hormon ist: Im Gehirn verwandelt es sich nämlich teilweise in seinen männlichen Gegenpart Testosteron.

Soviel zu den biologischen Ursachen. Bei allen Krankheiten des Gehirns spielen jedoch die Psyche und die Lebensumstände mit, und insbesondere gilt das für Depressionen. Zahlreiche Forscher glauben, daß manche Menschen eine »Vulnerabilität«, eine verstärkte Anfälligkeit zur Depression haben. Das kann eine genetische Veranlagung sein oder ein labiles Streßsystem. In dem Moment, in dem sich etwas ereignet, das ihr Leben verändert – der Tod des Partners, die Trennung, eine Heirat oder Geburt – kann die Krankheit losgetreten werden. Sogar auf den ersten Blick weniger einschneidende Vorfälle wie der Urlaubsbeginn oder ein neues Bett können Gefährdete in eine Depression treiben. Es gibt Wissenschaftler, die den Ausbruch und Verlauf von Depressionen in Abhängigkeit solcher Lebensereignisse studieren. Dabei hat sich herausgestellt, daß ein einziges Lebensereignis, sofern es als bedrohend empfunden wird, eine Depression auslösen kann. Länger andauernde Belastungen wirken sich dagegen kaum auf den Ausbruch der Krankheit aus, sie beeinflussen allenfalls den Verlauf.

Amerikanische Forscher wollten herausfinden, ob Frauen mehr kritischen Lebensereignissen ausgesetzt sind als Männer – ein möglicher Grund für häufigere Depressionen. Dazu befragten sie Vertreter beider Geschlechter. Es zeigte sich, daß die Gedanken der Männer vor allem um sich selbst kreisen. Zwar berichten Männer und Frauen gleich häufig von Lebensereignissen. Das gilt jedoch nur, sofern diese die eigene Person betreffen. Wenn die Geschehnisse jedoch den Partner, die Kinder, Freunde oder Verwandte miteinbeziehen, dann sind es vor allem die Frauen, die davon erzählen. Frauen machen sich also mehr Sorgen um die Menschen, die sie umgeben. In weiteren Untersuchungen fanden die Wissenschaftler heraus, daß Männer bedeutend anfälliger auf Lebensereignisse reagieren, die sie selbst betreffen. Sie schließen daraus, daß Frauen nicht deshalb depressiver sind, weil sie nicht mit belastenden Umständen fertig werden, sondern weil sie sich mehr auf die Probleme in ihrer Umgebung einlassen.

Ledige Frauen haben ein geringeres Risiko, an Depressionen zu erkranken als Verheiratete. Logisch, könnte man jetzt sagen, Verheiratete mit Kindern sind oft doppelt belastet, nämlich dann, wenn sie berufstätig sind. Diese Logik scheint jedoch nicht aufzugehen, denn insbesondere verheiratete Frauen ohne Erwerbstätigkeit stellen die größte Risikogruppe dar. Bei den Männern ist es genau umgekehrt: die unverheirateten sind stärker gefährdet als die verheirateten – was eine amerikanische Forscherin veranlaßt hat zu schreiben: »Women need jobs in the same way that men need wives – Frauen brauchen Jobs in dem Maße wie Männer Frauen brauchen.«

Über die Gründe für diese Unterschiede ist viel geschrieben worden. Soziologen betonen, daß das Risiko, an einer Depression zu erkranken, auch damit zusammenhängt, welche Rolle man gerne einnehmen würde beziehungsweise einnimmt. Die männliche Rolle ist die des Berufs, weshalb bei vielen depressiven Männern Schwierigkeiten am Arbeitsplatz Auslöser für die Krankheit sind. Die weibliche Rolle dagegen ist nach wie vor die, Ehefrau und Mutter zu sein. Frauen fühlen sich verantwortlich für die Kinder, für das gute Klima in der Partnerschaft. Wenn es Probleme mit den Kindern gibt, wenn es zwischen den Partnern kriselt, dann bedeutet das für Frauen einen weitaus größeren Streß als für Männer. Hinzu kommt, daß viele Frauen, aus welchen Gründen auch immer, mit ihrer Rolle unzufrieden sind. Auslöser für eine Depression sind für sie jedenfalls vor allem Konflikte in der Partnerschaft.

Manche Psychologen sehen die »Veranlagung« zur Depression bereits in der Kindheit. Mädchen sind, vor allem mit Beginn der Pubertät, unzufriedener mit sich selbst. Sie wären gerne anders und fühlen sich ungeliebt – Gefühle, die bei Jungen deutlich seltener sind. Das könnte, wie manche Forscher meinen, in der besonderen Beziehung zwischen Müttern und Töchtern begründet sein. Ihre Bindung ist stärker als die von Müttern und Söhnen, und Mütter gestehen ihren Töchtern weniger Selbständigkeit zu als deren Brüdern.

Frauen fühlen sich nicht nur mehr belastet durch Lebensereignisse und durch die Rolle, die sie einnehmen sollen oder wollen, sie gehen auch anders mit der Krankheit um als Männer. Das liegt sicher zum Teil daran, daß Depression eben als typische Frauenkrankheit gilt. Ärzte sind bei Frauen, die wegen Müdigkeit oder Kopfschmerzen in die Praxis kommen, sehr schnell mit der Diagnose »Depression« bei der Hand, und sie verschreiben ihnen deutlich mehr Psychopharmaka. Andererseits neigen Frauen auch dazu, mehr zum Arzt zu gehen und sich eher über ihre Situation zu beklagen. Männer dagegen versuchen oft zu verbergen, daß etwas nicht stimmt – vor allem, weil es nicht zum Image des starken Mannes paßt, das sie häufig in ihrer Kindheit vermittelt bekommen haben. Sie lenken sich lieber ab, indem sie Sport treiben, während Frauen über ihren Zustand grübeln. Tatsächlich deuten amerikanische Studien darauf hin, daß eine Strategie der Ablenkung physiologische Vorgänge im Körper beeinflussen und sich positiv auf die Stimmung auswirken kann.

Depression ist, so viel steht fest, eine Störung des empfindlichen Gleichgewichts von chemischen Botenstoffen, Hormonen und elektrischer Aktivität von Nervenzellen im Gehirn. Wo die Wurzeln einer Depression liegen, läßt sich nicht immer eindeutig klären, denn zwischen den Stimmungen, die wir empfinden, und den biochemischen Vorgängen in unserem Gehirn gibt es eine ständige Rückkopplung. Traurige Gedanken können die Chemie des Gehirns verändern, ebenso wie eine abnormal hohe oder niedrige Menge bestimmter Moleküle die Gefühle beeinflußt.

Warum treffen Geisteskrankheiten einige Menschen und lassen andere unberührt? Die Spekulationen und – teilweise wachsende Gewißheit – um die Ursachen sind vielfältig und können nicht darüber hinwegtäuschen, daß Wissenschaftler weit davon entfernt sind, eine Antwort zu kennen. Noch kurieren Ärzte an den Symptomen. Ob sich die Krankheiten des Gehirns je an der Wurzel packen lassen, ist derzeit fraglich. Vermutlich sind immer mehrere Stellen in dem empfindlichen Regelkreislauf von Psyche, Hormonen und chemischen Botenstoffen gestört. Das ist auch nicht überraschend, denkt man an die Leistungsfähigkeit und Komplexität des menschlichen Gehirns. Auch ein Auto wird immer mehr Reparaturen benötigen als ein Fahrrad. Der menschliche Denkapparat ist schlichtweg anfälliger für Störungen als das Gehirn eines Salamanders. Vielleicht müssen wir einfach akzeptieren, daß es neben der hellen Seite unseres Gehirns eine dunkle gibt, die möglicherweise nie völlig erleuchtet sein wird.

Wir saßen wieder zu dritt in unserem Zimmer in der Baker Street. Mein Freund Sherlock Holmes diskutierte seit einer Stunde angeregt mit meiner Tante Jane Marple. Ich hielt es nicht länger aus.

»Ihr habt euch nun hervorragend über die Struktur des Gehirns und dessen Entwicklung informiert. Ihr seid auf das Geheimnis des zweigeteilten Gehirns gestoßen. Über die äußerlichen Sinne habt ihr euch an das Zentrum des Menschseins, an die Intelligenz herangetastet. Ihr habt gelernt, wie diese Intelligenz sich in der Sprache äußert, und studiert, welche Triebe den Menschen beherrschen. Obwohl ihr beide von Natur aus die viktorianische Zurückhaltung schätzt, habt ihr im Namen der wissenschaftlichen Gründlichkeit sogar die Ursachen der gleichgeschlechtlichen Beziehungen erforscht. Es war euch auch nicht genug zu sehen, wie ein Gehirn richtig funktioniert, ihr wolltet auch noch herausfinden, was schief laufen kann. Muß ich euch aber daran erinnern, daß ihr einen wichtigen Auftrag erhalten habt? Es geht hier nicht um wissenschaftliche Neugier, sondern um Leben oder Tod. Im Namen der Königin und des Britischen Reiches, ihr müßt entscheiden, ob der Mann oder die Frau als neuer Chef des Geheimdienstes besser geeignet ist!«

»Watson, du tust uns Unrecht. Wenn deine Tante und ich nicht direkt von dem vorliegenden Fall sprechen, liegt das nicht an unserer Vergeßlichkeit, sondern daran, daß es nur eine einzige logische Lösung gibt. Auch du hast ein Gehirn, Watson, gebrauche es!«

»Einen klaren Sieger kann ich nicht erkennen. Männer haben vielleicht einen leichten Vorsprung bei räumlichen Aufgaben, Frauen sind eher sprachgewandt. Männer sind etwas empfindlicher, was hierarchische Beziehungen betrifft, dafür bauen Frauen leichter soziale Netze auf. Die Liste ließe sich beliebig fortführen, aber auf keinem Gebiet ist der Vorteil des einen oder des anderen Geschlechts sehr groß. Ich sehe nicht, daß man sagen könnte: Mann oder Frau sind besser, sie sind einfach unterschiedlich.«

»Komplementär, mein lieber Watson, komplementär. Eben das ist die Lösung. England kann weder auf die männlichen noch auf die weiblichen Fähigkeiten verzichten. Der Geheimdienst muß künftig von einem Mann zusammen mit einer Frau geführt werden!«

Holmes strahlte und schaute in Richtung meiner Tante Jane, von der er eine begeisterte Bestätigung erwartete.

»Ich verstehe nichts von der Politik, aber in meinem Dorf, Saint Mary Mead, hat es nie ein erfolgreiches Unternehmen gegeben – sei es auch nur der jährliche Kuchenverkauf zugunsten der freiwilligen Feuerwehr –, bei dem nicht eine einzelne Person der Chef war. Wenn eine Entscheidung zu schwierig oder unangenehm war, hat man zwar immer wieder versucht, mehrere Verantwortliche zu benennen. Aber das Ergebnis war jeweils eine kleine oder größere Katastrophe. Nein, Mister Holmes, ich mache es nicht gern, aber ich muß Ihnen diesmal widersprechen.«

»Es ist keine leichte Lösung, da gebe ich Ihnen recht«, erwiderte Holmes pikiert, »aber unsere Erkenntnisse lassen nur einen Weg zu. Diesen muß man gehen, egal wie schwierig er ist. Das ist das Gebot der Logik.«

»Auch Sie haben zwei Gehirnhälften, Mister Holmes, wenden Sie die rechte an! Wir sind in diesem Fall gewissenhaft und wissenschaftlich vorgegangen. Wir haben die Unterschiede im Gehirn von Mann und Frau untersucht und sind zu dem Schluß gekommen, daß keiner von beiden besser ist. Das heißt, es gibt keine logische Lösung dieses Falles. Aber eine Entscheidung muß trotzdem getroffen werden. Wenn ich einer schwierigen Entscheidung gegenüberstehe, frage ich zunächst nach meinen Gefühlen und nur an zweiter Stelle nach dem, was die Logik verlangt. Sie wenden erst die Logik an. Aber wenn diese am Ende ist, bleibt nur noch die Intuition. Das muß also die Botschaft an Ihren Bruder Mycroft sein, Mister Holmes. Nicht Sie und nicht ich und nicht die Wissenschaft können ihm diese Entscheidung abnehmen. Er muß ler-

nen, seinem Empfinden zu trauen. Aber sagen Sie ihm auch noch, ich bin überzeugt, daß er schon richtig entscheiden wird. Ich habe da so ein Gefühl.«

Schluß

Nicht gleich, aber gleichwertig

Halt – war meine erste Reaktion auf Miss Marples Lösung des Falls – das kann ja wohl nicht wahr sein. Miss Marple, die etwas feministisch angehauchte Detektivin, schlägt Sherlock Holmes' großartige Idee, nämlich ein männlich-weibliches Team an die Spitze des Geheimdienstes zu stellen, in den Wind. Das würde nicht funktionieren, glaubt sie. Sie? Vielleicht ist es Zeit, an dieser Stelle ein kleines Geständnis abzulegen: Miss Marple und Sherlock Holmes sind nicht meiner Feder entsprungen, sondern der eines Mannes, genauer gesagt: meines Mannes Art Carlson. Was ich übers Gehirn geschrieben habe, hat er sozusagen durch den Mund der Detektive kommentiert. In den meisten Dingen stimmen wir zwar überein, aber eben nicht in punkto Teamwork auf oberster Ebene. Da kommt bei meinem Mann, wie er selber zugibt, der männliche Urinstinkt der Hierarchie zum Vorschein. Ich dagegen glaube – typisch Frau? – daran, daß ein vernetztes Team am besten geeignet ist, gute Arbeit zu leisten.

Als Team haben Sherlock Holmes und Miss Marple jedenfalls gute Arbeit geleistet. Der Fall »Gehirn« war nämlich nicht nur der ungewöhnlichste, sondern auch der schwierigste von allen Fällen, mit denen sie in ihrer Karriere zu tun hatten. Zwar waren die Gefahren für Leib und Leben gering – es tauchten diesmal keine kaltblütigen Mörder, verängstigten Frauen und betrügerischen Butler auf –, aber die Sache war dafür ungleich komplizierter. Es ging darum zu entscheiden, ob Männer intelligenter sind als Frauen, ob sie sich von Natur aus aggressiver verhalten, ob Frauen dagegen gefühlvoller sind, weil ihr Gehirn anders aufgebaut ist. Es ging auch darum zu verstehen, warum männliche und weibliche Gehirne anfälliger für gewisse Krankheiten sind.

Dafür mußten die zwei Detektive sich ziemlich weit in das Labyrinth der grauen Materie vortasten. Sie fanden heraus, daß das Gehirn, oberflächlich betrachtet, eine wunderbar einfache Maschine ist. Scheinbar spielend sehen und hören, laufen und sprechen wir. Doch der erste Eindruck trügt. In Wahrheit ist das menschliche Denkorgan das komplizierteste System überhaupt. Mehrere 100 Milliarden Nervenzellen, verbunden durch Billionen von Kontaktstellen, tauschen ihre elektrischen Botschaften aus. Eine übergeordnete Schaltzentrale gibt es dabei nicht, sondern die Neuronen lernen an Hand der Aufgaben, die sie zu lösen haben, wie sie sich verschalten müssen.

Chemische Botenstoffe sorgen dafür, daß die Informationen von einer Zelle zur anderen wandern können. Hormone dienen ebenfalls als Boten, die ihre Wirkung nicht nur im Gehirn, sondern im gesamten Körper entfalten. Die Substanzen agieren in einem empfindlichen Gleichgewicht untereinander, das auch von der Psyche beeinflußt wird. Da kann es schon mal vorkommen, daß das chemische Regelwerk gestört ist, daß das Gehirn monatelang in düstere Stimmung verfällt, Stimmen hört oder überhaupt nicht mehr mit der Außenwelt kommunizieren kann. Auch Schädigungen der grauen Materie können solche Symptome auslösen.

Einen wichtigen Part im chemischen Konzert des Gehirns spielen die Geschlechtshormone. Testosteron, von dem Männer verglichen mit Frauen ein Vielfaches im Blut haben, ist ein zweischneidiges Geschenk der Natur. Zwar läßt es die Muskeln wachsen und macht stark. Aber der Stoff wirkt sich, wie man heute vermutet, lebensverkürzend aus. Testosteron erhöht zum Beispiel die Konzentration schädlicher Cholesterin-Moleküle im Blut, weshalb Männer eher an Herz- und Gefäßerkrankungen leiden. Das Kraft-Hormon kann sich auch ungünstig auf die Entwicklung des Gehirns auswirken – möglicherweise ein Grund dafür, daß Männer anfälliger für Autismus, Lese- und Rechtschreibschwächen, Immunstörungen und geistige Behinderungen im allgemeinen sind. Östrogene dagegen bieten Frauen einen gewissen Schutz vor zuviel Fett im Blut und sogar vor manchen Irrungen des Geistes.

Ohne Geschlechtshormone würde sich die Frage, ob die Natur männliche und weibliche Gehirne hervorbringt, gar nicht stellen. Bereits vor der Geburt sind die Föten nämlich Hormonbädern ausgesetzt. Getriggert durch ein Gen auf dem Y-Chromosom bekommt ein männlicher Embryo eine Extra-Portion Testosteron ab, das eben nicht nur die Geschlechtsorgane reifen läßt, sondern auch sein Gehirn prägt.

Jungen und Männer sind anders als Mädchen und Frauen. Sie bevorzugen wilde Spiele und gebärden sich aggressiver. Sie glauben an Hierarchien und ordnen sich unter, wenn sie jemanden als stärker oder überlegen akzeptiert haben. Sie können besser Landkarten lesen und Würfel im Kopf drehen. Werden sie mit diesen Fähigkeiten und Verhaltensweisen geboren oder sind sie ihnen anerzogen?

Neue Techniken haben in den vergangenen Jahren den Gehirnforschern Einblicke unter die Schädeldecke gewährt. Auch dort finden sich Geschlechtsunterschiede: etwa im Hypothalamus, der hormonellen Schaltzentrale, im Balken, der Informationen von einer Hemisphäre zur anderen passieren läßt oder in der Art und Weise, wie Aktivitätsmuster in den beiden Gehirnhälften verteilt sind. Sind diese Unterschiede in die Wiege gelegt oder bilden sie sich erst im Laufe des Lebens heraus?

Sowohl als auch, lautet die Antwort auf beide Fragen. Körpermerkmale wie die Augenfarbe oder die Form der Nase sind zwar durch die Gene festgelegt. Aber einmal abgesehen davon, ist der Mensch nicht alleiniges Produkt seiner Gene. Ebensowenig kommt er als geschlechtslose

Knetmasse auf die Welt, die von Familie und Gesellschaft geformt wird. Vielmehr ist er ständig inneren und äußeren Einflüssen ausgesetzt, die zudem wie Zahnräder ineinandergreifen. Zum Beispiel können Geschlechtsunterschiede im Aufbau des Gehirns, die bereits bei der Geburt bestehen, sich durch abweichende Denkstrategien weiterentwickeln. Ebenso können gewisse Verhaltensmuster und Fähigkeiten, die sich früh im Leben äußern, im späteren Verlauf durch die Erziehung unterdrückt oder verstärkt werden.

Insbesondere die Untersuchungen von Mädchen, die vor ihrer Geburt eine Überdosis Testosteron abbekommen haben, deuten darauf hin, daß Geschlechtshormone dem Gehirn eine männliche oder weibliche Richtung vorgeben. Später wird diese Richtung von der Umgebung – Familie, Schule, Gesellschaft – in der Regel verstärkt, und die Jungen bleiben meist auf der männlichen, die Mädchen auf der weiblichen Entwicklungsschiene.

Vorsicht ist aber auf jeden Fall geboten, wenn man die zwei oben gestellten Fragen verknüpfen will. Auf der einen Seite ist die Rede von Verhalten und Fähigkeiten, auf der anderen von Struktur und Aufbau des Gehirns. Und dazwischen liegt ein Graben, über den bislang nur wenige, ziemlich wacklige Brücken führen. Denn noch weiß zum Beispiel niemand genau, wie Sexualität und Hypothalamus zusammenhängen. Wie also soll man überhaupt sagen, was es für das sexuelle Verhalten bedeutet, wenn Männer einen doppelt so großen Kern von Nervenzellen in der hormonellen Schaltzentrale haben als Frauen? Auch ist nicht genau bekannt, wie sich unser Gehirn ein Bild der Welt aufbaut. Denken Frauen anders als Männer, weil sie ihre beiden Gehirnhälften mehr beanspruchen?

Bei aller Vorsicht ist aber auch Optimismus angebracht, daß man in den nächsten Jahren den Antworten auf diese Fragen ein Stück näherkommen wird. Denn die Forscher haben mittlerweile raffinierte Methoden entwickelt, um dem Gehirn beim Denken zuzuschauen. Einerseits können sie Nervenzellen studieren und untersuchen, nach welchen Regeln diese sich verknüpfen. Andererseits machen bildgebende Verfahren es möglich zu beobachten, welche Bereiche des Gehirns bei bestimmten Aufgaben besonders fleißig arbeiten. Mit diesen Verfahren hat man gerade in den letzten zwei Jahren frappierende Unterschiede zwischen der Arbeitsweise der Gehirne von Männern und Frauen gefunden.

Eine männliche und weibliche »Entwicklungsschiene« bedeutet aber nicht, daß Junge- oder Mädchen-sein Schicksal ist. Selbst wenn die Natur – in diesem Fall sind das insbesondere die Geschlechtshormone – gewisse Eigenschaften und Verhaltensweisen wahrscheinlicher macht, sind wir trotzdem nicht unausweichlich das Produkt unserer Biologie. Zum Beispiel werden manche Menschen mit einer Anlage zum Dicksein oder zur Verkalkung von Arterien geboren. Wenn sie Sport treiben und maßvoll essen – ihre Umgebung also steuern –, dann können sie ihrem »Schicksal«, schwergewichtig zu sein oder einen Herzinfarkt zu erleiden, zumindest für eine Weile entkommen.

Ebenso können Jungen lernen, mütterliche Gefühle zu entwickeln oder ihre Aggressionen zu unterdrücken: In manchen Dorfgemeinschaften müssen Buben teilweise auf ihre jüngeren Geschwister aufpassen. Sie sind, wie Forscher festgestellt haben, weniger aggressiv als ihre Altersgenossen, die niemanden betreuen müssen. Im Gegenzug können Mädchen durchaus ihre geometrischen Fähigkeiten trainieren. Das Gehirn ist nämlich viel flexibler als Forscher bislang vermuteten, und neue Verbindungen können sich bis ins hohe Alter bilden. Im übrigen kann auch das geschädigte Gehirn sich regenerieren. Neue Ergebnisse widersprechen dem Dogma, daß einmal verloren gegangene Nervenzellen, etwa infolge eines Schlaganfalls, nicht mehr zu ersetzen sind. Mit Erstaunen stellen die Wissenschaftler fest, daß kaputte

Nervenfasern unter Umständen doch nachwachsen können.

Wenn der Grundstein für die Ungleichheit zwischen den Geschlechtern bereits in der Gebärmutter gelegt wird, was sind die Folgen für das Zusammenleben von Männern und Frauen? Ungleich heißt nicht minderwertig – obschon die Wirklichkeit in unserer Gesellschaft etwas anders aussieht. Nicht selten werden Geschlechtsunterschiede im Verhalten und in den Fähigkeiten dazu mißbraucht, um Frauen auf niedrigere Aufgaben zu reduzieren oder ihnen für dieselben Arbeiten weniger Lohn zu zahlen. Daß Männer und Frauen in gewissen Bereichen des Lebens verschiedene Parts spielen, ist ja an sich nicht schlimm. Warum sollte es nicht mehr männliche als weibliche Mathematiker geben, wenn Männer besser in Geometrie sind? Warum sollten nicht mehr Frauen als Männer ein paar Jahre zu Hause bleiben, wenn ihre Kinder klein sind? Es ist auch heute noch so, daß selbst Frauen mit einem interessanten Beruf sich lieber eine Zeitlang ihren Kindern widmen, als gleich wieder zurück ins Geschäft oder an den Schreibtisch zu gehen. Gut, sollen sie es so machen. Auch gut, wenn sie sich entscheiden, gleich wieder zu arbeiten.

Das Wesentliche ist, daß jede und jeder die Möglichkeit hat, seinen Neigungen zu folgen und sich frei zu entscheiden. Dazu gehört vor allem, daß alle Arbeiten, die innerhalb der Gesellschaft anfallen, sei es in oder außerhalb der Familie, geachtet und geschätzt werden. Hierin liegt ein Problem, denn bislang wird Erziehungsarbeit geringer bewertet als Lohnarbeit. Wenn wir eine Gesellschaft wollen, in der Geschlechtsunterschiede nicht zur Diskriminierung führen, dann müssen wir genau an diesem Punkt ansetzen.

Gleiche Chancen für die Geschlechter darf allerdings nicht bedingungslose Gleichbehandlung bedeuten. Sie kann nämlich auch in eine Sackgasse führen. Wenn Jungen und Mädchen unterschiedliche Strategien haben, um

Aufgaben zu lösen, dann kann es nützlich sein, sie zumindest in einigen Fächern getrennt zu unterrichten. Während meiner Schulzeit war ich zwar nicht immer glücklich darüber, auf eine Mädchenschule zu gehen. Heute empfinde ich es aber als Privileg, denn dort gab es keine Jungen, die vorlaut die Aufmerksamkeit des Lehrers auf sich zogen, und auch keine Lehrer, die mehr von den mathematischen Fähigkeiten der Jungen als denen der Mädchen hielten.

Unterschiede sollten wir akzeptieren und das beste daraus machen. »Nicht gleich, aber gleichwertig« muß die Devise für den Umgang der Geschlechter miteinander lauten. Dabei darf man nicht vergessen, daß alle Geschlechtsunterschiede, die Forscher gefunden haben, sich nicht auf Individuen beziehen, sondern auf Gruppen. Jungen mögen in der Regel besser in Mathematik abschneiden als Mädchen, aber das schließt nicht aus, daß es hervorragende Mathematikerinnen gibt. Die Unterschiede innerhalb eines Geschlechts sind immer noch wesentlich größer als die Differenzen zwischen den Geschlechtern.

Was deshalb vor allem zählt, ist die Fähigkeit jedes einzelnen. Kein Mensch, kein Mann, keine Frau ist wie der oder die andere, und deshalb ist es wichtig, die einzigartigen Vorlieben und Interessen jedes Individuums zu fördern und seine Schwächen zu akzeptieren. Der britische Schriftsteller Samuel Johnson, der im 18. Jahrhundert lebte, hat das trefflich formuliert. Als er einmal gefragt wurde, wer intelligenter ist, Männer oder Frauen, erwiderte er: »Welcher Mann – welche Frau?« – eine wahrhaft intelligente Antwort.

Danksagung

In der Danksagung dürfen Autoren zugeben, daß sie nicht alles alleine vollbracht haben. Etliche Wissenschaftler haben mir Material zu diesem Buch geliefert, nicht alle kann ich an dieser Stelle erwähnen.

Besonderer Dank gebührt Professor Dr. Detlev Ploog, der mit freundschaftlichem Interesse das Projekt verfolgt und Teile des Manuskriptes gelesen hat. Dr. Rainer Hess hat mich beraten, ebenso Professor Dr. Ingo Rentschler.

Olaf Benzinger vom Deutschen Taschenbuch Verlag hat nicht nur seine Lektorenpflicht getan, sondern viele sehr gute Ideen eingebracht. Schließlich möchte ich vor allem meinem Mann und Sherlock-Holmes-Liebhaber Dr. Arthur Carlson danken. Er hat jedes Kapitel des Manuskriptes sorgsam gelesen und erbarmungslos »zerpflückt«, bevor es zum Verlag wanderte. Ohne seinen Einfallsreichtum und seine Unterstützung wäre das Buch sicher nicht in der vorliegenden Form zustande gekommen.

Bibliographie

›Geist und Gehirn‹, Sonderheft der Zeitschrift Spektrum der Wissenschaften, November 1992.
Für den schnellen Einstieg. Bestens geeignet für Leser, die sich in kurzer Zeit einen guten Überblick über den Stand der Gehirnforschung verschaffen wollen. Ein Teil der Artikel findet sich auch in dem Buch ›Gehirn und Bewußtsein‹ (Hrsg.: Wolf Singer, 1994, Spektrum Akademischer Verlag).

›Gehirn und Geist‹, Kenneth A. Klinvington, Spektrum Akademischer Verlag, 1992.
Ein sehr gut bebildertes Buch, das eine Einführung in das Thema Gehirn bietet, ohne Fachwissen vorauszusetzen.

›Neurowissenschaften – eine Einführung‹, Eric Kandel, James H. Schwartz und Tom Jessell, Spektrum Akademischer Verlag, 1995.
Dieses knapp 1000 Seiten starke Werk ist die dritte Auflage des amerikanischen Klassikers für Medizinstudenten und Gehirnforscher ›Principles of Neural Science‹. Übersichtlich gestaltet, gewährt das Buch einen Einstieg in die Tiefen der neurobiologischen Forschung, von der Funktionsweise der Zellen bis hin zu Krankheiten des Gehirns. Zu empfehlen allerdings nur für Leser mit biologischem Vorwissen.

›Neuropsychologie‹, Bryan Kolb, Ian Q. Wishaw, Spektrum Akademischer Verlag, 1993.
Das Buch liefert eine gute Ergänzung zum vorhergehenden, denn die Neuropsychologie nähert sich dem Gehirn eher vom Verhalten her als von den physiologischen Prozessen. Es beschreibt, wie geistige Leistungen – Sprache, Gefühle oder Bewegung – funktionieren.

›Linkes – rechtes Gehirn‹, Sally P. Springer, Georg Deutsch, Spektrum Akademischer Verlag, 1993.

Der Klassiker für all jene, die Asymmetrien der linken und rechten Gehirnhälften untersuchen. Das spannende Buch vermittelt einen ausgezeichneten Überblick über den Stand der Forschung und setzt praktisch kein Fachwissen voraus.

›Vom Reiz der Sinne‹, Alfred Maelicke (Hrsg.), Verlag Chemie, 1990.

Gut illustriert (das Buch entspringt einer Fernsehserie), liefert der Band viele Informationen für jene, die mehr über die fünf Sinne des Menschen wissen wollen.

›Der Mann, der seine Frau mit einem Hut verwechselte‹, Oliver Sacks, Rowohlt Taschenbuch, 1990.

Der Klassiker des amerikanischen Neurologen Sacks, der darin einfühlsam die Krankheitsbilder verschiedener Patienten beschreibt, vom Autisten bis hin zum Parkinson-Kranken.

›Der Mann, dessen Welt in Scherben ging‹, Alexander R. Lurija, Rowohlt Taschenbuch, 1992.

Wie der Titel suggeriert, hat Lurija, dessen russischer Originaltext bereits 1968 erschien, Oliver Sacks inspiriert. Lurijas Schilderung des verwundeten Soldaten, der mit einer schweren geistigen Behinderung sein Leben meistern muß, ist sehr eindrucksvoll. Außerdem erfährt man nebenbei einiges über die Organisation des Gehirns.

›Wörter‹, George A. Miller, Spektrum Akademischer Verlag, 1993.

Ein sehr gut illustriertes und spannend geschriebenes Buch über viele Aspekte der Sprache. Im Vordergrund stehen eher die linguistischen als die neurologischen Aspekte.

›Wilde Diplomaten‹, Frans de Waal, dtv, 1993.

Ein unterhaltsames Buch, das deutlich macht, wie vielfältig die Verhaltensweisen und wie komplex die gesellschaftlichen Strukturen unserer Vorfahren sind.

›Keimzellen der Lust‹, Simon LeVay, Spektrum Akademischer Verlag, 1994.

Die akademische Version von Woody Allens Film ›Alles, was Sie schon immer über Sex wissen wollten . . .‹ Das locker geschriebene Buch liefert eine Übersicht über Geschlechtsentwicklung und Verhalten. Wer es liest, sollte jedoch nicht vergessen, daß LeVay es vor allem geschrieben hat, um seine Botschaft zu verkünden, nämlich daß es biologische Ursachen für Homosexualität gibt.

›Autismus‹, Uta Frith, Spektrum Akademischer Verlag, 1992.

Eine gelungene Übersicht für Laien. Das Buch beschreibt vor allem das Verhalten autistischer Kinder und ist zugleich Ratgeber für Verwandte und Freunde Betroffener.

›Schizophrenie‹, Heinz Häfner, Gustav Fischer Verlag, 1995.

Ein Fachbuch, welches sehr viele Aspekte der Krankheit zusammenfaßt. Ein Kapitel beschäftigt sich mit den Geschlechtsunterschieden. Zu empfehlen für Mediziner und naturwissenschaftlich vorbelastete Laien.

›Gefangene des Geschlechts‹, Anne Fausto-Sterling, Piper, 1988.

Die amerikanische Biologin Fausto-Sterling will mit diesem Buch belegen, daß Geschlechtsunterschiede im Gehirn, falls es sie tatsächlich gibt, sehr gering sind – so gering, daß es nicht wert ist, sich damit zu beschäftigen. Das Buch ist mittlerweile etwas veraltet, die neueren Studien zu Hormonen und Verhaltensunterschieden zwischen Mädchen und Jungen kommen darin nicht vor. Obwohl die Sichtweise von Fausto-Sterling sehr einseitig ist, ist das Buch zu empfehlen, weil es viele Studien zitiert und unterhaltsam geschrieben ist.

›Brain Sex‹, Anne Moir und David Jessel, Econ, 1990.
Der Gegenpol zu Fausto-Sterlings Buch. Die Autoren sind davon überzeugt, daß es Unterschiede in den Gehirnen von Männern und Frauen gibt, und daß sie vieles erklären können. Genauso missionarisch wie ›Gefangene des Geschlechts‹, aber schlechter geschrieben und wissenschaftlich kaum fundiert. Nur zu empfehlen für Leute, die schon immer wußten, warum Frauen an den Herd gehören.

›Frau und Mann‹, Venanz Schubert, EOS Verlag Erzabtei St. Ottilien, 1994.
Enthält die Vorträge, die anläßlich eines interdisziplinären Kolloquiums über das Verhältnis der Geschlechter an der Universität München gehalten wurden. Die bunte Mischung von Beiträgen aus Biologie über Philosophie zur Soziologie hat eher den Charakter eines Tagungsbandes.

›Wer ist wie – Über den Unterschied der Geschlechter‹, Barbara Sichtermann, Wagenbach, 1989.
Ein Band mit Essays zum Thema Geschlechtsunterschiede. Mit dem ihr eigenen wohltuend ironischen Stil bezieht Barbara Sichtermann Positionen, die weder plump biologistisch noch radikal feministisch sind. Irgendwo dazwischen findet die Autorin immer den richtigen Ton.

Register

Naturwissenschaft im dtv

Naturwissenschaft im dtv

Stephen Hart
Von der Sprache der Tiere
dtv 33012

Gerald Hühner
»Zwei mal zwei ist vier?«
Mutmaßungen über
Selbstverständliches
dtv 33004

Lawrence M. Krauss
**»Nehmen wir an, die Kuh
ist eine Kugel…«**
Nur keine Angst vor
Physik · dtv 33024

Philip Johnson-Laird
Der Computer im Kopf
Formen und Verfahren der
Erkenntnis · dtv 30499

Josef H. Reichholf
**Das Rätsel der
Menschwerdung**
Die Entstehung des
Menschen im Wechselspiel
mit der Natur · dtv 33006

Paul Scheipers
**Menschen, Mars und
Moleküle**
Ein naturwissenschaftli-
ches Kaleidoskop
dtv 33023

Ian Stewart
**Die Reise nach
Pentagonien**
16 mathematische Kurz-
geschichten · dtv 33014

Frederic Vester
**Denken, Lernen,
Vergessen**
Was geht in unserem Kopf
vor? · dtv 33045
Neuland des Denkens
Vom technokratischen
zum kybernetischen
Zeitalter · dtv 33001

Was treibt die Zeit?
Entwicklung und
Herrschaft der Zeit in
Wissenschaft, Technik
und Religion
Hrsg. von Kurt Weis
dtv 33021

What's what?
Naturwissenschaftliche
Plaudereien
Hrsg. von Don Glass
dtv 33025

Das neue What's what
Naturwissenschaftliche
Plaudereien
Hrsg. von Don Glass
dtv 33010

Berthold Wiedersich
Das Wetter
Entstehung, Entwicklung,
Vorhersage · dtv 30552

Fred Alan Wolf
Die Physik der Träume
Von den Traumpfaden der
Aboriginies bis ins Herz
der Materie · dtv 33005